KB175388

신뢰의 과학

세상을 움직이는 인간 행동의 법칙

신뢰의 과학

피터 H. 킴 지음

강유리 옮김

시심

일러두기

● 본문의 각주는 '○', 옮긴이 주는 '●', 후주(참고 문헌)는 숫자로 표시했다.

● 단행본은 겹꺾쇠표(《 》), 방송 및 기타 간행물은 꺾쇠표(〈 〉)로 표시했다.

● 본문에서 언급한 매체 중 국내 출간·소개된 경우 번역된 제목을 따랐고,
   국내에 소개되지 않은 매체는 원어 제목을 우리말로 옮기고 원제를 병기했다.

● 인명 및 도시명과 학교명은 국립국어원 외래어표기법을 따랐다.

내 삶의 목적이자 영감의 원천인

어거스틴, 줄리아, 베스에게

한국어판 서문

나는 한국에서의 삶의 경험이 거의 없다. 두 살 때 부모님을 따라 떠나온 이후로 딱 한 번 방문한 적이 있을 뿐이다. 그래서 한국에 관한 지식은 뉴스를 통해 접하거나 거기서 더 오래 생활한 사람들에게 전해 들은 내용이 전부다. 나는 한국인이지만 평생 외부인으로 살아왔다. 이민 1세대가 다들 그렇듯이 내 정체성의 어느 한 부분은 미국에서 언제까지나 이방인으로 남을 것이다.

하지만 외부인이라는 처지는 선물이기도 했다. 오히려 그 안에 속해 있지 않아서 남들은 당연하게 받아들일 만한 부분을 민감하게 포착해내는 안목이 생겼다. 이 책에 실린 다양한 주제를 발견한 것도 바로 그런 렌즈를 통해서였다.

나라마다 전해지는 이야기는 다를지라도 인간 본성에 나타나는 특징은 근본적이고 보편적이다. 이 책에 담은 많은 사례는 미국을 비롯한 세계 여러 지역에서 나온 것이지만 거기에 담긴 교훈은 한국 독자 여러분에게도 충분히 의미가 있으리라고 믿는다. 이 책이 인간의 공통된 본성을 제대로 이해하고, 우리 모두가 마주한 도전과 기회를 더 깊이 인식하는 데에 필요한 자양분이 되길 바란다.

저자의 말
우리의 삶은 신뢰를 얻기 위한 도전이다

아버지는 꿈꾸는 사람이었다. 꿈꾸지 않을 수 없었다. 그렇지 않고 서야 중년에 가까운 나이에 영어는 조금밖에 할 줄 모르는 남자가 아내와 두 어린아이를 데리고 한국을 떠나 남미를 거쳐, 이제껏 받은 교육도 무의미해지고 일자리를 얻을 가능성도 희박한 미국 땅에 정착하기까지 2년의 여정을 어떻게 버텼겠는가? 수많은 다른 이민자처럼 아버지는 미국이 약속으로 가득한 나라이며 위험을 감수할 가치가 있다고 믿었다.

하지만 이 나라에서 더 나은 삶을 찾으려던 우리 가족의 바람은 쉽사리 이뤄지지 않았다. 술도 못 마시는 아버지는 바텐더가 됐고, 어머니는 식당 종업원으로 일했다. 마침내 두 분은 작은 사업을 시작할 만큼의 돈을 모았다. 하지만 그 작은 가게를 꾸려나가는 동안, 같은 동네 사람들에게 여러 차례 강도와 폭행을 당했다. 우리 가족은 더 안전한 지역과 더 나은 학교를 찾아 몇 년에 한 번씩 이사를 다니며 천신만고 끝에 그럭저럭 괜찮은 집을 한 채 장만했다. 하지만 몇 년 뒤 결국 사업이 실패하면서 집을 압류당했고, 그토록 열심히 일해 벗어나려고 했던 예전의 삶으로 되돌아갈 수밖에 없었다. 그 후 어머니는 부동산 중개인 자격증을 따서 자신은 결코 살 여력이 없는 값비싼 집들을 팔며 생계를 이었고, 아버지는 운전기사로 임시직을 구했다. 그러던 어느 날 아버지는 근무 중 강제로 너무 무거운 짐을 드는 바람에 척추를 심하게 다쳐서 남은 수십 년 동안 걸을 때마다 극심한 통증을 느끼는 신세가 됐다.

그런데도 아버지는 매번 아메리칸 드림에 대한 믿음을 회복했다. 그 믿음이 얼마나 자주 깨지고 부서지든 상관없었다. 더는 일할 수도 없고 좀처럼 나아질 기미가 없는 몸으로 침대에 누워 있어야 했는데도, 심지어 나를 통해서만 그 꿈을 대리 실현할 수 있었던 시기에도 그 믿음은 계속됐다.

이것은 우리 아버지만의 이야기가 아니다. 당신이 누구고, 어디서 태어났든, 우리는 모두 신뢰가 깨진다는 것이 어떤 의미인지 잘 알고 있다. 우리 아버지처럼 열심히 일하면 더 나은 삶을 얻을 것이라고 믿었으나 어쩔 수 없는 주변 여건 때문에 겨우겨우 살고 있을지도 모른다. 경찰관의 잔인함, 직장 상사의 비인격적인 행동, 공무원의 부정행위를 목격했을 수도 있다. 깨알 같은 글씨로 적힌 함정 때문에 보험금 청구를 거부당하고 나서야 가지고 있던 건강보험이 아무짝에도 쓸모없다는 사실을 뒤늦게 깨달았을 수도 있다. 혹은 내 편이라고 믿었던 친한 친구, 동료, 인생의 반려자에게 배신을 당했을 수도 있다.

당신은 신뢰성을 의심받는 것이 얼마나 가슴 아픈 일인지도 알 것이다. 당신이 한 일이나 하지 못한 일 때문에, 아니면 했다는 오해 때문에 인간관계, 평판, 미래의 희망이 무너지는 쓰라림을 겪었을 수도 있다. 죄책감을 느끼고 그 죗값을 치르려고 노력하는 것 또한 인생이라는 여정에서 만나는 일 중 하나다. 이러한 이야기에서 어떤 역할을 맡게 되든, 우리는 모두 상실감과 배신감을 극복하고 어떻게든 앞으로 나아갈 방법을 찾아야 한다. 왜냐하면 사실은 누구나 언제든 이러한 경험으로 상처를 입을 수 있기 때문이다. 누군가를 신뢰한다는 건 그런 의미다.

사회에서 신뢰의 중요성은 아무리 강조해도 지나치지 않다. 신뢰는 우리가 사회생활의 거의 모든 측면을 헤쳐나가는 데에 중점적인 역할을 한다. 하지만 그렇게 중요한데도, 내 개인적인 삶을 통해서나 학자로서 이 주제를 연구하면서 분명히 알게 된 것은 우리가 전반적으로 타인을 신뢰할 만한 인물인지 아닌지를 평가하는 데에 매우 서툴다는 사실이었다. 나는 더 나은 삶을 찾아 이리저리 자주 이사를 다녀야 했던 아주 어린 시절부터 이 점을 어렴풋이 느꼈다. 낯선 이들을 신뢰하고 그들의 신뢰를 얻어야 한다는 것은 끊임없는 도전이었다. 사는 곳, 부모의 직업, 상대방이 생각하는 내 소속 집단의 성격처럼 대수롭지 않아 보이는 세부 정보에 따라 타인이 나에게 주는 신뢰에 중대한 차이가 생긴다는 사실을 깨닫게 되었다. 누군가가 나를 친구로 받아줄지, 나에게 아르바이트 자리를 허락할지, 나를 집에 초대할지도 거기에 영향을 받았다.

사회·경제적 안전망 없이 낯선 바다를 항해하느라 고군분투했던 외부인으로서, 그때의 경험은 나에게 값비싼 교훈을 심어줬다. 그리고 내 인생에 수그러들지 않는 몇 가지 궁금증을 남겼다. **우리는 어떻게 해서 서로를 신뢰하거나 불신하게 되고, 이런 결정의 바탕이 되는 신념은 왜 그렇게 틀릴 때가 많은가?** 그러한 신념은 궁극적으로 우리가 관계를 맺고, 노력하고, 세상을 탐색하는 방식에 어떻게 영향을 미치는가? 그리고 그 신념이 틀린 경우, 바로잡기 위해 할 수 있는 일이 있다면 그것은 무엇일까?

이러한 궁금증을 계기로 나는 사회과학에 흥미를 갖게 되었고, 이를 주제로 한 가상의 이야기와 실제 사례에 특별한 매력을 느꼈다. 이를테면 존 스타인벡John Steinbeck의 소설 《에덴의 동쪽》에서 자신이 좋은 사람이 될 수 있으리라 믿기 힘들어했던 케일럽의 이야기부터, 영화 〈미션〉에서 수도사가 된 노예 사냥꾼 출신 로드리고 멘도자의 파란만장한 여정, 그리고 노벨상을 제정한 평화주의자지만 전쟁에서 너무나 많은 사람을 살상한 폭약을 발명하고 제조해 큰 부를 쌓은 알프레드 노벨의 수수께끼 같은 이중성까지 형태를 불문하고 나는 항상 죄와 속죄의 이야기에 사로잡혔다.

그러나 막상 사회과학자로서 경력을 시작하고 보니 우리가 이 주제에 관해 아는 것이 별로 없다는 사실에 충격을 받았다. 연구를 시작할 당시, 신뢰, 신뢰 위반(신뢰를 깨뜨리는 모든 행동), 신뢰 회복(깨진 신뢰를 회복하기 위한 모든 행동 및 노력)에 관한 과학적 문헌은 초기 단계에 머물러 있었고, 오늘날까지도 이 분야에 대한 공적 담론은 대부분 일화와 추측이 지배적이다. 이것이 내가 지난 20년간 이러한 의문을 탐구해온 이유다. 여전히 완전한 그림을 얻지는 못했고, 그러려면 적어도 또 한 세대의 연구가 필요하다. 하지만 세상에는 신뢰 위반이 끝없이 이어지고 있고, 너무나 많은 이들이 거기에 엮여 있기에 지금까지 내가 알아낸 사실을 알려야 할 필요성이 커졌다.

신뢰나 불신 문제로 괴로움을 겪은 후 신념이 편향되어 있거나 완전히 틀릴 수 있음을 어렴풋이 알아차린 사람들을 위해, 가해자 또는 피해자로서 신뢰 위반을 직면했고 관계를 회복할 방법이 궁금한 사람들을 위해, 새로운 사람들이나 집단과 신뢰를 쌓고 더 나아가 강화하는 방법을 알고 싶은 사람들을 위해, 그리고 갈수록 양극화되는 사회·정치적 분열을 통합할 방법을 찾고 사회 내에서 신뢰를 더 효과적으로 관리할 방법을 이해하고 싶은 사람들을 위해 이 책이 긍정적인 변화의 싹이 되기를 희망한다.

들어가며
신뢰는 어떻게 작동하는가

인생에서 신뢰가 얼마나 중요하냐고 묻는다면, 당신은 틀림없이 매우 중요하다고 대답할 것이다. 우리는 신뢰가 중요한 토대임을 직관적으로 이해한다. 새로운 우정을 쌓을 때도, 파트너, 직장, 집을 찾을 때도, 사업을 시작하고 운영할 때도, 특히 인터넷 경제 안에서 이뤄지는 수많은 거래에서도 신뢰는 꼭 필요한 요소다. 하지만 신뢰의 중요성을 절실히 인식하면서도 우리는 타인의 신뢰성을 끊임없이 잘못 판단하며, 특히 자신의 신뢰성을 의심받을 때 대처하는 방법에는 더욱 서툴다. 이는 점점 더 많은 증거를 통해 드러나고 있는 사실이다. 정말 나쁜 소식은 이 문제가 나아지기는커녕 오히려 더 나빠지고 있다는 점이다.

　미국의 여론조사기관 퓨리서치센터 Pew Research Center 의 2019년 보고서에 따르면, 응답자 중 64퍼센트는 인간관계에 대한 신뢰가 감소했다고 느꼈고, 75퍼센트는 연방 정부에 대한 신뢰가 감소했다고 밝혔다. 또한 대다수의 응답자는 줄어든 신뢰 때문에 나라의 여러 문제를 해결하기가 더 어려워졌으며, 추락한 신뢰를 개선하는 것이 미국을 위해 매우 중요하다고 지적했다.[1] 유엔 경제사회국의 2021년 보고서 역시, 국가별로 큰 편차는 있으나 공공기관에 대한 사람들의 신뢰도가 2000년 이후 전 세계적으로 대폭 감소했다고 결론 내렸다.[2] 2006년, 세계 3대 지역(아프리카, 유럽, 라틴아메리카)에서 자국의 정부나 국회를 신뢰한다고 표명한 인구 비율은 46퍼센트로 정점을 찍었다가, 2019년에는 36퍼센트로 떨어졌다. 아울러 조사 대상 국가에서 금융기관에 대한 신뢰는 같은 기간 중 55퍼센트에서 46퍼센트로 떨어졌다.

뜻밖일지도 모르지만, 사회 내의 근본적인 신뢰 문제는 초기에 신뢰를 쌓지 않아서가 아니다. **우리는 의외로 낯선 사람에게 상당히 높은 수준의 신뢰를 보여주는 경향이 있다.** 이렇게 높은 초기 신뢰 덕분에 친구를 사귀고, 직장을 바꾸고, 호신 용품 없이도 집 밖으로 나갈 수 있다. 신뢰 문제는 오히려 그 높은 초기 신뢰가 몹시 무너지기 쉽다는 데서 생겨난다. 단 한 번의 의심스러운 사건, 근거 없는 의혹, 조용히 쑥덕이는 소문으로도 신뢰는 무너진다. 이런 신뢰 위반은 너무나 쉽게 자주 일어나는데도, 우리는 이 문

신뢰의 과학

제에 효과적으로 대응하는 방법에 대해 놀라울 정도로 무지하다. 게다가 우리가 신뢰 위반에 보이는 자연스러운 반응은 신뢰 회복에 도움이 되지 않거나, 오히려 신뢰 회복 가능성을 떨어뜨리는 경우가 많다. 효과 없는 사과나 변명을 들으면 처음의 불신이 옳았다는 생각이 강화될 수 있기 때문이다.

나는 사회과학자로서 첫발을 내디뎠을 때, 이 이슈에 관한 실질적인 연구가 거의 이뤄지지 않은 상태라는 점에 충격을 받았다. 이때까지만 해도 신뢰에 관한 연구는 참여자들이 보상에 따라 낯선 상대방과 협력할지 말지 선택하는 초보적인 경제 게임에 국한됐다. 이 게임은 다양한 대인관계 속에서 사람들의 행동을 이해하는 유용한 출발점이 되어줬다. 하지만 현실에서 우리가 경험하는 풍성하고 복잡다단한 신뢰의 근원이 되는 사회·심리·제도·문화적 요소를 광범위하게 담아내지는 못했다.[3]

설상가상으로 사회과학자와 관련 분야의 전문가 모두 신뢰, 신뢰 위반, 신뢰 회복에 관한 논의에서 여전히 사례 연구와 일화에 크게 의존했다. 그런 이야기를 통해 경험을 생생하고 설득력 있게 전달할 수는 있다. 그러나 그 방법으로는 신뢰의 표면 아래를 파고들지 못한다. 신뢰를 회복하려는 똑같은 시도가 어떤 경우에는 성공하고, 어떤 경우에는 실패하는지 근본적인 심리적 메커니즘을 살펴볼 수 없다는 뜻이다. 나는 아무도 답해주지 않는 (그리고 보통은 아무도 묻지 않는) 이런 질문을 해결하는 데에 내 경력의 대부분을 바쳤다. 그리고 20년이 넘는 과학적 연구와 거기서 얻은 놀랍고도 때로는 심기 불편한 통찰을 토대로 이 책을 집필했다.

다른 연구자, 학생, 경영자, 언론인, 가족, 친구 들에게 초기의 연구 결과를 조금씩 공개하기 시작한 이래로 나는 사람들이 이 이슈에 크게 공감한다는 사실을 끊임없이 재확인했다. 이 연구 내용은 청중이 누구든 활발한 대화와 진심 어린 질문을 끌어냈으며, 사람들은 타인과 신뢰를 쌓고 유지하느라 분투해온 자신의 속 깊은 이야기를 털어놓을 때가 많았다. 그래서 나는 사람들이 이런 종류의 지식에 목말라한다는 것을 분명히 알게 되었다.

이 책에서는 신뢰를 결정짓는 두 개의 강력한 요소를 통해 복잡한 연구 결과를 설명할 것이다. **첫 번째는 역량**competence**, 즉 누군가에게 과제 수행에 필요한 전문적인 기술과 대인관계 능력이 있다는 믿음**이다. **두 번째는 도덕성**integrity**, 즉 누군가가 용납할 만한 일련의 원칙을 지키리라는 믿음**이다. 두 가지 모두 중요하지만, 연구 결과에 따르면 우리는 타인을 인지할 때 이 두 요소를 상당히 다르게 해석한다.

역량에는 긍정적인 편향이 개입된다. 우리는 무능한 사람이라면 어떠한 상황에서도 좋은 성과를 낼 수 없다고 가정해, 그런

신뢰의 과학

사람이 단 한 번의 성공적인 성과를 내면 이를 신뢰할 만한 신호로 받아들이는 경향이 있다. 그리고 아주 유능한 사람이 가끔 평소보다 수준에 못 미치는 성과를 낸다고 해도 그것이 무능의 신호임을 기꺼이 무시하려고 한다. 그래서 신뢰 위반이 역량 문제로 인지되면 극복할 수 있는 경우가 많다.

하지만 도덕성의 경우에는 그 편향이 반대로 바뀐다. 도덕성이 높은 사람은 어떠한 상황에서든 부정직한 행동을 삼가는 데에 반해, 도덕성이 낮은 사람은 보상에 따라 정직하거나 혹은 부정직하게 행동할 것이라고 직관적으로 믿는 것이다. 이러한 이유로 사람들은 누구든 가끔은 정직하게 행동할 수 있다고 생각하며 단 한 번의 정직한 행동을 높은 도덕성의 신호로 받아들이지 않는다. 하지만 도덕성이 낮은 사람들은 부정직하게 행동할 것이라고 가정해, 단 한 번의 부정한 행동도 낮은 도덕성의 신호로 여긴다. 그래서 신뢰 위반이 도덕성 문제로 인지되면 극복하기가 어렵다.

도널드 트럼프Donald Trump에 대한 대중의 인식보다 이러한 성향을 잘 보여주는 사례는 없을 것이다. 그는 러시아가 자신의 대통령 당선에 도움을 줬다고 인정했다가 불과 20분 뒤 부인한 것을 비롯해, 전략적으로 무의미한 행동을 수시로 해왔다.[4] 그의 지지자들은 역량이라는 렌즈를 통해 그의 결점을 기꺼이 걸러내는 듯하다. 생계를 위해 거짓말을 일삼는(낮은 도덕성) 직업 정치인과 비교해, '정치인이 아니라서' 요령이 없다(낮은 역량)는 사실을 장점으로 바라보는 것이다. 이와 달리 반대편을 지지하는 사람들은 트럼프의 행동이 극도의 이기심, 권력 추구, 옳고 그름을 깡그리 무시하는 태도, 즉 용서할 수 없는 도덕성 위반에서 나온 것이라고 인식한다.

중요한 건 행동 자체가 아니라 행동이 어떻게 인식되느냐다. 이 책에서 나는 그러한 인식이 종종 불러오는 예상 밖의 처참한 결과를 설명하고, 신뢰가 형성되는 방식이나 신뢰 위반에 대처하는 방법에 관해 우리가 자주 하는 착각도 설명할 예정이다. 몇몇 유명 인사의 성 추문 사건을 되짚어볼 것이다. 가령 성 추문 사건이 처음 보도됐을 때 대중이 아널드 슈워제네거Arnold Schwarzenegger는 용서하고 빌 클린턴Bill Clinton은 용서하지 않은 이유를 파헤칠 것이다. 센트럴파크 파이브 사건*의 판결이 무효화된 후에도 주임 검사 린다 페어스타인Linda Fairstein이 끝까지 자신의 판결을 관철하면서 사과하기를 거부한 일도 살펴볼 것이다(만약 사과했더라도 왜 도움이 되지 않았을지 생각해볼 것이다). 이탈리아 패션 회사 돌체 앤가바나가 중국에서 인종차별 논란을 잠재우느라 고전한 일과 새클러 가문이 오피오이드 사태**에 대한 책임을 회피하려고 기울인 노력과 기사화조차 되지 않는 외도와 가정폭력 사례들도 담았다.

한발 더 나아가 이 책은 이러한 통찰을 발판으로 사회적 차원의 불신 문제를 정면으로 직시한다. 로스앤젤레스의 우범지역에 비영리기관인 홈보이 인더스트리즈Homeboy Industries를 설립해 폭력 조직원들을 갱생시키고 놀라운 성과를 끌어낸 그레고리 신부Father Gregory를 소개하면서, 우리가 일반적으로 정의와 속죄 문제에 얼마나 형편없이 대처하는지 이야기할 것이다. 2017년 버지니아주 샬러츠빌에서 열린 유나이트 더 라이트Unite the Right 극우 집회**에서의 격렬한 충돌, 경찰이 브리오나 테일러Breonna Taylor와 조지 플로이드George Floyd를 살해한 사건** 이후 나온 엇갈린 반응, 그리고 인도 대분할Great Partition of India***의 피비린내 나는 역사를 다시 짚어

- 1989년 할렘 출신의 흑인과 라틴계 청소년 다섯 명이 뉴욕 센트럴파크에서 백인 여성을 강간한 혐의로 억울하게 실형을 선고받은 사건이다.

•• 미국에서는 1990년대 후반부터 오피오이드, 즉 마약성 진통제의 무분별한 처방과 남용으로 사망자가 급증해 심각한 사회 문제가 되고 있다.

**• 2017년 8월, 미국 버지니아주 샬러츠빌에서 일어난 백인 우월주의 극우 집회다. 백인 민족주의, 반유대주의, 반이민주의, 동성애 혐오 등을 주장하며 폭력적인 충돌로 이어졌다.

•• 브리오나 테일러는 2020년 3월 켄터키주 루이빌에서 마약 수사 영장을 갖고 출동한 경찰의 총격 끝에 사망했고, 조지 플로이드는 같은 해 5월 미네소타주 미니애폴리스에서 위조지폐 사용 신고를 받고 출동한 경찰의 과잉 진압으로 사망했다.

••• 1947년, 영국령 인도 제국이 종식되면서 일어난 영토 분할이다. 이 분할로 인해 인도와 파키스탄이라는 두 개의 독립 국가가 탄생했다.

봄으로써 소속 집단에 따라 우리의 반응이 어떻게 달라질 수 있는지 생각해볼 것이다. 서로 다른 국가 사이에서는 물론이고 같은 국가 내에서도 서로 다른 문화에 따라 구제받을 수 없는 죄에 대한 관점이 어떻게 달라지는지 살펴볼 것이다. 그리고 심각한 인권 침해 문제를 해결하고 분열된 나라를 치유하고자 했던 서독일의 뉘른베르크 국제군사재판, 남아프리카공화국의 진실화해위원회, 르완다의 가차차 법정에서 이루어진 시도를 비교해볼 것이다.

이 글을 쓰고 있을 때에도 전 세계 곳곳에서 신뢰가 위협받는 사례는 끝없이 이어졌다. 브라질의 한 상원위원회는 2021년 보고서에서 대통령 자이르 보우소나로 Jair Bolsonaro 가 집단 면역을 달성하겠다는 명분으로 코로나19 바이러스가 전국을 휩쓸게 내버려둬 수십만 명을 사망에 이르게 하는 반인도적 범죄를 저질렀다며 맹비난했다.[5] 영국 정부에서는 2009년 하원의원들이 허위 비용 청구를 통해 광범위한 절도 행각을 벌인 사실이 드러났고,[6] 2022년 4월, 하원의원 닐 패리시 Neil Parish 가 하원에서 자신의 핸드폰으로 두 차례나 음란물을 시청한 일이 발각된 후 사임하는가 하면,[7] 보리스 존슨 Boris Johnson 총리가 일련의 윤리적 스캔들에 휩싸여 정부 내에서 거센 반발이 일어나자 2022년 7월 7일 강제 사임하는 등[8] 수많은 추문으로 체통을 잃었다. 2021년 필리핀 여론조사 전문기관 SWS Social Weather Stations 에 의하면 이 나라 성인의 51퍼센트는 TV, 라디오, 소셜미디어에서 가짜 뉴스를 식별하는 데에 어려움을 겪는 것으로 나타났다.[9] 게다가 대다수 주요 경제국은 지난 30년 동안 소득 불평등 수준이 점차 높아졌는데,[10] 이러한 상태는 신뢰에 부정적인 영향을 미친다.[11]

신뢰 하락은 미국에서 특히 심각한 문제다. 2021년 임팩트게 놈프로젝트Impact Genome Project 및 AP통신과 NORC 공공문제연구센 터The Associated Press-NORC Center for Public Affairs Research 의 설문에 따르면, 미 국 성인의 18퍼센트인 약 4,600만 명은 개인적으로 믿고 도움을 청할 수 있는 사람이 한 명뿐이거나 한 명도 없다고 대답했다.[12] 20퍼센트인 4,900만 명은 이력서 작성에 도움을 주거나, 직장을 소개해주거나, 직장 내 갈등을 헤쳐나가기 위해 믿고 도움을 청할 수 있는 사람이 한 명뿐이거나 한 명도 없다고 대답했다. 게다가 소득이 연방빈곤수준Federal Poverty Level(FPL) 이하인 인구 중 36퍼센 트는 도움을 청할 사람이 아무도 없다고 밝혔다.

미국은 코로나19 대유행 기간 중 무수한 실수를 저질렀고, 만 연한 가짜 정보와 완강한 백신 기피에 대응하느라 힘겨운 시간을 보냈다. 미국인들은 학교에서 비판적 인종 이론*을 가르치는 문

● critical race theory. 인종차별 문제는 개인의 편견이 아닌 사회와 법률 차원의 구조적 문제임을 강조하는 교육 이론이다.

제와 소수인종 우대정책*의 역할을 놓고 설전을 벌였다. 직장 내 성희롱에 관한 셀 수 없이 많은 이야기에 현기증을 느꼈고, 가까운 곳에서 벌어진 약물 남용, 노숙자 문제, 집단 총기 사건의 처참한 결과를 똑똑히 목격했다. 그리고 많은 사람이 각자의 저녁 식탁에서 가족이나 친구와 서로 다른 사회·환경·정치적 견해에 관해 대화를 나누기가 점점 더 어려워졌다고 느꼈다.

어떤 사람들은 2021년 1월 6일에 벌어진 미국 국회의사당 습격이야말로 이 나라의 신뢰가 바닥을 친 시점이 아니겠냐고 이야기했다. 내 안의 현실주의자는 그보다 더 나빠질 여지도 여전히 남아 있다고 걱정하지만, 근래 들어 이 나라에 대한 신뢰가 이렇게까지 손상된 적이 없다는 것은 분명해 보인다. 그나마 바닥 비슷한 지점에 도달한 상태에서 찾은 한 줄기 희망은, 그 끔찍한 사건을 계기로 적어도 일부 정치 지도자들과 대다수의 대중까지도 이제 국가가 앞으로 나아가야 할 방향을 바꿀 필요성을 인지하게 되었다는 점이다. 우리는 냉소적 당파주의, 음모론적 사고, 이기적인 진실 공격을 넘어서야 한다. 민주적 원칙, 공공기관, 객관적 사실, 그리고 무엇보다 서로에 대한 믿음과 신뢰를 재구축해야 한

● affirmative action, 대학 입학이나 고용, 국가 계약 등에서 흑인이나 소수 인종 또는 여성에게 혜택을 부여하는 제도다.

다. 이웃, 동료, 지인, 친구, 가족은 우리가 매일매일 신뢰를 쌓고, 깨뜨리고, 회복할 수 있는 사람들이기 때문이다. 신뢰를 회복하는 법에 관한 진지한 대화의 필요성이 지금만큼 절실했던 적은 없었다. 단순한 억측이 아니라 이 주제에 관한 엄격한 과학적 연구를 바탕으로 한 대화, 암흑의 시기를 헤쳐나가고 앞으로 나아갈 길을 개척하는 데에 도움이 될 수 있는 대화가 간절히 필요하다.

이 책을 통해 내가 이루고자 하는 목표는 **신뢰가 어떻게 형성되고, 어떻게 훼손되는지, 신뢰를 회복한다는 것이 어떤 의미인지** 더 깊이 이해할 수 있도록 돕고, 우리가 너무나 자주 경험하는 혼란, 실망, 배신, 비극에도 아랑곳하지 않고 각자의 사회적 연결고리를 재구축하는 방법에 대해 유용한 통찰을 제시하는 것이다. 어설픈 임시방편에만 관심 있는 사람들을 위해 피상적인 단계별 가이드를 제시하려고 이 책을 쓴 것이 아니다. 이 연구를 통해 밝혀진 내용 중 너무나 많은 부분이 악용될 우려가 있을뿐더러, 먼저 그 미묘한 의미를 이해하는 시간을 들이지 않고 여기에 소개된 연구 결과를 응용하려고 한다면 역효과가 날 수 있어 그런 접근법은 일부러 피했다. 그래도 시간을 들여 분별력을 쌓는 사람들이 얻을 수 있는 실제적인 교훈은 확실히 있다. 당신이 이 책을 끝까지 읽은 후 실질적인 도구 일체를 획득해, 개인적인 관계뿐만이 아니라 사회와의 관계에서도 신뢰를 쌓고, 유지하고, 회복하는 방법을 더 깊이 이해하는 데에 도움을 받길 바란다.

종합하자면 이 책은 우리 삶의 가장 중요한 경험을 다루는 방법에서 나타나는 뚜렷한 이해도의 격차를 좁히기 위한 내 노력의 최종 결과물이다. 나는 기존 지식이 거의 존재하지 않았던 분야에 인생의 20년 이상을 바쳐 엄격한 과학적 지식 체계를 구축했다. 내가 이 책에서 나눌 통찰은 기초 지식과 그 지식을 현실에 적용하면서 생기는 커다란 틈새를 메워줄 것이다. 너무나 많은 이들의 삶에서 신뢰, 신뢰 위반, 신뢰 회복이 커다란 걱정거리로 존재한다는 점을 고려할 때, 독자들이 이 책에 담긴 좀 더 폭넓고 깊이 있는 견고한 지식을 발판 삼아 이 어려운 과제를 잘 극복할 수 있길 바란다. 격동의 시기인 지금, 우리에게 어느 때보다도 이러한 도움이 필요하다는 것은 틀림없는 사실이다.

차례

5장 보여주고 싶은 것과 보고 싶은 것이 다를 때

6장 신뢰 회복을 위한 좋은 행동과 나쁜 행동의 딜레마

1장

신뢰의 출발

데일이 샘을 만나 처음 던진 질문은, 샘이 정부나 데일의 전 고용주와 어떤 식으로든 관련되어 있느냐는 것이었다. 샘은 아니라고 대답했지만 데일은 안심하지 못한 듯했다. 그렇지 않고서야 샘이 왜 무료로 상담을 해주느냐는 것이었다. 데일은 모든 것이 자신을 '제압'하고 '단단히 통제'하려는 치밀한 계획의 일환이 틀림없다고 굳게 믿었다.

샘은 물었다. "그 사람들이 뭐하러 그런 짓을 하겠어요?" 데일은 자신이 고위직 사람들의 사기, 거짓말, 속임수를 너무 많이 알고 있기 때문이라고 설명했다. 샘은 시에서 일하는 청소 노동자가 어떻게 그런 정보를 알 수 있느냐고 물었다. 데일은 그 질문에 몹시 언짢아하며 이렇게 소리쳤다. "CIA보다 사람들이 버리는 쓰레기에 비밀이 더 많단 말이오!" 그는 누군가 자신의 전화를 도청하고, 우편물을 가로채 살피고 있으며, 경찰에 민원을 제기하고 나서 불과 며칠 뒤 자신이 사는 아파트에 원인 모를 불이 났다고 말했다.

샘이 마지막으로 친구들과 만난 것이 언제였는지 묻자, 데일은 골똘히 생각하더니 "4년 전"이라고 대답했다. "왜 그렇게 오래 됐죠? 원래 혼자 있는 걸 좋아하시나요?"라는 물음에 데일은 전혀 그렇지 않다고 대답했다. 본인은 꽤 사교적인 성격이라는 것이다. 하지만 회사에서 내뱉은 말 때문에 자신이 언제 궁지에 몰릴지 모르는 일이고, 소위 친구라는 녀석들이 최근 들어 너무 선 넘는 질문을 많이 했다고 투덜거렸다.

"그러면 집에서 온종일 혼자서 무엇을 하세요?"라고 샘이 질문하자, 데일은 쓴웃음을 지으며 이렇게 소리쳤다. "그자들도 나의 다음 행보가 퍽 궁금하겠지!" 대화를 마치며 데일은 샘의 핸드폰 충전기와 책상 밑면을 살펴보겠다고 고집했다. "조심해서 나쁠 건 없지 않소." 그는 설명했다.

데일은 평범한 사람이 아니다. 그는 편집성 인격장애를 진단받았다. 심리학 교수인 샘 바크닌 Sam Vaknin 은 데일처럼 자기애적/반사회적 성격장애를 진단받은 사람들 수백 명에 관해 쓴 책에서 그 증상을 자세히 설명했다.[1] 이 글을 읽는 것만으로도 데일이 도움이 필요한 사람임을 짐작했을 것이다.

하지만 데일이 세상을 바라보는 방식은 사람들이 흔히 생각하는 신뢰의 작동 방식과 크게 다르지 않다. 우리는 대체로 신뢰가 0에서 출발하고, 시간이 지나면서 서로에 대해 더 많이 알아갈수록 서서히 쌓인다고 믿는다. 이런 접근법이 분별 있고 합리적이라고도 믿는다. 섣불리 사람을 믿었다가 내가 위험해질 수도 있는데 잘 모르는 사람을 왜 신뢰하겠는가?

신뢰는 실망시키지 않을 거란 믿음이다

인간의 조심스러운 태도는 직관적으로 타당하며, 전통적인 과학적 사고에서도 중요하게 여겨졌다. 그동안 신뢰에 관한 연구는 대개 사람들은 이기적이며 남을 이용하려 한다는 인식을 바탕에 깔고 진행했다. 그러다 보니 사회과학자들은 명확한 보증이 없다면 타인을 신뢰하지 말아야 한다고 강조해왔다.

이러한 시각은 2009년 노벨 경제학상을 받은 두 사람 중 한 명인 올리버 E. 윌리엄슨Oliver E. Williamson의 연구에서 아주 극명하게 드러난다. 경제학자들이 신뢰에 관심이 많은 건 신뢰가 경제 활동과 밀접하게 연결되어 있고, 신뢰가 부족한 상태는 대개 임금, 수익, 고용 저하로 이어지기 때문이다. 그러나 윌리엄슨의 연구는 다른 경제학자들의 연구와 차이가 있었다. 자유 시장에서 합리적 행위자*가 내리는 독립적인 의사결정에 초점을 맞춘 다른 경제학자들과 달리, 윌리엄슨은 그 사람들이 좀 더 지속적인 관계 속에서 서로 협력하기로 합의하는 방식에 주목했다. 더 나아가 그는 인간의 본성에 대한 핵심 전제, 즉 인간은 기회주의적이라는 데에 근거를 두어 그러한 관계에서 사람들이 직면할 수 있는 어려움을 탐구했다.

이는 인간이 이기적이라는 전제에서 한 단계 더 나아간다.[2] 경제학의 전 분야가 가정하듯이 인간이 이기적이라는 것은 우리가 각자의 선호를 충족하기 위해 끊임없이 노력하고, 자기 편익을 극대화하기 위한 방식으로 행동할 것이라는 뜻이다(예: 이익을 늘리기 위해 노력함). 하지만 윌리엄슨이 지적한 대로, 거기에는 우리가 요청을 받으면 관련된 모든 정보를 솔직하게 공개하고 합의된 내용을 성실히 이행할 것이라는 전제도 깔려 있다. 이에 반해 인간이 기회주의적이라는 것은 우리가 각자의 선호를 충족하기 위

---

* rational actors. 모든 인간이 주어진 정보를 바탕으로 최선의 판단을 한다는 고전 경제학의 기본 가정이다.

해 노력할 뿐만 아니라 기만적인 속임수도 쓴다는 뜻이다.

윌리엄슨은 인간 본성을 더 어둡게 그려냈다. 인간은 원하는 것을 얻는 데에 방해가 되면 진실을 말하거나, 책임감 있게 행동하거나, 약속을 지키지 않는다고 역설했다. 그는 이러한 전제와 함께, 일이 벌어질 수 있는 모든 가능성을 예측하고 해결하기는 어렵다는 이유까지 덧붙여, 우리가 타인의 행동으로 인해 상처받기 쉬운 상태에 놓일 위험이 있음을 강조했다.

경제적 손실을 최소화하는 방향으로 거래를 체계화할 방법에 초점을 맞추기 때문에 '거래비용 경제학 transaction cost economics'이라고 알려진 이 연구 분야에서는, 개인이 이러한 위험을 어떻게 완화할 수 있는가에 주로 초점을 맞췄다.° 근본적으로 기회주의적인 인간의 본성에도 불구하고 취약성과 위험을 낮출 방법을 탐구한 것이다. 거래비용 경제학자들이 가능하면 최대한 신뢰를 드러

° 이 분야에서 대체로 관심을 두는 부분은 경제 행위자들이 비즈니스 관계의 맥락에서 목적을 달성하기 위해 계약을 공식적인 법적 도구로 어떻게 활용하느냐였지만, 그 계약에는 훨씬 넓은 의미가 있다는 점을 유의해야 한다. 계약은 모든 형태의 합의와 관련될 수 있으며, 서면 또는 간단한 구두 형식을 취할 수 있다. 계약은 명시적일 수도 있지만 관련된 사람들이 암묵적으로 가정하는 형태를 취할 수도 있다. 더 나아가 이러한 종류의 계약은 공식적인 비즈니스 관계에 국한되지 않고, 가족, 친구, 이웃, 완벽한 타인을 포함한 둘 이상의 모든 당사자 사이에서 발생할 수 있다.

신뢰의 출발

내지 말아야 한다는 전반적인 태도를 보이는 것은 바로 그러한 이유 때문이다.

사회과학자들은 신뢰를 '다른 사람의 의도나 행동에 대한 긍정적인 기대치를 바탕으로, 취약함을 받아들이고자 하는 의지로 이루어진 심리 상태'라고 정의했다.[3] 이 정의는 얼핏 이해하기 어려워 보인다. 하지만 이 세 가지 주요 요소를 해체해보면 신뢰가 어떤 의미인지 쉽게 이해할 수 있다.

1) 심리 상태로서의 신뢰, 2) 취약함을 받아들이고자 하는 의지로서의 신뢰, 3) 다른 사람에게 품을 수 있는 긍정적인 기대치에 따른 상관관계로서의 신뢰.

이 정의의 마지막 요소, 즉 신뢰는 다른 사람의 의도나 행동에 대한 긍정적인 기대치를 바탕으로 한다는 개념부터 살펴보자. 사람들이 은밀하고, 교활하며, 기만적인 방법으로 자신의 이익을 추구한다고 전제하는 거래비용 경제학의 관점에서 보면, 이것은 명백히 신뢰가 성립되기 힘든 상황이다. 만약 사람들이 정말 은밀하고, 교활하며, 기만적인 방법으로 자신의 이익을 추구한다면, 고유의 기회주의적 본성에도 불구하고 다른 사람에게 긍정적인 기대를 품을 수 있는 근거는 무엇일까? 경제학자들의 주장처럼 인간이 자신의 이익을 위해 남을 이용할 수밖에 없는 존재라면 어떻게 해야 사람이 사람을 신뢰할 수 있을까?

이 관점에 의하면 기회주의적인 성향대로 행동하지 못하도록 저지할 방법을 찾는 것이 정답이다. 그렇게 하면 앞서 언급한 신뢰의 두 번째 요소, 즉 취약함을 받아들이고자 하는 의지에 직접 영향을 끼칠 수 있다. 예를 들어, 수잔은 마크와 함께 사업을 시작할 생각이지만 마크가 계약 사항을 충실히 이행하지 않을까 봐 걱정스러운 상황이다. 이 경우, 기대치가 충족되지 않을 때 어떤 결과가 뒤따를지 명시한 조항을 계약서에 추가하면 마크가 꼼수를 부릴 가능성이 줄어들 것이므로, 수잔이 걱정하는 문제에 노출될 위험이 낮아진다.

물론 그런 식의 예방 조치가 모든 위험을 없애주지는 못한다. 합의가 위반될 수 있는 모든 방식을 미리 내다볼 수 있는 사람은 아무도 없고, 자신을 보호하기 위해 추가할 조항의 내용이 적절한지 잘 모르는 경우도 많다. 마크는 납품하기로 합의한 제품의 품질을 인지하거나 측정하기 어려운 방식으로 떨어뜨려 약속한 기간이 끝날 때까지 버티며, 수잔과의 계약을 명목상 완수하면서도 계약 정신을 위반하는 무수히 많은 방법을 찾아낼 수 있다. 따라서 수잔은 위험을 낮추려고 노력하더라도 어느 정도의 위험은 받아들여야 한다. 그럼에도 신뢰의 두 번째 조건인 취약함의 수용에 대해 거래비용 경제학자들이 보내는 핵심 메시지는, 피할 수 있는 한 최대한 취약함을 받아들이지 말라는 것이다. 그들은 합리적으로 가능한 한 최소한의 신뢰를 최후의 수단으로서 보여주라고 조 언한다.

마지막으로 사회과학자들이 정의한 신뢰의 첫 번째 요소인 심리 상태로서의 신뢰에는 우리가 가끔 상대방을 전혀 신뢰하지 않을 때도 그 사람을 신뢰하는 것처럼 행동할 수 있다는 인식이 담겨 있다. 우리는 상대방에 대해 긍정적인 기대치가 없거나 그 사람의 행동으로 인해 취약한 상태에 놓이는 걸 원치 않더라도, 그 사람을 신뢰하는 것처럼 행동해야 할 다른 이유가 있다면 기꺼 이 그렇게 행동할 수 있다. 다시 예를 들어, 수잔은 마크를 좋게 생 각하지 않거나 그와 함께 사업을 운영하는 위험을 감수하고 싶지 않을 수 있다. 하지만 사업의 잠재적 이익이 충분히 매력적이고, 그 사업을 시작할 다른 방도가 없으며, 마크가 너무 큰 피해를 일 으키지 않도록 예방할 방법이 있다고 믿는다면 마크와 함께 사업 을 시작할 수 있다.

경제학자들의 관점에서는 수잔이 결국 마크와 사업을 시작 하기로 했다는 사실이 중요하다. 수잔은 마크를 신뢰하는 것처럼 행동했고, 덕분에 그들 각자가 공동 노력의 혜택을 거둘 것이며, 그것은 경제 전반에도 도움이 될 것이다. 하지만 대인관계의 관점 에서 수잔이 마크를 정말로 신뢰한다고 믿을 사람은 드물 것이다.

뒤따를 위험을 알면서도 취약함을 감수하는 것과 연관된 위험이나 약점이 사라졌기 때문에 취약함을 감수하는 것 사이에는 크나큰 차이가 있다. 거래비용 경제학자들이 탐구한 바와 같이 위험을 줄여 협력을 이루려고 노력하는 것은 궁극적으로 누군가를 신뢰할 필요성 자체를 없애기 위한 조치나 다름없다. 십 대 딸아이를 데이트에 내보내면서 그 자리에 동행하는 것은 딸아이의 남자친구를 신뢰한다는 의미가 아니다. **진정한 신뢰에는 남이 나를 실망시킬 수도 있지만 그러지 않을 것이라는 믿음을 바탕으로 취약함을 감수하고자 하는 의지가 필요하다.** 신뢰에 대한 전통적인 사고의 관점에서 후자는 전혀 말이 안 되는 행동이다. 왜 그런 종류의 위험에서 자신을 보호하려고 하지 않느냐는 것이다.

우리에겐 일단 믿는 경향이 있다

앞에서 이야기한 점들을 기억하면서 다음 예를 살펴보자. 얼마 전 나는 새로 생긴 레스토랑에 주문을 넣어 가족과 친구들이 먹을 저녁거리를 집으로 배달시켰다. 이를 위해 낯선 사람에게 내 신용카드 번호와 보안코드를 넘겨줬고, 개인의 이력과 동기가 알려지지 않은 낯선 사람 몇 명이 얼굴도 모르는 농부, 유통업자, 판매업자들에게서 구매한 식재료를 다듬고 조리하는 일련의 단계가 시작됐다. 이렇게 준비된 식사는 배달 서비스를 통해 레스토랑과 관련 없는 또 다른 낯선 이의 손에 넘겨져 집까지 운반됐다. 우리 집에 있던 모든 사람은 혹시나 독이 들지 않았는지 먼저 맛을 볼 사람을 제비뽑기로 정하지 않고 곧바로 식사를 했다.

이 장의 시작 부분에 등장한 데일 같은 사람들은 틀림없이 이런 행동을 어리석다고 생각할 것이다. 요리사로 일하면서 53명에게 장티푸스를 감염시키고 그중 세 명을 사망하게 한 유명한 '장티푸스 메리' 사례를 언급할 수도 있다. 미국에서 매년 발생하는 잠재적으로 치명적인 대장균 감염 사례 약 7만 3,000건의 절반 이상이 음식을 통해 전파된다는 사실을 지적할 수도 있다.[4] 나는 그 말이 사실일 뿐만 아니라 전혀 모르는 낯선 사람에게 내 신용카드 정보를 건넴으로써 쉽게 사기 피해자가 될 수 있다는 사실을 인정하지 않을 수 없다. 마찬가지로 나는 생활의 다른 영역에서도 새로운 사람들과 상호작용할 때, 일반적으로 그들이 나에게 해를 끼치지 않을 것이고, 약속을 지킬 것이며, 궁극적으로 그들이 내 신뢰에 부응할 것이라고 기대한다는 사실을 인정하지 않을 수 없다.

내가 어수룩하고 이상주의적인 사람처럼 보일 수도 있다. 하지만 알고 보면 남들도 나와 크게 다르지 않다. **실제로 사람들은**

낯선 이에게 놀라울 정도로 높은 수준의 신뢰를 보여준다는 사실이 과학적 증거를 통해 점점 더 드러나고 있다. 도널드 페린^{Donald} Ferrin 과 세실리 쿠퍼^{Cecily Cooper}, 커트 더크스^{Kurt Dirks} 와 내가 수행한 신뢰에 관한 초기 실험 중 하나가 그 사실을 잘 보여준다.[5] 이 실험에서 우리는 맥닐 앤드 어소시에이츠^{McNeale and Associates} 라는 회계 법인의 세무부서 채용 면접을 녹화해 실험 참가자들에게 보여주고 각자 지원자를 평가해달라고 요청했다. 면접에서 오고간 대화 내용을 살펴보면서 당신도 이 지원자를 나름대로 평가해보라.

영상에서 면접관은 이렇게 말했다. "여기 보니 공인회계사^{CPA} 자격증을 따신 지 몇 년 됐네요."

지원자는 대답했다. "네, 맞습니다. 저는 그 분야에서 꽤 많은 경험을 쌓았고, 공고하신 직책에 적합하다고 생각해서 지원하게 됐습니다."

면접관은 지원자에게 이 회사에서 일하고 싶은 이유를 물었다. 지원자는 이렇게 답했다. "사실 이유는 상당히 많습니다. 무엇보다도 맥닐은 훈련개발 프로그램으로 잘 알려져 있죠. 저는 그 기회를 활용할 수 있었으면 합니다. 게다가 맥닐은 일하기 좋은 직장이라는 평판이 많고, 공공회계 분야에서 높은 평가를 받는 게 사실이죠. [잠시 뜸을 들인 후] 그리고 이 회사의 다른 부서에서 근무하는 지인이 몇 명 있는데, 다들 여기서 일하는 것을 즐기는 듯하고 대체로 회사를 높이 평가하더라고요. 저에게도 잘 맞을 것 같다는 인상을 받았습니다."

마지막으로 지원자의 어떤 업무 역량이 회사에 보탬이 되겠느냐는 면접관의 질문에 지원자는 다음과 같이 대답했다. "아, 그건요. 개인세와 법인세 전 분야에 능숙하지만, 저는 상속세 전문가가 되기 위해 정말 열심히 노력해왔습니다. 특별 수업을 듣고, 전문성 개발 과정을 이수했을 뿐만 아니라, 전 직장에서는 몇몇 고객을 맡아 상속세 관련 업무를 진행했습니다. 그리고 대인관계가 원만한 편이라 동료들에게 훌륭한 팀원이라는 평을 듣습니다. 마지막으로 체계적으로 일하는 법을 터득했는데, 이것은 많은 고객과 신고서와 마감일을 동시다발적으로 챙겨야 하는 세금 신고 기간에 매우 중요한 능력이라고 생각합니다."

당신은 이 지원자를 어떻게 평가하는가? 이 사람을 어느 정도까지 신뢰하고 채용할 의사가 있는가? 고용주 입장에서 누군가를 어떤 자리에 채용한다는 것은 실질적인 위험이 따르는 일이다. 세무사의 업무처럼 중대한 책임이 수반되는 직책이라면 더욱 그러하다. 따라서 신뢰는 채용 결정에 중요한 역할을 한다. 하지만 우리는 구직자가 이력서의 세부 정보를 거짓으로 꾸며내기가 매우 쉽다는 것도 잘 알고 있다. 이 현상에 대한 데이터는 편차가 있긴 하지만, 최근의 보고서에 따르면 구직자의 30~78퍼센트가 이력서에 거짓말을 한 적이 있음을 인정했고, 그중 대다수는 끝내 발각되지 않았다고 한다.[6] 게다가 영상에서 지원자가 한 말은 지어낸 것일 가능성도 있다. 대화 중 면접관은 어떤 방식으로도 그 주장의 사실 여부를 검증하지 않았다. 우리는 지원자의 주장만을 바탕으로 그 지원자를 얼마나 신뢰할지 결정해야 한다.

신뢰의 전통적인 사고 관점에서 보면 결론은 간단하다. 지원자는 취업에 성공하려고 면접에서 하는 말의 일부 혹은 전부를 쉽게 꾸며낼 수도 있는 낯선 사람이다. 그 주장의 어떠한 내용도 검증된 바가 없으니, 우리는 이 사람이 하는 말에 의존하는 수밖에 없다. 더구나 사람을 잘못 채용했다가는 회계법인이 상당한 법적, 재무적 위험에 노출될 우려가 있다. 따라서 전통적인 관점에서 합리적인 행동은 지원자의 주장을 별도로 검증하기 전까지 지원자를 전혀 신뢰하지 않는 것이다.

하지만 연구에서 드러난 사실은 이와 달랐다. 우리는 이전의 신뢰 연구를 통해 검증된 몇 가지 다중 항목 척도로 이 지원자에 대한 신뢰 수준을 측정했다. 이를테면 실험 참가자들에게 "나는 지원자의 행동을 모니터할 수 없더라도 나에게 중요한 업무나 과제를 이 지원자에게 맡기겠다"와 같은 가정에 1부터 7의 범위로 답하게 한 것이다(1은 '매우 동의함'을 의미하고, 7은 '매우 동의하지 않음'을 의미함). **그 결과, 신뢰는 전통적인 사고에서 가정한 바와**

신뢰의 출발

달리 바닥에 근접한 적이 없었다. 오히려 참가자들의 초기 신뢰 수준은 이 실험뿐만 아니라 우리가 수행한 다른 실험에서도 놀라울 정도로 높았는데, 대개 결과는 이 척도의 중간점 또는 그 이상이었다.

친밀하지 않은 관계의 영향력

우리는 이 결과에 어떻게 반응해야 할까? 당신이 나처럼 약간 이상주의적이고 어수룩한 사람임을 스스로 인정한다면 이러한 결과가 새삼스럽지 않을 것이다. 사실 우리 연구팀 전체는 이게 너무나 당연하게 느껴져서 처음에는 이 실험을 해볼 생각조차 하지 않았다. 우리는 실험 참가자들이 면접 내용을 바탕으로 이 지원자에게 어느 정도 초기 신뢰를 보여줄 것이라고 예상했다. 그래서 오히려 그 신뢰가 어떻게 깨지고, 그 후에 어떻게 회복될 수 있는지와 같이 좀 더 흥미로운 질문을 탐구하는 데에 초점을 맞췄다. 하지만 이 논문을 처음 검토한 사람들은 우리와 생각이 달랐다. 그들은 신뢰가 0에서 출발하고 시간이 지나면서 서서히 높아진다는 전통적인 전제로 이미 기울어져 있었다. 그래서 우리는 명백한 증거로 그 전제에 이의를 제기하기 위해 이 추가 실험을 수행했다.

그렇다 하더라도 혹자는 이 결과에 여전히 의문을 제기할 수 있다. 첫 번째로 이것이 현실의 신뢰를 대변하는지 의심스럽기 때문이고, 두 번째로 아주 가까운 친구나 가족에 한정해서만 이런 식의 신뢰를 보이는 것은 아닌가 싶은 생각 때문이다. 물론 친밀한 관계의 신뢰와 낯선 사람에 대한 신뢰에는 차이가 있다. 실제로 친밀한 관계의 신뢰는 낯선 사람들에 대한 신뢰보다 훨씬 견고한데, 이는 피신뢰자에 관한 정보가 더 많다는 이유도 있다. 조금 뒤에 자세히 설명하겠지만, 친밀한 사이에서는 다양한 이해관계로 인한 여러 가지 고려 사항과 동기가 신뢰의 기반이 되기도 한다. 하지만 다른 신뢰 연구에서 사용된 것과 똑같은 널리 인정되는 신뢰 척도를 바탕으로 했다는 점에서 높은 초기 신뢰가 일반적인 신뢰를 대변하지 않는다고 말하기는 어렵다.

세 번째로 제기할 수 있는 의문은 이러한 결과가 사람들이 낯선 이에게 높은 초기 신뢰를 보인다는 증거라고 해도, 이런 종류의 신뢰는 어차피 가까운 관계의 신뢰보다 덜 중요하지 않느냐는 것이다. 직관적으로 생각하면 그렇게 보일 수 있다. 배우자, 부모, 형제자매, 절친한 친구 등 가까운 관계의 신뢰 문제는 많은 사람에게 특별한 의미가 있을 가능성이 크고, 이런 종류의 신뢰야말로 우리가 가장 열심히 키워야 할 신뢰다. 그렇지만 **친밀하지 않은 관**

계의 신뢰는 가까운 관계의 신뢰만큼 중요할 수 있고, 훨씬 더 흔한 것이 사실이다.

예컨대, 새로운 회사의 스카우트 제의를 수락하기 위해 타지로 이사할 때도, 오랫동안 알고 지낸 연인과 동거하기 위해 같은 집으로 이사할 때도 신뢰 위반의 위험에 노출될 수 있다. 어느 쪽이든 모두 신뢰가 중요하다. 게다가 미국 인구조사국은 2020년 평균적인 가족의 구성원 수가 3.15명에 불과하다고 밝혔고, 미국인생활조사센터 Survey Center on American Life 에 따르면 2021년 미국인의 87퍼센트는 가까운 친구가 열 명 이하라고 답했다.[7, 8] 이를 보면 친밀하지 않은 관계망이 상대적으로 훨씬 넓다는 것을 알 수 있다. 사회학자 마크 그래노베터 Mark Granovetter 가 이 주제에 관해 진행한 획기적인 연구를 통해 발견했듯이, 이러한 수치상의 차이로 인해 우리는 단단한 관계를 맺은 친밀한 사람들보다 약하게 연결된 사람들을 통해 일자리를 얻을 가능성이 훨씬 크다.[9]

더 나아가 친밀하지 않은 관계를 연구하는 것은 신뢰를 제대로 이해하기 위한 중요한 발판이다. 지도자, 유명 인사, 조직, 정부기관처럼 더 폭넓은 사회 단위에서 신뢰가 어떻게 작동하는지 이해하는 것은 우리에게 꼭 필요한 일이다. 또한 새롭게 형성된 관계의 신뢰는 더 많은 투자를 해온 관계의 신뢰보다 훨씬 더 깨지기 쉽다. 따라서 견고한 관계에서는 잘 드러나지 않는 영향력에 대해 오히려 더 많은 것을 말해줄 수 있다. 이는 마치 탄광 속 카나리아와 비슷하다. 그 연약함이 더 예리한 통찰의 기반이 된다는 뜻이다. 더 견고한 형태의 신뢰에 초점을 맞출 경우, 우리가 어떻게, 언제, 왜 누군가를 신뢰하거나 불신하는지가 명백하게 드러나지 않을 수도 있다.

그러므로 잘 모르는 사람에 대한 높은 초기 신뢰의 증거를 유효하지 않거나 중요하지 않다고 여겨 무시하는 것은 큰 실수다. 관련 분야에서는 이 점을 이제야 인식하고 받아들이기 시작했다. 이 새로운 사고방식을 확립하는 데에 도움이 된 연구가 몇 차례 큰 상을 받았다는 이유도 있지만, 이러한 생각을 바탕으로 한 연구의 양이 점점 더 늘어났기 때문이다. 우리는 다음 두 가지 방법으로 이 같은 연구 결과에 조금 더 분별 있게 대응할 수 있다. 첫째, 높은 초기 신뢰가 어떻게 형성될 수 있는지 더 세심하게 살펴봐야 한다. 둘째, 이 높은 초기 신뢰가 친밀한 관계의 신뢰와 어떤 차이점과 공통점이 있는지 더 깊이 통찰해 모색해야 한다.

초기 신뢰도에 영향을 미치는 세 가지 요소

신뢰 연구자들은 이미 첫 번째 과제에 착수해 낯선 사람에 대한 초기 신뢰에 영향을 주는 세 가지 요소를 밝혀냈다. **첫째, 타인에 대한 초기 신뢰는 특정 인물보다 그 신뢰가 표현되는 상황에 따라 좌우된다.** 이것은 도입부에서 간단히 언급한 초창기 신뢰 연구에서 중점을 둔 부분으로, 초창기 연구자들은 사람들이 혼합 동기 상황(즉, 참가자들끼리 협력하는 편이 전체를 위해 더 낫지만, 협력하지 말아야 할 개인적 동기도 있는 상황)에서 어떻게 행동하는지 집중적으로 관심을 기울였다. 이런 종류의 상황은 환경 보존, 군비 확장 경쟁, 개인과 법인에 대한 과세 등을 둘러싼 사회적 논쟁에서 볼 수 있다시피 현실 세계에서 꽤 흔하다. 또한 이 영역에서 이루어진 충분한 연구를 통해, 개인주의적인 태도로 행동할 때와 협력적인 태도로 행동할 때 주어지는 보상이 달라지면 신뢰 수준에 영향을 끼친다는 사실도 명확하게 밝혀졌다.

이러한 동기는 여러 가지 고려 사항에 따라 달라진다. 이를테면 당장의 경제적 이익, 평판에 대한 우려, 법적 기소 가능성, 사회적 비난이나 배척의 위협 등이다. 각 고려 사항은 타인에게 신뢰를 드러내고자 하는 의지에 깊은 영향을 끼친다. 예를 들어, 타인에게 상해를 끼치는 행동은 해고, 소송, 구속으로 이어지므로, 우리는 상대방이 나를 해칠까 봐 크게 걱정하지 않는다. 마찬가지로 앞서 설명한 면접 실험의 참가자들은 자질 검증이 진행되면 거짓말이 들통난다는 사실을 알기 때문에, 지원자가 스스로 이야기하는 자격 요건을 신뢰하려 했을 수 있다. 하지만 이 경우에는 상대방에 관해 아는 바가 있어서 신뢰하는 것이 아니라, 기본적으로 개개인이 스스로에게 불리한 상황을 만들 만큼 무모하지 않다고 가정할 뿐이다. 이런 종류의 신뢰는 우리가 상대방에 대해 잘 모르더라도 사회의 법률, 규칙, 규범, 제도가 사람들의 행동을 견제해줄 것이라는 믿음을 바탕으로 한다. 이는 엄밀히 말하자면 신뢰를 높인다기보다 위험을 낮추는 일에 더 가깝지만, 이러한 고려 사항은 신뢰 행동(사람들이 타인을 신뢰하는 것처럼 행동하는지 여부) 또는 보상으로 위험을 완전히 완화하지 못할 때, 신뢰에 어떠한 영향이 있는지를 주된 관심사로 하는 사회과학자들에게 여전히 흥미로운 부분이다.

낯선 사람에 대한 초기 신뢰에 영향을 끼치는 두 번째 요소는 개인의 성격적 특성에서 찾을 수 있다. **연구에 따르면 많은 사람이 각자의 성격적 특성 때문에 남을 곧잘 신뢰하는 성향이 있는 것으로 드러났다.**[10] 이러한 성향은 그렇지 않은 사람의 눈에 무모해 보일 수 있다. 하지만 과학적 증거에 따르면 이는 대체로 전혀 바

신뢰의 출발

보 같은 행동이 아닌 것으로 나타난다. 심리학자 줄리언 로터^{Julian} ^{Rotter}는 '남을 잘 믿는 사람들'은 불행, 갈등, 부적응을 겪을 가능성이 적다는 사실을 발견했다.[11] 또한 남을 잘 믿는 것이 어수룩하거나 바보 같다는 의미라면, 남을 잘 믿지 않는 성향의 사람들보다 더 쉽게 타인에게 속아 넘어가야 하지만 실제로는 그렇지 않았다.

이 연구 결과는 세상을 바라보는 시각이 행복에 어떻게 영향을 줄 수 있는가를 파헤친 다른 연구와도 일맥상통한다. 그러한 연구가 던지는 기본적인 메시지는 자기 자신과 세상, 미래를 정확하게 인식할 때보다 과할 만큼 긍정적으로 인식할 때 더 행복할 수 있다는 것이다.

한 실험에서 연구자 로런 얼로이$^{Lauren\ Alloy}$와 린 에이브럼슨^{Lyn} ^{Abramson}은 벡 우울척도$^{Beck\ Depression\ Inventory(BDI)}$라는 심리 도구를 사용해 참가자들의 우울증을 검사한 다음, 참가자들에게 버튼을 눌러달라고 했다. 이 버튼을 누르면 녹색 불이 들어올 수도 있고 안 들어올 수도 있다. 점등 유무가 무작위인 상태에서 참가자들에게 버튼을 눌러 불을 켜는 행동을 통해 자신을 얼마나 잘 통제한다고 여기는지 어림짐작해달라고 요청했다.[12] 그 결과, 우울한 참가자들의 추정치는 우울하지 않은 참가자들의 추정치에 비해 놀라울 정도로 정확했다. 간단히 말하자면 세상에 대한 정확한 인식은 행복과 무관하다. 오히려 이 둘은 역의 상관관계가 있었다. 심리학

신뢰의 과학

자 셸리 테일러Shelley Taylor와 조너선 브라운Jonathan Brown의 실험에서
도 비슷한 결론이 도출됐다. 사람들은 일반적으로 자기 자신과 상
황 통제력, 자신의 미래에 대해 비현실적일 만큼 긍정적인 견해를
갖는 경향이 있을 뿐만 아니라, 그 긍정적인 착각은 대체로 행복
감을 높인다는 것이다.[13] 이러한 결론은 남을 지나치게 신뢰하는
경우처럼, 앞으로 벌어질 일에 대한 시각이 과할 만큼 긍정적이더
라도 정신건강과 일상생활에는 바람직할 수 있음을 시사한다.

물론 긍정적인 착각도 너무 비현실적이면 해롭다. 예를 들어,
지구의 자전을 자기 마음대로 제어할 수 있다고 믿는다거나, 긍정
적인 착각 때문에 의학적 위험 요소에 대해 합리적 예방 조치를
하지 않는 행위는 도움이 되지 않는다.[14] 하지만 일반적인 근거에
따르면 긍정적인 전망으로 치우치는 편이 대체로 더 유익하다. 그
렇게 착각하면 더 행복한 기분이 들 뿐만 아니라, 자신에게 투자
하거나 더 나은 직장에 도전하는 등 건강한 행동에 힘이 실리기
때문에 생산적이고 창의적인 일에 몰입하는 데에도 도움이 된다.

마찬가지로 사람들이 타인의 신뢰성에 대해 긍정적인 믿음
을 가질 때 비슷한 효과가 나타난다. 로터의 연구에서 남을 잘 믿
는 사람들은 불행, 갈등, 부적응을 겪을 가능성이 적었을 뿐만 아
니라, 남을 잘 믿는 사람이든 잘 믿지 않는 사람이든 모두가 그
를 친구로 생각할 가능성이 더 컸다. 그리고 남을 믿어주면 신뢰

신뢰의 출발

를 받은 사람이 더욱 믿을 만하게 행동하도록 북돋울 수 있고, 실제로 행동을 통해 긍정적인 기대치에 보답할 수 있다는 증거도 있다. 이에 관해서는 조금 뒤에 자세히 설명하도록 하겠다.

마지막으로 초기 신뢰에 영향을 미치는 세 번째 이유는 신뢰가 형성되는 방식과 관련이 있다. 우리는 상대방을 신뢰해도 좋을지 판단할 때 여러 가지 특징을 평가해보려고 노력한다. **한 연구에서는 우리가 어떤 사람의 신뢰도를 평가할 때 최대 열 가지 특성을 고려하는 것으로 나타났다.**[15] 나열해보면 다음과 같다.

시간적 여유(필요할 때 곁에 있는가?), 역량(특정한 과제에 필요한 지식과 기술이 있는가?), 일관성(믿음직하고 예측 가능한가?), 신중함(비밀을 지킬 수 있는가?), 공정함(남을 공정하고 정의롭게 대하는가?), 도덕성(정직하고 도덕적인 성품인가?), 신의(내 편이 되어줄 것인가?), 열린 마음(생각과 정보를 자유롭게 공유해줄 것인가?), 약속 이행(내뱉은 말을 지킬 것인가?), 수용력(내 생각을 받아들여줄 것인가?).

신뢰에 필요한 각 특성의 중요도는 상대방과 맺는 관계의 유형에 따라 달라진다. 예를 들어, 배우자에 대해서는 역량보다 신의에 더 신경을 쓸 것이고, 배달 서비스에 대해서는 열린 마음보다 약속 이행을 더 중요하게 생각하고, 심장외과 의사를 선택할 때는 수용력보다 역량을 우선순위로 꼽을 것이다. 그러니까 관계의 유형과 친밀도 모두 우리가 타인의 신뢰도를 평가할 때 중요하

신뢰의 과학

게 여기는 특성에 영향을 준다. 하지만 일단은 이 광범위한 목록을 보고 개인의 특성이 그 사람을 향한 신뢰에 확실히 영향을 끼친다는 사실부터 인지하도록 하자. 더 가깝고 오래 이어온 관계에서 그렇듯, 상대방에 대한 정보가 많을수록 그 사람의 신뢰도에 관한 평가는 더 정확해진다.

타인에 대한 신뢰를 언제 확신할 수 있는가

하지만 이 세 가지 기본 전제가 상황을 복잡하게 만들기도 한다. 그 이유는 바로 우리가 충분한 정보를 얻기도 전에 판단을 내릴 때가 많기 때문이다. 신뢰 연구자들은 우리가 순간의 인지 단서를 바탕으로 즉석에서 판단을 내리는 경향이 있으나, 그러한 인지 단서가 상대방을 진짜 믿어도 되는지에 대해서는 아무것도 말해주지 않는다고 지적했다.[16] 이 책의 후반부에서 더 자세히 다루겠지만, **우리는 정치 성향, 직업, 거주 지역, 출신 학교처럼 속해 있는 집단을 바탕으로 타인에 대해 성급한 결론을 내릴 때가 많다.** 소문에 너무 쉽게 의존하기도 하고 그 사람이 스스로 만들려고 노력하는 대중적 이미지를 선뜻 받아들인다. 그리고 나이, 성별, 민족, 키,

신뢰의 출발

몸무게, 매력과 같은 인구통계학·신체적 특징을 바탕으로 여러 가지를 넘겨짚을 때가 많다.

이 모든 단서는 낯선 사람을 만난 후 처음 몇 분 안에 혹은 심지어 만나기도 전에 얻을 수 있으며, 그 사람이 실제로 얼마나 믿을 만한 사람인지에 대한 지표 역할을 하기에는 너무 부정확한 정보가 많다. 따라서 상대방에 대한 제대로 된 정보가 모이기 전까지만이라도 그 사람을 신뢰하지 않는 것이 현명한 행동이라는 결론을 내리기가 쉽다. 하지만 신뢰는 그런 식으로 작동하지 않는다. 앞서 언급한 면접 실험의 참가자들은 지원자에 대한 첫인상과 지원자가 얼마든지 위조했을 수도 있는 정보를 바탕으로 잘 모르는 지원자에게 기꺼이 높은 신뢰를 드러냈다. 게다가 이러한 결과는 신뢰에 대한 다른 연구 결과와 일맥상통한다. 간단하고 구조화되지 않은 면접은 면접관의 편향되고 주관적인 판단에 쉽게 영향을 받을 수 있어, 평가 도구로서 무의미하다는 사실이 많은 연구를 통해 증명됐다.[17]

이런 식으로 타인의 신뢰도를 평가하는 것은 때에 따라 문제를 일으킨다. 인종, 성별, 체중 또는 기타 신체적 특징처럼 크게 관련 없는 항목을 신뢰의 기준으로 삼아 부당하게 차별할 경우, 자격 있는 사람을 배제할 수 있다는 점이 특히 우려된다. 하지만 초기 신뢰의 세 가지 요소(각자의 동기, 기본 성향, 타인에 대해 습득하는 순간의 인지 단서)를 모두 고려할 때, **우리가 얻을 수 있는 교훈은 타인의 신뢰도를 빠르게 평가하는 성향이 결국 양날의 검이 된다는 점이다.** 명백한 단점은 평가 대상의 실제 신뢰도와 별 상관없는 항목을 바탕으로 신뢰 판단이 왜곡될 수 있다는 것이다. 그 과정에서 신뢰해도 좋을 사람에 대한 신뢰를 보류하게 될 뿐만 아니라 신뢰해서는 안 될 사람을 믿어서 문제가 생길 수 있다.

하지만 빠르게 신뢰 판단을 내리는 성향은 큰 장점이 되기도 한다. 타인에 대한 신뢰가 초기 신뢰의 세 가지 요소에 영향을 받는다는 사실은, 넓게 보면 이러한 요소들 때문에 달리 신뢰하지 않았을 타인에게 좀 더 큰 신뢰를 보낼 수도 있다는 뜻이다. 사회의 법률, 규칙, 규범은 일반적으로 윤리 원칙을 장려하도록 설계되어 있어서 초기 신뢰 수준을 높이는 역할을 한다. 마찬가지로 일부 사람들에게 타인을 쉽게 믿는 성향이 있다는 것은, 남을 잘 믿지 않는 사람들이 있더라도 사회의 평균적인 초기 신뢰 수준은 여전히 0보다 높다는 의미다. 그리고 타인에 대한 순간의 인지 단서(소속 집단, 평판, 고정관념)에 의존하면 때에 따라 잘못된 판단을 내리거나 부당한 추론까지 할 수도 있지만, 그래도 모두에 대한 초기 신뢰가 0인 것보다는 훨씬 낫다.

간단히 말해서 이 세 가지 요소의 최종적인 효과는 우리가 모르는 사람을 좀 더 신뢰하게 만든다. 그렇게 하는 편이 대체로 더 이익이라는 증거도 있다. 아무 신뢰도 없는 상태에서는 협력이 거의 불가능하다. 또한 다른 일을 전부 제쳐두고 남을 감시하며 자신을 지키는 데에 모든 시간을 바쳐야 할 것이다. 타인을 선뜻 신뢰하기로 한 결정이 착오일 수 있고 때때로 부당한 선입견이 개입되는 일도 있다. 하지만 항상 신뢰도가 0인 상태로 공평하게 시작하는 것보다, 신뢰받을 만한 사람에 대한 초기 신뢰를 높이고 더 많은 사람에게 기회를 주는 식으로 이 문제에 접근하는 게 훨씬 더 좋은 방법이 될 것이다.

기꺼이 믿어줄 때의
장점

잘 믿지 않으려고 버티는 것보다 기꺼이 믿어줄 때의 장점은 몇몇 다른 연구를 통해서도 입증된 바 있다. 협상에서 피드백 제공의 효과와 관련해 조직심리학자인 티나 디크먼[Tina Diekmann]과 앤 텐브런셀[Ann Tenbrunsel], 그리고 내가 수행한 연구 결과를 살펴보자.[18] 협상은 본질상 혼합동기 상황이기 때문에 신뢰에 대해 큰 우려를 일으킨다. 협상자들은 협력적으로 행동하고, 정보를 공유하고, 서로에게 도움이 되는 해결책을 모색함으로써 다 함께 이익을 얻을 수

신뢰의 과학

있다. 하지만 각 당사자는 정보를 숨기거나 부정확하게 전달하고, 상대방을 오도하고, 집단의 이익보다 자신의 이익을 추구하고 싶은 개인적 동기도 가지고 있다. 따라서 공동 연구자들과 나의 관심사는 협상자가 똑같은 사람과 다시 협상하려고 할 때, 이전 협상에서 자신이 어떻게 비춰졌는지에 대한 상대방의 피드백에 따라 반응이 어떻게 달라지는지 이해하는 것이었다.

우리는 참가자들에게 두 차례의 협상을 마쳐야 한다고 설명하고 중간에 피드백 세션을 넣었다. 참가자 중 한 명에게는 피드백 제공자, 다른 한 명에게는 피드백 수신자의 역할을 임의로 배정했다. 하지만 참가자들에게 피드백 제공자가 수신자에게 전달하는 구체적인 피드백 내용은 사전에 무작위로 정해진 것이라는 사실을 알려주지 않았다. 피드백 세션 중 참가자들을 서로 다른 방에 배치했고 피드백 제공자에게 우리가 준비한 피드백 문장을 정확하고 읽기 쉽게 베껴 쓰게 해서(피드백을 제공하는 과정이 좀 더 실제처럼 보이게 하기 위함) 자신이 직접 이 피드백을 준 것처럼 보이도록 최선을 다하라고 요청했다. 피드백 수신자는 그 피드백이 미리 준비된 것이며, 특정한 인식을 진짜라고 믿을 때 사람들의 반응이 어떻게 달라지는지 시험하기 위한 목적임을 전혀 몰랐다.

이제 막 1차 협상을 마친 피드백 수신자의 입장에 서보자. 그리고 피드백 세션 중 상대방이 이렇게 말했다고 상상해보자. "이렇게 말하면 조금 이상하지만, 1차 협상에서 내가 받은 인상은 딱한 가지였다. 그분은 거짓말을 하거나 나를 이용하려 한다는 인상을 받지 못했다는 점에서 윤리적인 협상가인 것 같다."

이것이 그 피드백 제공자와 함께하는 후속 협상에 어떤 영향을 끼칠까? 피드백 제공자는 당신을 믿을 만한 사람이라고 여긴다. 또한 신뢰 관리에 관한 전통적인 생각에 따르면, 이는 상대방의 신뢰를 이용해 '교활한 기회주의'를 발휘할 수 있는 절호의 기회다. 많은 협상에서 그런 일이 일어날 수 있지만, 피드백을 받은 실험 참가자 대다수는 그런 식으로 반응하지 않았다. 오히려 상대방이 자신에게 보여준 신뢰가 합당함을 입증하기 위해 후속 협상에서 자신의 이익을 좇는 대신 협력적인 태도를 보이려고 했다. **사람들은 대부분 누군가가 자신을 신뢰하면 그 신뢰가 옳았음을 보여주고 싶어 한다.**

비슷한 맥락에서 얼굴로 신뢰도를 평가하는 미심쩍어 보이는 관행을 생각해보자. 겉모습을 기준으로 누군가를 신뢰한다는 것이 전혀 근거 없어 보일 수도 있지만, 이것조차 때에 따라 예측력이 있다는 증거가 있다.

조직심리학자 마이클 슬레피언 Michael Slepian 과 대니얼 에임스 Daniel Ames 는 심사자들에게 각 실험 참가자의 얼굴 신뢰도를 평가하게 한 다음, 참가자들이 상대방에게 자신의 행동에 대해 사실

　　　　　　　　　　　　　　　　　신뢰의 과학

대로 이야기할지 거짓말을 할지 결정하는 간단한 경제 게임을 하게 했다. 사람들은 자신의 얼굴이 얼마나 신뢰감을 주는지 스스로 아는 경향이 있다. 그리고 그 인식을 이용해 금전적 이익을 취하는 대신, 신뢰감을 주게 생긴 이미지에 부합하고 싶어서 정직하게 행동할 가능성이 더 컸다.[19] 이뿐만 아니라 중국에서 진행된 종단 연구에서 발달심리학자인 청공 리Qinggong Li 와 게일 헤이먼Gail Heyman, 징 메이Jing Mei, 그리고 강 리Kang Lee 는 8~12세 표본 집단에서 높은 신뢰감을 주게 생긴 아이들일수록 또래 집단에 잘 받아들여졌고, 상냥할 것이라는 기대를 받았으며, 상냥한 대접을 받을 가능성도 크다는 사실을 밝혀냈다. 이것은 처음 아이들의 사진을 찍을 당시뿐만 아니라 1년 뒤에도 학급 내에서 그 아이들의 실제 신뢰도를 예측해줬다.[20]

이러한 연구 결과는 타인에 대한 초기 신뢰가 근거 없거나 무작위적인 것처럼 보이더라도, 그렇게 신뢰한 덕분에 결국 그 신뢰가 정당화될 조건이 만들어질 수 있음을 시사한다. 우리는 신뢰하는 사람에게 더 잘 대해주며, 이는 상대방이 그 행동에 보답하도록 격려한다. 신뢰받는 사람은 그 신뢰를 착취의 기회로 보지 않고 미래를 위해 보존해야 할 귀중한 자산으로 여기는 경향이 있다. 요컨대 높은 초기 신뢰도를 보이는 게 비이성적인 것처럼 보이지만 궁극적으로는 이성적인 행동이 될 수 있다. 초반에 타인의 신뢰도에 대해 과할 만큼 긍정적인 믿음을 품을 경우, 그 사람이 자기실현적 예언*을 현실화하는 방향으로 행동하기 때문이다.

결론은 우리가 생각하는 신뢰의 작동 방식과 현실에서 많은 이들이 신뢰와 관련해 내리는 선택 사이에 큰 차이가 있다는 것이다. **아주 적은 정보를 바탕으로 누군가를 선뜻 신뢰하는 행동은 예외가 아니라 표준이다.** 그리고 이러한 초기 신뢰는 임의의 그룹부터 공식적인 조직, 그리고 사실상 모든 경제적 거래에 이르기까지 사회에서 이뤄지는 거의 모든 집단 활동에 꼭 필요한 요소로 밝혀진 바람직한 현상이다. 우리는 이 높은 초기 신뢰도 덕분에 쉽게 친구를 사귀고, 직장을 바꾸고, 새로운 사업을 시작하고, 별다른 호신 용품 없이 낯선 장소를 방문할 수 있다. 그리고 이런 현상은 궁극적으로 국가의 성공에도 영향을 끼친다. 국가의 신뢰 수준과 번영 사이에는 매우 강력한 상관관계가 있기 때문이다.[21]

하지만 문제는 이 높은 초기 신뢰도를 유지하기 어렵다는 것이다. 신뢰에 대한 이 초반의 가정이 충족되는 경우도 많지만, 도중에 어느 시점에서든, 심지어 아주 강한 유대가 형성된 후에도 신뢰가 깨질 수 있는 실질적인 위험은 남아 있다. 따라서 신뢰 위반이라는 문제의 해결 방법을 탐색해나가기에 앞서, 신뢰 위반의

●　긍정적 또는 부정적 기대와 믿음이 현실화되는 현상을 말한다.

의미와 일어나는 방식, 그리고 어떠한 상황에 이를 겪으며, 신뢰 위반이 사회 전반적인 신뢰 수준에 어떤 영향을 미칠 수 있는지부터 이해할 필요가 있다.

2장

신뢰는 언제,
어떻게 깨지는가

에이바는 스물일곱 살에 '멋진 신랑감'을 만나 결혼했다. 그 전까지는 혼자서도 완벽하게 잘 지내고 있었다. 기념품 가게를 운영했고, 자가용이 있었으며, 사회생활도 활발했다. 하지만 이웃 마을에서 온 남자에게 마음을 홀딱 빼앗겨버렸다. 그는 똑똑하고, 세심하고, 관대했으며, 종종 깜짝 선물을 내밀거나 에이바가 일하는 곳에 나타나 점심을 사주기도 했다. 에이바는 연애 몇 달 만에 청혼을 받았고 기쁜 마음으로 승낙했는데, 구혼자에게 어두운 면이 있다는 신호는 무시했다.

하지만 시간이 흐를수록 그 어두운 면을 무시하기가 점점 더 어려워졌다. 그는 에이바를 얕잡아보고 모욕과 욕설로 움츠러들게 했다. 결혼 생활 6년 차에 접어들 무렵에는 에이바를 제압하고

신뢰는 언제, 어떻게 깨지는가

목을 조르는 등 물리적 폭력을 쓰는 사태까지 번졌다. 다섯 살 난 아들은 전화기 쪽으로 달려가 911에 전화를 걸어 소리쳤다. "우리 아빠가 엄마를 죽이려고 해요. 도와주세요!" 신고 전화를 받은 교환원은 통화 위치를 추적해 카운티 보안관보를 그 집으로 보냈다. 하지만 공격당한 에이바의 몸에 멍과 상처가 뻔히 보이는데도 보안관보는 아무런 조치 없이 떠났다.

3개월 후, 에이바의 남편이 또다시 난동을 피웠다. 그는 말다툼 중 에이바를 벽에 밀어붙여 목을 조르기 시작했다. 손아귀에서 간신히 벗어난 에이바는 911에 전화를 걸려고 했지만 남편은 전화기를 빼앗아 발로 밟아 박살을 낸 다음 에이바를 심하게 구타했다. 에이바는 결국 응급실에 실려 갔다. "그날 밤 아이들이 상처 꿰매는 것을 지켜봤어요." 에이바는 말했다. "계속 이러다가는 아이들에게 나쁜 본보기를 보이겠다고 생각했죠." 하지만 다음 날 아이들을 데리고 집을 나서서 찾아간 보호소는 전부 다 만원이었다. 오랫동안 친구나 가족과 소원하게 지낸 탓에 달리 기댈 곳도 없었다. 다른 방도가 없어진 에이바는 결국 남편이 있는 집으로 돌아갔다.

그 주 후반 이른 아침에 남편이 다시 한 번 사납게 날뛰었고, 에이바는 세 살배기 딸이 이불 속에 숨어 덜덜 떨며 울고 있는 것을 발견했다. 아빠가 너무 무서워서였다. 에이바는 다시 필사적

신뢰의 과학

으로 방법을 모색했고 가정폭력 핫라인 전화번호를 찾았다. 그리고 상담사를 만나 눈물을 흘리며 자신을 지키지도, 아이들을 보호하지도 못한 것이 얼마나 부끄럽고 수치스러운지 이야기했다. 에이바는 닫힌 문 뒤에서 아빠가 엄마를 어떻게 대하는지 아이들에게 절대 보여주고 싶지 않았다. 상담사는 에이바에게 차에다 짐을 챙겨서 아이들을 데리고 인근 도시로 가라고 말했다. 핫라인 측은 에이바와 아이들이 그곳에서 새로운 삶을 시작할 수 있도록 주거, 육아, 상담, 법적 조언과 관련한 도움을 주었다.

에이바가 남편을 떠나온 지 거의 8년이 지났지만, 그는 여전히 후폭풍에 시달리고 있다고 말했다. 아직도 미안하다는 말을 입에 달고 살았고, 모자가 떨어지기만 해도 비명을 질렀으며, 자신이 아무짝에도 쓸모없는 존재라는 기분이 든다고 했다. "지금까지도 저는 스카프나 목에 닿는 건 전부 싫어해요. 가정폭력에서 완전히 벗어났다고 몇 번을 되뇌든 평생 악몽을 꿀 것만 같아 걱정돼요."

신뢰 위반의 표적이 되는 사람들

이 이야기는 전국 가정폭력 핫라인에 도움을 청한 생존자들의 실제 경험을 짜깁기한 것이다.[1] 생존자들의 보호를 위해 이름과 세부 정보는 변경했다. 하지만 그들의 이야기에서 중심 주제는 똑같이 되풀이된다. 가정폭력 경험은 대부분 비슷비슷하고 이런 식의 단계적 확대 양상도 그만큼 흔하다.

이러한 이야기의 중심에는 핵심인물인 위반자와 피해자가 있다. 이 경우 위반자는 폭력적인 남편을, 피해자는 폭력을 당한 아내를 뜻한다. 흔히 그렇듯이 학대의 파급 효과는 핵심인물로부터 퍼져나가 여러 다른 사람을 포함하는 더 큰 피해와 책임의 태피스트리°를 만들어낸다. 이 태피스트리에는 에이바의 자녀들처럼 폭력의 직접적인 표적이 아니더라도 그러한 사건 때문에 심리적으로 상처를 입은 직접적인 목격자가 포함된다. 집으로 찾아온 카운티 보안관보나 에이바가 처음 도움을 청한 보호소 관계자와 같은 제삼자도 여기에 포함된다. 그들은 도움을 줄 수 있었는데도 아무런 조치를 하지 않았기에 일부 책임이 있다. 자신과 아이들을 지켜내기 위해 좀 더 노력하지 않았다는 에이바 본인의 책임감과 수치심도 빼놓을 수 없다. 에이바의 상황에서는 당장 하기 힘든

● 여러 가지 색실을 짜넣어 다채로운 그림을 표현하는 벽걸이용 직물 공예품이다. 자잘한 색실이 모여 큰 그림이 완성되듯이, 학대가 발생할 때 직간접적인 피해를 보거나 책임을 느끼는 사람들의 범위가 생각보다 넓고, 모두가 하나로 엮여 있다는 비유적인 의미로 사용됐다.

신뢰의 과학

일이었겠지만 남편을 고소하든, 더 일찍 집을 떠나든 좀 더 나은 임기응변을 발휘할 걸 그랬다는 후회가 밀려올 수 있다. 벌어진 사건과는 아무 관련이 없지만 에이바의 남편과 외견상 닮은 사람도 여기에 포함된다. 에이바가 더는 목에 스카프를 두를 수 없는 것처럼, 다른 남자들과의 관계는 에이바에게 두려움의 원천일 수 있다. 에이바의 아이들 역시 배우자이자 부모가 된다는 것이 무엇을 의미하는지 해로운 깨달음을 얻었을 수 있다.[2] 결국 이러한 사건의 여파는 무슨 일이 일어났는지 진상을 알아내고, 벌어진 상황에서 간접 교훈을 얻으려는 우리 모두를 아우르는 수준으로도 확장된다.

매우 특정성이 높고 대상이 분명한 피해 사례도 더 넓은 사회 전체를 옭아맬 정도로 영향력이 크다. 그러한 과정은 마치 전염병처럼 피해자들이 세상에 대해 (주변 사람들, 공동체, 도움을 청할 기관과 더 광범위한 사회에 대해) 품었을 긍정적인 기대치를 무너뜨린다. **해당 사건으로 직접적인 해를 입었든 아니든 훼손된 기대치는 궁극적으로 신뢰 위반을 의미한다.**

신뢰에 관한 연구를 통해 이런 종류의 기대치 훼손이 얼마나 쉽게 일어날 수 있는지 명백하게 밝혀졌다. 1장에서 언급한 채용 면접 연구를 다시 떠올려보자. 사람들이 입사 지원자, 즉 낯선 사람에게 드러내는 초기 신뢰 수준이 높음을 증명하기 위해 시작된

신뢰는 언제, 어떻게 깨지는가

실험이었다. 우리는 이어서 똑같은 참가자들에게 짤막한 두 번째 영상을 보여줬다. 채용 담당자는 이 영상에서 미지의 제삼자에게 들은 입사 지원자에 대한 근거 없는 의혹을 제기했다. 지원자의 신원 보증인 몇 명에 의하면 이 지원자가 이전에 근무하던 회사에서 회계 관련 부정에 연루된 적이 있다는 내용이었다. 두 번째 영상을 보여준 후, 우리는 참가자들에게 해당 지원자의 신뢰를 다시 평가해달라고 부탁했다. 의혹 제기 이전과 이후의 신뢰 수준을 비교했더니, 의혹 이후 해당 지원자에 대한 참가자들의 신뢰가 극적으로 떨어졌음을 알 수 있었다.

이렇게 뚜렷하고 일관된 결과가 나온 건 놀라운 일이 아니다. 처음부터 사람을 신뢰하지 않는다면, 우리의 사회생활 범위는 굉장히 좁아지고 더 넓은 세상을 탐색하려는 노력은 상당히 버거워질 것이다. 하지만 누군가를 신뢰하지 말아야 한다는 신호를 예리하게 감지해내지 못한다면, 불필요한 위험에 노출될 수도 있다. 실제로 이러한 민감도는 대단히 높아서, 우리의 실험에서 입사 지원자에 대한 의혹이 제기되자 그의 신뢰도는 급격히 떨어졌다(7점 척도 중 대략 1.5점에서 3점 가까이). 참가자들은 의혹에 오른 사건으로 직접적인 피해를 본 적이 없고, 고발자들의 신원도 밝혀지지 않은 상태였으며, 의혹에 오른 사건의 실체가 모호하고 근거가 없는데도 이런 결과가 나왔다. 아울러 이 결과는 타인에 대한 의혹이 정확한지 판단하기 어려운 경우에도, 사람들이 그 근거 없는 의혹을 선뜻 믿으려 한다는 다른 여러 연구 결과와도 일맥상통한다.[3]

이러한 결과는 신뢰가 대체로 사회에 득이 되지만 깨지기도 쉽다는 사실을 확연히 보여준다. **신뢰가 깨지기 쉬운 이유 중 하나는 우리가 타인을 신뢰함으로써 얻는 이익과 손실에 똑같은 무게를 두지 않기 때문이다.** 심리학자 아모스 트버스키 Amos Tversky 와 대니얼 카너먼 Daniel Kahneman 이 처음으로 제시한 중대한 과학적 증거에 따르면(카너먼은 트버스키 사후에 트버스키와 함께 진행한 연구로 2002년 노벨 경제학상을 받았다[○○]), 사람들은 이익보다 손실을 훨씬 더 중요하게 여기는 경향이 있다.[4] 예를 들어, 이번 장 초반에 소개한 에이바를 생각해보자. 에이바의 남편이 그녀를 매일 때리지는 않았고 일상에서 마주치는 대다수 남성이 상대를 학대하지 않더라도 상관이 없다. 중요한 것은 에이바의 남편이 에이바를 학대했다는 사실이며, 그 파장은 다른 모든 사실을 무색하게 만들고 결혼 생활을 끝내기로 한 결정 이후까지도 계속된다. 신뢰 위반과 관련된 경험은 오래도록 흔적을 남기며, 미래의 상호작용을 방해한다.

○   예를 들어, 목격자 증언에 관한 연구에서, 세부 사항이 용의자와 무관하더라도 좀 더 상세한 목격자 진술은 유죄 판결에 영향을 미칠 수 있는 것으로 나타났다.

○○   노벨상은 사후 수여를 하지 않는다.

그러한 신뢰 위반이 되풀이될 가능성이 없고, 이후 타인에 대한 신뢰가 부재한 탓에 장기적으로 손해가 되더라도 마찬가지다. 에이바에게 불신은 자신과 가족을 안전하게 지키기 위한 합리적인 선택일 수 있다. 하지만 그러한 태도로 인해 에이바가 새로운 관계를 시작할 용기를 내지 못하고, 애정 깊고 힘이 되어줄 파트너를 만나지 못한다면 값비싼 대가를 치르게 되는 셈이다.

이것은 가볍게 넘길 일이 아니다. 신뢰가 깨졌을 때, 우리가 얼마나 무방비 상태로 위험에 노출되는지 나는 너무나 잘 알고 있다. 취약한 사람들이 제일 먼저 신뢰 위반의 표적이 된다는 것도 알고 있다. 공격자들은 약해 보이는 사람, 저항할 수 없는 사람, 해를 입혀도 티가 덜 나는 사람들을 곧잘 사냥감으로 삼는다. 세상에는 진짜 괴물들이 있다. 하지만 우리는 때에 따라 스스로 만든 허상과 싸우기도 한다. 그리고 그 둘을 구분하지 못할 때 비극이 벌어질 수 있다.

터스키기 실험, 한 번의 불신이 불러온 여파

1932년에 시작된 악명 높은 터스키기 실험이 있다.[5] 이 연구의 목적은 성인 매독의 자연적 진행 과정을 알아보기 위한 것이었다. 연구자들은 무료 진료를 약속하면서 앨라배마주 메이컨 카운티에서 600명의 아프리카계 미국인 남성을 모집했다. 399명은 잠복 매독에 걸린 사람들이었고, 나머지 201명은 성병에 걸리지 않은 대조군이었다. 그러나 이 참가자들에 대한 치료는 이뤄지지 않았다. 1943년부터 페니실린으로 매독을 치료할 수 있게 되었을 때도 마찬가지였다. 실험 참가자들은 이후에 실명, 정신 장애와 같은 심각한 건강 문제를 겪었으며, 매독과 합병증에 따른 사망자 수는 점점 늘어났다. 그러다 1972년 AP통신이 이 실험을 보도하면서 공분이 일어난 후에야 실태 검토를 위한 임시자문단이 꾸려졌다. 자문단은 이 연구가 "윤리적으로 부당하다"고 판단했으며, 보건과학 담당 차관보는 마침내 연구를 중단하기로 했다고 발표했다.

아프리카계 미국인 공동체가 의료계를 여전히 불신하는 이유를 설명할 때 지금도 터스키기 실험이 거론된다. 이 실험은 거의 40년 동안 진행됐고, 많은 사람이 살면서 직접 전해 들었을 만큼 근래에 벌어진 사건이었으며, AP통신 보도로 대중의 항의가 빗발친 후에야 실험이 중단됐다는 점에서 이러한 불신은 이해할 만하다. 보건 전문 기자 크리스틴 브라운^{Kristen Brown}이 2021년 블룸버그 기사에서 언급한 바와 같이, 터스키기 실험은 결국 아프리카계 미국인 공동체 내 의료 시설과 기타 기관을 얼마나 신뢰할

수 있는지 우려를 부추기며, 더 광범위한 인종차별의 역사를 의미하는 약칭으로 자리 잡았다.[6]

이 불신의 의미는 2020년 시작된 코로나19 위기 중 특별히 더 중요해졌다. 전염병 대유행이 비백인들에게 훨씬 큰 피해를 주었음에도, 아프리카계 미국인 공동체의 일부 구성원은 새로 개발된 코로나19 백신 접종을 거부했기 때문이다. 미국 식품의약국FDA이 화이자 백신의 긴급사용승인을 내기 직전에 웹사이트 파이브써티에이트FiveThirtyEight가 실시한 한 설문조사에 따르면, 미국에서 설문에 참여한 백인 성인의 61퍼센트는 백신을 반드시 또는 아마도 맞겠다고 응답한 데에 반해, 흑인 성인은 42퍼센트만이 백신 접종을 하겠다고 의사를 표명했다.[7] 마찬가지로 유색인종권익신장연합National Association for the Advancement of Colored People(NAACP)이 같은 해 가을에 다른 두 기관과 공동 진행한 조사에서, 설문 대상이었던 아프리카계 미국인의 14퍼센트만이 백신의 안전성을 "대체로 또는 완전히 신뢰"한다고 대답했다.[8]

미국 질병통제센터CDC의 데이터에 따르면, 미국 흑인들은 이 바이러스로 인해 미국 백인들보다 두 배 더 빠른 속도로 죽어가는 중인데도 코로나19 백신 접종을 거부했다.[9] CDC가 백신의 효능을 뒷받침하는 데이터가 충분하다며[10] 미국 흑인의 접종을 유도하기 위한 여러 가지 노력을 기울였음에도 그들은 백신을 거부했다. 또한 카이저가족재단Kaiser Family Foundation은 백신 긴급사용승인 후 8개월 뒤, 코로나19 백신을 적어도 한 차례 접종한 백인의 비율(49퍼센트)이 흑인의 비율(38퍼센트)보다 1.3배 높았다고 보고했다.[11] 백신 접종을 주저한 결과는 비극적이었다. APM리서치랩APM Research Lab은 2020년 12월 8일부터 2021년 3월 2일 사이, 더 치명적인 델타변이 바이러스가 막 퍼지기 시작하면서 미국 흑인 7만 3,000명 이상이 코로나19로 목숨을 잃었다고 보고했다.[12]

물론 신뢰가 더 높았더라도 얼마나 많은 생명을 구할 수 있었을지는 알 수 없다. 이 기간에 백신은 아직 널리 보급되지 않은 상태였고, 쉽게 구할 수 있게 되었을 때도 낮은 접종률이라는 커다란 걸림돌이 있었다. 그런데도 접종률의 인종별 격차는 2021년 1월 중순부터 뚜렷하게 나타났고, 당시 카이저헬스뉴스Kaiser Health News의 한 보고서는 미국에서 흑인들이 백인보다 두세 배 낮은 비율로 접종을 받았다고 밝혔다.[13] 12월 초부터 3월 초까지 목숨을 잃은 7만 3,000명 가운데 아주 조금이라도, 단 1퍼센트라도 접종률이 더 높았더라면 터스키기 실험이 진행된 40년 가까운 시간 동안 매독과 합병증으로 사망한 128명의 참가자보다 몇 배 더 많은 흑인의 목숨을 구할 수 있었을 것이다.[14]

이런 결과는 신뢰 위반에 대한 반응이 엉뚱한 다른 범주로 번지면 어떤 결과를 초래하는지 잘 보여준다. 불신하는 사람들의 입장에서 자신이 터스키기 실험으로 직접 피해를 보았는지는 중요하지 않다. 자신과 비슷한 타인이 그런 일을 겪었다는 사실만으로도 불신의 근거는 충분하다. 터스키기 실험이 중단된 직후 다른 미국 정부 지원 연구 프로젝트에서 피험자를 보호하기 위한 새로운 지침이 발표됐고, 연구 참가자와 그 상속자들에게 1,000만 달러의 법정 외 합의금을 지급했다. 하지만 그들은 이 두 가지 조치가 비슷한 사고가 두 번 다시 일어나지 않도록 저지하는 효과를 낼 것이라는 사실을 깡그리 무시할 가능성이 크다. 또한 직장을 잃을 수 있다는 두려움에도 불구하고 이 연구에 대한 윤리적 우려를 처음 표명하고, AP통신을 통해 공론화한 전염병 학자 겸 내부고발자 피터 벅스턴Peter Buxtun이 백인이었다는 사실도 그들에게는 중요하지 않을 것이다. "다른 도시로 가서 정부와 무관한 직장을 구해야 할지도 모른다는 생각을 하지 않은 것은 아니다"라고 벅스턴은 털어놓았다.[15] 그의 행적을 아는 사람은 드물고, 그의 용기 있는 행동은 역사 속에 짤막한 각주로만 남아 있다.

이뿐만 아니라, 의심에 찬 사람들은 터스키기 실험의 목표와 코로나19 백신 접종을 장려하려는 노력 사이의 근본적인 차이도 고려하지 않을 것이다. 저널리스트 멜바 뉴섬Melba Newsome이 〈사이언티픽 아메리칸Scientific American〉에 기고한 글에서 언급한 것처럼,[16] 터스키기 실험으로 피해가 발생한 이유는 이미 매독에 걸린 참가자들의 치료에 도움이 되는 치료법(페니실린)을 '보류'했기 때문이었다. 건강한 참가자들에게 매독을 주입해 병에 걸리게 한 연구가 아니었다. 따라서 터스키기 실험이라는 미국 역사의 불명예스러운 사건에서 취해야 할 교훈은 코로나19 백신 접종을 회피하는 대신 흑인들도 백인들이 받는 치료를 '요구'해야 한다는 것이다. 오늘날 아프리카계 미국인들이 여전히 직면하는 불공정한 의료 서비를 상징하는 사례로 터스키기 실험을 언급할 생각이라면, 동등한 치료에 대한 접근권을 가로막는 장벽이 문제였던 만큼 백신에도 똑같은 교훈을 적용해야 옳다. 따라서 백신을 더 요구하는 것이 자연스러운 반응이어야 한다. 문제는 신뢰 위반에 대한 우리의 반응이 순수하게 객관적인 관점에서 보아도 합리적이지 못할 때가 있으며, 그러한 반응 때문에 이미 겪고 있는 피해가 더 심해지기도 한다는 데에 있다.

무너진 신뢰가
상처로 남는 이유

신뢰 위반이 불러오는 좀 더 장기적인 여파를 이해하는 한 가지 방법이 있다. 바로 트라우마의 영향에 관한 정신생리학Psychophysiology 분야의 연구 내용을 살펴보는 것이다. 정신생리학에서는 몸과 마음 사이의 상호관계를 탐구함으로써 외상 후 스트레스 장애PTSD에 관한 통찰을 얻는다. 물론 신뢰 위반이 반드시 외상 후 스트레스 장애를 일으키는 것은 아니다. 마찬가지로 외상 후 스트레스 장애의 많은 원인(예: 전쟁, 아동 학대, 강간, 끔찍한 사고 경험)이 신뢰를 무너뜨릴 수는 있지만 언제나 그런 것은 아니다. 예를 들어, 참전용사는 제대 후에 전쟁 트라우마로 힘들어하면서도 군대, 정부, 군사 개입의 목적에 대한 신뢰를 그대로 유지할 수 있다. 불의의 사고를 당한 피해자들이 외상 후 스트레스 장애에 시달리면서도 타인에 대한 신뢰를 잃지 않는 것과 마찬가지다.

신뢰 위반과 트라우마 사례 모두 사람들이 인지한 피해에 어떻게 반응하는지의 관점에서 접근할 수 있다. **아주 심각한 피해는 확실히 불신과 트라우마 둘 다를 유발할 가능성이 있다.** 각각의 경험은 세상에 대한 긍정적인 신념을 깨뜨려, 안녕을 느끼고 다른 사람들과 좀 더 효과적으로 소통하는 능력에 지장을 준다. 또한 트라우마 경험과 신뢰 위반으로 만들어진 행동 패턴은 향후 모든 종류의 상호작용에 영향을 끼친다. 이런 경험은 한 번 각인되면 수십 년 후까지 해로운 영향이 나타나기도 한다.

정신과 의사 베셀 반 데어 콜크Bessel van der Kolk가 외상 후 스트레스 장애에 관한 연구를 바탕으로 집필한 베스트셀러《몸은 기억한다》에서 아주 상세하고 강렬하게 설명한 것처럼, 트라우마 경험은 사람들에게 다양한 증상을 일으킨다. 트라우마 사건과 조금이라도 닮은 외부 자극에 예민한 반응을 보이는 것이 그중 한 예다. 가령 오래전 군 복무가 끝난 참전용사들이 어쩌다 큰 소음을 듣게 되면 이성적인 사고가 마비되고 투쟁-도피 반응이 자동으로 활성화되어 힘겨워한다. 트라우마 경험을 조금이라도 제어하고 싶은 마음에 안 좋은 습관을 키우기도 한다. 예를 들어, 아동 성 학대 피해자들은 청소년기에 자기 파괴 성향, 자해와 자살 생각, 자살 시도에 끊임없이 시달린다.[18] 트라우마는 피해자가 자신을 바라보는 방식에도 영향을 미쳐, 장래에 유사한 트라우마 경험에 또다시 직면할 확률을 높인다. 부정적인 자아관으로 인해 자신에게 상처를 줄 가능성이 큰 사람에게 자기도 모르게 끌리기 때문이다.[19]

트라우마 사건의 이러한 영향은 앞서 이야기한 신뢰 위반에서 생길 수 있는 일들과 비슷한 측면이 있다. 우리는 특정 경험을 지나치게 일반화해 외견상 비슷한 상황이나 사람만 보고도 똑같이 반응할 때가 많다. 확인되지 않은 사건에 무턱대고 불신을 드러냄으로써 해당 사건으로 인한 피해를 악화시키는 쪽으로 행동하기도 한다. 이러한 경험은 자기 자신과 타인을 바라보는 시각에도 근본적으로 영향을 끼쳐 결국 우리 모두에게 피해를 준다.

이 책의 도입부에서 언급한 퓨리서치센터의 2019년 신뢰 보고서의 결과를 되짚어보자. 그 보고서에 따르면 미국인 응답자의 64퍼센트는 서로에 대한 신뢰가 감소했다고 느꼈고, 75퍼센트는 연방 정부에 대한 신뢰가 감소했다고 밝혔다. 이 결과를 보면 내 연구와 여타 연구들을 통해 이미 입증된 것과 같은 높은 초기 신뢰도를 보여주려는 성향도 감소했다고 유추할 수 있다.

하지만 그것은 초기 신뢰를 보여줄 의지가 근본적으로 감소했다는 뜻이 아니라, 단지 신뢰 위반 인지율이 높아졌고 신뢰 위반 사건이 발생한 후에 신뢰를 회복하는 데 어려움을 느낀다는 의미일 수도 있다. 실제로 퓨리서치센터 설문 응답자들에게 신뢰 수준이 왜 감소했는지 묻자, 주저 없이 사람들이 예전보다 더 믿음직스럽지 않고, 더 게으르고, 더 탐욕스럽고, 더 정직하지 못하다는 개인적인 경험과 함께, 정치적인 교착 상태, 언론 매체에 의한 편파적이고 선정적인 보도 등 수많은 사회·정치적 요인을 이유로 꼽았다. 그래도 86퍼센트는 여전히 서로에 대한 신뢰를 개선할 수 있다고 생각했으며, 84퍼센트는 정부에 대한 신뢰 수준을 개선하는 것이 가능하다고 믿었다.[20]

앞서 얘기한 모든 사실은 신뢰 위반이 어떻게 일어나는지 좀 더 통찰력을 쌓을 필요가 있으며, 그래야만 해결 방법을 탐색해볼 여지가 있음을 시사한다. **그러기 위해서는 똑같은 사건이 어째서**

신뢰 위반으로 받아들여질 때도 있고, 그렇지 않을 때도 있는지 더 깊이 파헤쳐봐야 한다. 나는 이 장 앞부분에서 신뢰 위반을 우리가 세상에 품을 수 있는 긍정적인 기대치를 무너뜨리는 사건이라고 정의했다. 하지만 그러한 기대치가 무엇인지 혹은 그 기대치가 상황에 따라 어떻게 바뀔 수 있는지는 구체적으로 밝히지 않았다. 그러므로 우리는 신뢰에 관한 연구와 사회과학 전반에서 그 궁금증에 대한 답을 찾아야 할 것이다.

불신을 가리는
관계의 늪

사람들이 잠재적 신뢰 위반을 바라보는 방식에 질적 요소와 양적 요소 모두 영향을 끼칠 수 있다. 일단 질적인 요소는 관계의 유형에 따라 발생한 사건을 바라보는 방식을 달라지게 만든다. 1장에서 살펴본 바와 같이, 사람들은 타인의 신뢰도를 평가할 때 다양한 특성을 고려한다. 어떤 관계에서는 그중 몇 가지 특성이 나머지 특성보다 신뢰에 더 중요하다고 여기기도 한다. 결혼 생활에서는 배우자에 대한 신뢰 요소로 신의를 기대하지, 반드시 의학적 소견을 제시할 역량이 있어야 한다고 생각하지 않는다. 하지만 의사에 대해서는 그 반대다. 의심스러운 신체 증상을 무시했다가 나중에 알고 보니 상당히 심각한 것으로 드러났다고 해보자. 이때 배우자에게 신뢰 위반의 책임을 묻지는 않겠지만 의사가 같은 행동을 했다면 대응이 달라질 것이다.

일례로 나의 절친한 친구 한 명은 언젠가 자신의 팔뚝에 생긴 혹을 발견해 아내에게 암일 수도 있겠다고 말했다. 평소 따뜻하고 상냥한 성격인 그의 아내는 그럴 리가 없다며 그의 우려를 일축했다. 친구는 그래도 혹시나 해서 병원에 가봤고, (다행히도 치료 가능한) 악성 종양이라는 진단을 받았다. 팔꿈치 근처의 뼈에서 자라는 염증성 섬유육종으로 거의 골프공만 한 크기였다. 친구와 그의 아내는 그 후에도 계속 행복한 결혼 생활을 유지하고 있으며 그때 일을 웃으면서 이야기한다.

이뿐만 아니라 관계의 유형이 똑같이 유지되어도 상황적 단서가 사람들의 기대치에 영향을 미친다는 증거가 있다. 경제학자 유리 그니지Uri Gneezy 와 알도 루스티치니Aldo Rustichini 가 사설 보육원 열 군데를 대상으로 진행한 현장 실험에서 적절한 사례를 찾을 수 있다.[21] 이 보육원들은 아이를 늦게 데리러 오는 부모를 기다리느라 교사들이 제시간에 퇴근하지 못하는 문제에 직면해 있었다. 연구자들은 지각한 부모에게 벌금을 부과하는 방식으로 이 문제를 해결하려고 했다. 하지만 벌금이 생기자 문제가 해결되기는커녕

늦게 오는 부모들이 두 배나 더 늘어났다. 벌금으로 인해 부모들이 그 행동을 바라보는 방식이 달라졌기 때문이다. 부모들의 생각에 이제 지각은 사회 규범을 위반해 보육원 교사들의 삶을 힘들게 하는 부끄러운 행위가 아니라 합리적인 값을 치르면 용납될 수 있는 행동이 되었다.

내 분야(심리·사회·경제학을 기반으로 하는 조직행동학이라는 다학문적 영역)의 연구자들은 이런 종류의 변화를 결정 프레임의 전환으로 설명해왔다. 위 사례의 경우, 윤리 문제에서 비즈니스 문제로 판단의 틀이 달라진 것이다. 이 현상에 관한 연구를 통해 수수료나 벌금 같은 상황적 단서가 이런 변화를 일으킬 뿐만 아니라, 그 변화가 일어날 때 사람들이 덜 협조적이고 덜 정직해진다는 것이 드러났다.

어떻게 생각하면 이러한 변화는 당연하다. 지금 있는 곳이 직장인지, 집인지 혹은 심각한 의학적 문제를 논의하는 자리인지, 친구들과 파티하고 게임을 하는 자리인지에 따라 상호작용의 규범은 자연스럽게 달라진다. 하지만 문제는 이처럼 다양한 상황에서 어떻게 행동해야 하는지 사람마다 기대치가 항상 똑같지 않다는 데에 있다. 이 경우, 관련된 사람들은 신뢰가 위반됐는지 아닌지에 대해 매우 다르게 생각할 수 있다. 책의 후반부에서 사람들의 도덕적 판단이 어떻게 다를 수 있는지 살펴볼 것인데, 그때 이 문제를 좀 더 자세히 다루도록 하겠다. 여기서는 사람들이 기대치에 따라 무엇을 신뢰 위반이라고 여기는지 질적 요소와 양적 요소에 따라 차이가 발생할 수 있다는 점을 인식하는 것이 중요하다.

또한 어떤 행동을 옳지 않다고 여기고, 행위자에게 전적인 잘못이 있다고 믿더라도, 양적인 면에서 해당 사건을 얼마나 심각하게 다뤄야 하느냐에서 중요한 차이가 생길 수 있음을 인식해야 한다. 이 부분에서는 관계의 강도가 정말 중요하다. 예를 들어, 이 장 초반에 소개한 가정폭력 사례에서 에이바는 남편의 어두운 면을 오랫동안 무시했고, 두 번째 폭력으로 응급실에 실려간 후에야 떠날 생각을 했다. 이것은 가정폭력 이야기뿐만이 아니라 가까운 이들이 저지른 다른 잘못에 대한 사람들의 반응에서 흔히 나타나는 패턴이다. 이런 패턴이 나타나는 이유는 사람들에게는 대체로 친밀한 관계를 지키고 싶은 욕구가 있기 때문이다.[22] 그러다 보니 에이바처럼 잘못을 눈감아주거나 잊으려고 할 때가 많다. 가해자의 행동을 선의로 해석하기도 하며 자기 자신 혹은 다른 피해자를 탓하는 식으로 그 행동에 대한 변명을 만들어주려고 할 수도 있다. 심지어 결점을 좀 더 긍정적인 관점으로 바라봄으로써 잘못을 합리화하려는 시도를 한다.

심리학자 샌드라 머리Sandra Murray 와 존 홈스John Holmes 는 연인들에 관한 연구를 통해 후자의 가능성을 제기했다.[23] 그들은 참가

　　　　　　　　　　　　　　　신뢰의 과학

자들에게 우선 파트너의 갈등 회피 성향에 대해 질문한 다음, 파트너의 그러한 단점에 관해 자유롭게 서술해보도록 했다. 머리와 홈스는 참가자들이 그 결점을 미덕으로 전환할 만큼 상당히 유연한 사고를 보여준다는 것을 발견했다. 이를테면 파트너가 "내 요구를 잘 받아들여주고", "필요하다면 기꺼이 적응하려 한다"면서 파트너의 갈등 회피 성향을 재해석했다.

이러한 연구 결과는 가까운 사람이 분을 이기지 못하고 감정을 폭발시킬 때, 우리가 그걸 어떤 식으로 합리화하는지 설명해준다. 그러한 감정 폭발을 성격상의 결함이 아니라 과도한 열정과 관심의 증거로 해석하고, 그 결과로써 관계에 대한 헌신을 유지하는 것이다. 하지만 단지 얼굴만 아는 지인이나 낯선 사람이 비슷한 행동을 했다면, 이런 식으로 합리화해줄 이유가 없을 것이다. 친밀하지 않은 관계에서는 그 관계에 투자를 많이 하지 않았고, 관계를 끝낸다고 해서 잃을 것도 없으므로 그렇게 행동해야 할 동기가 낮다. **이처럼 관계의 강도는 잠재적 신뢰 위반의 영향을 무마하는 완충재 역할을 한다.** 가해자와의 관계가 두터운 경우, 가해자와의 관계가 약한 사람들에 비해 사건을 덜 심각하게 받아들이는 경향이 있다.

신뢰는 언제, 어떻게 깨지는가

파블로프의 개와
스키너의 비둘기

우리가 잠재적 신뢰 위반에 더 예민해지는 요소들이 있다. 예를 들면, 심리적 기질 차이로 남을 더 잘 믿는 성향의 사람들이 있는 것처럼, 어떤 사람들은 성격적 특성 때문에 신뢰가 위반됐다고 여길 가능성이 더 크다(예: 1장에 등장한 데일처럼 편집성 인격장애를 진단받은 사람들). 하지만 우리가 좀 더 자세히 살펴봐야 할 또 하나의 요소가 있다. **잠재적 신뢰 위반에 대한 사람들의 대응 방식에 좀 더 광범위하고 구체적으로 영향을 끼치는 이 요소는 바로 연상학습 능력이다.**

연상학습에 관한 연구에서는 인간과 동물이 조건화Conditioning라는 과정을 통해 서로 관련되지 않은 두 요소(예: 사물, 장면, 소리, 아이디어, 행동) 사이에서 연관성을 찾는 현상에 주목한다. 가장 잘 알려진 사례는 러시아 과학자 이반 파블로프Ivan Pavlov의 실험이다. 그가 종을 울린 직후에만 개들에게 먹이 주기를 반복하자, 어느 순간 학습이 일어나 개들은 먹이를 주지 않아도 종소리만 들으면 침을 흘렸다. 그보다는 덜 알려졌고 다소 의심쩍은 면이 있는 일명 비둘기 프로젝트가 또 다른 사례다. 이는 제2차 세계대전 중 폭격의 부정확성이라는 문제를 해결하고자 했던 심리학자 B.F.

스키너^{B.F. Skinner}의 발명품이었다. 그는 비둘기 세 마리를 폭탄 탄두에 집어넣는 해결책을 제안했다. 각 비둘기는 표적의 패턴이 보일 때마다 부리로 폭탄을 쪼도록 훈련되어 있어, 세 마리가 협력적으로 폭발물의 명중률을 높일 수 있었다.[24] 군 수뇌부는 이 아이디어의 개발을 위해 스키너에게 2만 5,000달러를 지원했고, 스키너는 훈련한 비둘기들을 성공적으로 시연해 보였지만 결국 프로젝트는 중단됐다.

연상을 통한 학습이라는 이 근본적인 능력은 사람에게도 중요하다. 에이바가 가정폭력을 겪은 후 목에 스카프를 두를 수 없게 됐다든지, 참전용사들이 전쟁터를 떠난 지 오래 시간이 흐른 후에도 우연히 들린 큰 소음에 계속 힘들어하는 경우처럼, 이러한 경험이 있는 사람들은 유사한 위험 요소에 극도의 경계심을 보이고, 그 경험과 관련된 자극에 민감한 반응을 일으킨다. 비슷한 소리, 촉감, 냄새와 관련된 감각 기억은 물론, 비슷한 장소나 상황, 심지어 외모, 성별, 민족 또는 다른 특징을 기준으로 한 외형상의 유사성까지 자극에 포함된다. 그리고 이러한 반응은 많은 트라우마 사례에서 뚜렷하게 나타나지만, 꼭 트라우마라고 간주할 수 없는 신뢰 위반 사례에서도 나타난다.

우리는 모두 경험을 통한 학습으로 무엇이 보상을 가져다주고, 무엇이 나에게 해를 끼칠지 유추하도록 조건화되어 있다. 이 때 가장 중요한 질문은, "그러한 유추가 궁극적으로 타당한가?"이다. 특히 각자의 경험은 저마다 큰 차이가 있기 때문에 문제가 생길 수 있다. 예를 들어, 직장 내 괴롭힘을 당한 사람은 그 경험이 없는 사람보다 그런 일이 반복될 가능성에 훨씬 민감하며, 그래서 의심스러운 사건에 대해 남다른 반응을 보일 가능성이 크다. 또한 괴롭힘의 직접적인 표적이었는지, 해당 사건을 목격한 제삼자였는지 아니면 일어난 일을 나중에 전해 듣기만 한 사람이었는지에 따라 반응은 달라진다.

각각의 경우 그 직장에서 일하는 사람들이 습득한 연상 작용은 서로 다를 것이다. 오래전에 괴롭힘이 끝났더라도 그 맥락은 계속 이어져 사람들이 서로 관계를 맺는 방식에 영향을 끼친다. 피해의 직격탄을 맞지 않은 사람들은 괴롭힘을 비난하면서도 재빨리 과거의 일로 여기고 털어버릴 수 있다. 그런 행동을 한 가해자가 결국 징계를 받거나 해고를 당했으니 문제가 해결됐다고 생각할 수도 있다. 하지만 그 일로 가장 직접적인 피해를 본 사람들에게는 여전히 위험이 도사리고 있다. 이들은 누군가 한 사람만 다시 선을 넘으면 그런 일이 또 발생할 것이라고 느낀다. 그 일로 입은 피해도 여전히 생생하게 남아 있다. 그리고 처음에 그 범죄 행위를 중단시키기까지 얼마나 오랜 시간이 걸렸고, 그 과정이 얼마나 힘들었는지도 또렷하게 기억한다. 그들은 문제시되는 행동을 그냥 내버려둔 대가가 얼마나 큰지 경험으로 배웠기 때문에 여전히 조심스럽고 극도의 경계심을 보인다.

여러 다른 분야에서도 이와 비슷한 개인차를 찾아볼 수 있다. 구조적 인종차별 주장, 인권 침해, 총기 소지법 통과를 위한 노력, 미디어 편향에 대한 인식 면에서 사람들이 보이는 반응은 제각기 다르다. 어떤 분야든 자신의 안녕에 실질적인 위협이 된다고 인식해 예민한 반응을 보이는 사람이 있는가 하면, 그러한 반응이 지나치다며 무시하는 사람이 있다. **우리 각자가 이 경계선의 어느 쪽에 위치하느냐는 구체적인 사안에 따라, 그리고 각자의 경험에 따라 달라진다.** 우리는 모두 연상을 통해 학습하며, 이렇게 경험을 바탕으로 반응하도록 조건화된 방식은 세상을 헤쳐나아가는 데에 대체로 도움이 된다. 하지만 이 근본적인 연상학습 과정 때문에, 우리는 때때로 목표물을 향해 폭탄을 쪼도록 훈련받은 스키너의 비둘기와 다를 바 없는 신세로 전락할 수도 있다.

신뢰 회복의
열쇠는 누가 쥐고 있는가

종합해보면 모든 질적 요소와 양적 요소는 과연 신뢰 위반이 일어났는지 아닌지 그 합의에 도달하기가 어렵다는 것을 여실히 보여준다. **이러한 합의 부족은 신뢰가 깨진 사람들 사이뿐만이 아니라, 잠재적 피해자와 위반 혐의자 사이에서도 일어날 수 있기에 문제가 심각해진다.** 잠재적 피해자는 신뢰가 위반됐다는 결론을 내렸는데, 정작 위반자는 그런 일이 있었는지도 모르는 상황이 벌어지기도 한다. 그런 경우, 피해자는 위반자가 해결의 필요성을 인지하지도 못했다는 점에서 오래도록 불신을 품을 수 있고, 조금이라도 진전이 이뤄지려면 위반자에게 문제를 주지시켜야 할 책임까지 떠안아야 할 수도 있다.

이뿐만이 아니다. 위반자는 남들이 그 상황을 신뢰 위반이라고 믿는다는 사실을 인지하더라도, 그 의견이 타당하지 않다고 여기거나 자신이 신뢰해서는 안 될 사람이라는 의견에 동의하지 않을 수 있다. 여기에는 그럴 만한 이유가 있다. 앞서 실험 결과로 확인한 바와 같이, 사람들은 타인에 대한 거짓 비난을 기꺼이 믿으려는 경향이 있다. 그래서 무고한 사람을 쉽게 비난한다. 나쁜 일이 생기면 누군가를 탓하고 싶은 욕구 때문에 편리한 희생양을 찾으려고 하는 것이다. 아울러 비난받는 사람이 얼마간 책임을 받아들이더라도, 그를 손가락질하는 사람들은 왜 위반이 일어났는지 완전히 이해하지 못할 수 있으며, 따라서 사건의 본질과 위반자의 역할을 둘 다 왜곡하는 방향으로 상황을 유추할 우려가 있다. 결과적으로 사건을 인지한 사람들은 각자의 경험을 바탕으로 자신이 입은 피해나 신뢰 위반 여부를 평가할 최적의 위치에 있는지는 몰라도, 누구에게 잘못이 있고, 위반 혐의자가 감당해야 할 책임 수준이 어느 정도이며, 이런 종류의 사고를 해결하는 가장 좋은 방법이 무엇인지 정확히 판단하지는 못한다.

또한 우리는 잠재적 피해자가 잘못 판단할 수 있음을 참작하는 한편, 신뢰 위반으로 비난받는 쪽도 상황을 제대로 이해하지 못할 수 있음을 고려해야 한다. 신뢰를 위반한 사람들은 잠재적 피해자의 관점을 받아들이지 못하고, 자신의 행동으로 일어난 피해를 대수롭지 않게 여길 수 있다. 이기적인 합리화를 통해 그 행동이 정당했다고 믿거나 벌어진 일에 대한 자신의 책임을 축소하기도 한다. 또한 자신의 행동이 잘못됐고 자신에게 책임이 있다는 전제를 받아들이더라도, 처벌이나 배상의 정도, 다른 교정적 중재 방법의 적절성 여부에 동의하지 않을 가능성도 있다.

그리고 우리는 위반자에 대한 신뢰 회복이 합당하지 않으며, 신뢰 위반자가 미래에 또 비슷한 잘못을 저지를 가능성이 있을 때도 있으며, 잠재적 피해자가 자리를 피하는 편이 더 나을 수도 있다는 사실을 직시해야 한다. 이렇게 복잡한 요소들 때문에 신뢰가 위반된 후 다시 회복하기란 초기에 신뢰를 보여주는 것보다 훨씬 더 힘들며(이제는 신뢰하지 말아야 할 분명한 이유를 극복해야 하므로), 용서나 향후 위반을 방지하는 일보다도 더 어렵다.

미국심리학회 American Psychological Association 는 용서를 '잘못을 저질렀거나, 부당한 언행으로 상처를 주거나, 그 밖에 어떤 식으로든 해를 끼친 사람에 대한 적의의 감정을 의도적으로 제쳐두는 행위'로 정의했다. 용서는 스트레스, 불안, 우울을 줄여 피해를 본 사람들의 정신·신체적 건강을 높인다는 증거도 늘고 있다.[25] 그러나 용서가 반드시 화해를 수반하거나, 가해자와의 지속적인 상호작용으로 이어지거나, 가해자가 손해를 인정하는 상황으로 연결되는 것은 아니다. 용서란 피해자가 스스로 한 걸음 나아가기 위해 공감과 이해의 자리에 도달하는 과정일 뿐이다. 예를 들어, 이번 장 초반에 만난 에이바는 남편 앞에서 또다시 취약함을 드러내 자기 자신이나 아이들이 상처받을 일을 만들 의도가 없더라도, 언젠가 자신을 학대한 남편을 용서해 자신의 마음이 더 나아지는 선택을 할 수도 있다. **용서한다고 해서 신뢰나 관계를 반드시 재정립해야 하는 것은 아니다.** 마찬가지로 새로운 규정이나 감시 시스템 같은 예방 조치의 도움으로 위반자와 피해자가 다시 교류할 수도 있지만, 그렇다고 해서 신뢰가 회복되는 것은 아니다. 그것은 위험을 줄이는 수단일 뿐이다.

1장에서 우리는 위험을 줄일수록 궁극적으로 누군가를 신뢰할 필요성 자체가 사라진다는 사실을 확인했다. 그러니까 예방 조치의 주된 목적은 사람들이 상대방을 전혀 신뢰하지 않을지라도 서로 신뢰하는 것처럼 행동하게 하는 것이다. 또한 어떤 경우에는 예방 조치만으로 충분하겠지만, 예방 조치로 막을 수 있는 위반 사항에는 대개 한계가 있다. 따라서 신뢰 위반에 대한 위험이 완전히 사라지지 않은 경우, 발생 가능한 광범위한 상황에 어떻게 대처할 것이냐는 문제가 남는다. 게다가 예방 조치가 오히려 역효과를 불러일으킨다는 증거도 있다. **사람들이 신뢰할 만하게 행동하도록 강요받을 때만 그렇게 행동하고, 기회가 생기면 믿지 못할 본성을 드러내도 괜찮다는 생각을 은연중에 심어주기 때문이다.**[26] 예를 들어, 함께 사업을 시작한 두 사람이 사기를 치기 쉬운 계약상의 약점에도 불구하고 각자 자신의 역할을 다했다면 서로를 신뢰했기 때문이라고 쉽게 추론할 수 있다. 그러나 부정행위가 전혀 안 통할 만큼 빡빡한 계약 조항으로 협력을 강요하지 않았다면 무슨 일이 일어났을지 아무도 알 수 없다.

요컨대 용서와 예방 조치는 중요한 이점을 줄 수 있지만, 신뢰가 위반된 후 신뢰를 재정립하거나 회복하는 더 어렵고 더 근본적인 문제를 해결하는 데에는 그다지 도움이 되지 않는다. 이 문제를 해결하기 위해서는 어떻게 해야 우리에게 뒤따를 위험에도 불구하고 위반자들에게 다시 우리의 취약함을 드러낼 수 있을지 이해해야 한다. 그러려면 신뢰 위반과 그 위반이 일어난 이유뿐만

이 아니라 위반자의 죄, 책임, 속죄 가능성을 둘러싼 사람들의 분분한 의견을 하나로 모을 방법에 관해 더 깊은 통찰이 필요하다.

3장

사과가 신뢰에
미치는 영향

1998년 8월 15일 토요일 오후, 북아일랜드의 오마시 중심가에 빨간 복스홀* 한 대가 들어왔다. 개학이 2주밖에 남지 않은 시점이라 자녀들을 데리고 교복을 사러 나온 부모들이 많았다. 법원에서 약 360미터 거리에 빨간 복스홀을 주차한 두 남자는 차 안에 227킬로그램짜리 폭탄을 장착해놓고 40분 뒤에 폭발하도록 타이머를 맞춘 다음 유유히 사라졌다.[1] 이 폭발로 쌍둥이를 임신한 여성 한 명을 포함한 29명이 목숨을 잃었고 220명이 다쳤다. 이 사

---

* Vauxhall, 영국에서 가장 오래된 자동차 브랜드다.

사과가 신뢰에 미치는 영향

건은 북아일랜드 분쟁* 중 단일 사고로서 최다 사상자를 낸 끔찍한 만행으로 기록됐다.

이 폭탄 테러는 현지는 물론 전 세계적으로 공분을 자아냈고, 배후로 지목된 반체제 아일랜드 공화국군 리얼 IRA Real Irish Republican Army 에 심각한 타격을 입혔다. 사건 직후, 이 단체는 북아일랜드의 정치적 갈등 해결안, 일명 성금요일 협정에 반발해 감행해오던 일체의 군사 행동을 중단하겠다고 선언했다. 이어서 8월 18일에는 성명을 통해 희생자들에게 사과하고 비극에 대한 유감을 표명하면서 민간인들이 표적은 아니었다고 해명했다. 실제로 리얼 IRA는 그간 북아일랜드에서 폭격을 벌이면서 민간인 살상보다 경제적 피해와 혼란을 유발하는 쪽에 초점을 맞춰왔다. 그래서 오마에서도 그런 일을 방지하려고 경찰에 세 차례 경고를 발령했고 법원에서 300~400미터 떨어진 위치에 폭탄을 설치했다.

또한 리얼 IRA는 자신들이 최소한으로 관여했음을 주장하면서도 당시 비극에 대한 책임을 축소하려고 애쓰지 않았다. 거의 10년 뒤 대변인 중 한 명은 "암호명 'nothing more'**가 발동됐

다. 당시에는 이 사실을 밝혔더라도 격해진 감정의 물결에 파묻혔을 것이다"라고 설명하면서, "오마시 일은 의심할 바 없는 비극이었다. 민간인 희생자가 발생해 유감스럽다"라고 말했다.[2] 그렇게 이 단체는 효과적인 위기관리뿐만 아니라 좀 더 일반적인 신뢰 회복의 황금 기준으로 널리 인정되는 조치를 이행했다. 폭발에 대해 전적인 책임을 인정했고, 그 피해에 대해 깊이 뉘우치는 모습을 보였다.

이 접근법은 고전적인 사례에서 얻은 교훈을 그대로 따른 것이다. 이 사건이 있기 16년 전, 독극물이 든 타이레놀 알약이 매장에 나타나기 시작했을 때 존슨앤존슨이 취한 조치를 가리킨다. 1982년 9월 29일, 시카고 지역에서 청산가리가 주입된 타이레놀 복용 후 세 명이 사망했고, 결국 일곱 명의 희생자를 내는 독극물 파동이 일어났다. 이 사건은 끝내 해결되지 않았고, 비난을 퍼부을 용의자가 없는 상태에서 대중의 분노는 곧장 존슨앤존슨으로 향할 것 같았다. 그러나 존슨앤존슨은 타이레놀을 전량 회수하고 대중들에게 그 약을 먹지 말도록 강력히 권고하는 국가 경보를 발령해 책임감 있게 사태를 수습했다. 이러한 조치로 회사는 수백만 달러의 비용을 떠안았지만 빠르게 타이레놀 브랜드를 재확립하는 한편, 청산가리 공포 속에서 잃었던 시장 점유율도 되찾을 수 있었다. 이처럼 비극에 대해 전적인 책임을 진다는 개념은 이후

사과가 신뢰에 미치는 영향

경영대학원, 위기관리 컨설팅 기업, 심지어 미 국방부에서도 가르치는 위기 관리법의 모범이 되었고, 리얼 IRA도 그 선례를 따르려고 했다. [3, 4]

타이레놀 사건과
폭탄 테러 사건 대응의 차이

위기관리 분야에서는 조직이 그 조직과 이해 당사자들에게 피해를 줄 수 있는 파괴적인 사건에 어떻게 대처하느냐가 중대한 관심사다. 따라서 이는 개인이 잘못을 저지른 후 어떻게 신뢰를 회복할지의 문제와 밀접하게 연관되어 있다. 다만 개인의 경우에는 조직보다 더 좁은 영역에 초점을 둔다는 차이가 있을 뿐이다. 개인은 대인관계, 집단, 사회적 차원에서 신뢰를 회복할 수 있는 데에 비해, 조직은 대개 PR Public Relations 을 통해 이런 종류의 사고에 대처한다. 따라서 이 분야의 연구자들은 조직의 위기관리 노력과 관련된 유명한 사례들을 참고로, 이런 종류의 신뢰 위반을 해결하는 방법에 광범위하게 적용 가능한 통찰을 밝혀내고자 한다.

타이레놀 알약 훼손 사건에서 얻을 수 있는 교훈은 간단명료하다. 존슨앤존슨은 청산가리 주입에 대한 책임을 회피하려고 하지 않았다. 대신 구체적인 시정 조치를 취했다. 이것은 기업이 이 사건을 유감스럽게 여기며, 이런 훼손 사고가 되풀이되지 않도록 노력한다는 명확한 신호였다. 벌어진 상황을 책임지려는 노력은 위기관리 관점에서 신뢰 회복에 분명한 도움이 된다. 조직의 의도 와 행동에 관한 긍정적인 정보를 전달해 향후 비슷한 사건이 일어 날 가능성에 대한 대중의 우려를 누그러뜨릴 수 있기 때문이다.

하지만 리얼 IRA가 폭발에 대해 사과하고 책임을 인정하자 상당히 다른 반응이 나왔다. 북아일랜드의 보수당원과 자유민주 당원들은 한목소리로 사망자와 부상자들에 대한 "진정성 없고 극 악무도한 모욕"이라며 리얼 IRA의 사과를 힐난했다. 보수당 부의 장 마이클 앤크램^{Michael Ancram}은 그 사과를 가리켜 "토요일에 저지 른 살해 행위로 전 세계의 비난을 뒤집어쓰게 되자 그 상황을 모 면하기 위해" 사악한 자들이 벌이는 한심한 시도라고 질타했다. 그는 "어떠한 말로 얼버무려도 살인 범죄를 위장할 수 없고, 뒤늦 게 내키지 않는 사과를 한다 한들 그들이 빚어낸 끔찍한 인명 피 해를 복구할 수 없다"라고 단언했다. 마찬가지로 민주연합당의 부 대표 피터 로빈슨^{Peter Robinson}은 리얼 IRA의 본래 표적이 무엇이었 든 그들이 살인을 기도한 것이 분명해 보인다고 말했다.[5]

오마 폭탄 테러 사건과 타이레놀 알약 훼손 사건에 대한 반응 이 이렇게 엇갈린 이유는 무엇일까? 리얼 IRA의 사과에 다소 미흡한 점이 있었기 때문이었을까? 심리학자들은 좀 더 효과적인 사과 방법을 연구해왔는데 리얼 IRA가 이에 따라 사과 내용을 수정하려고 노력했다면 큰 도움이 됐을 것이다. 로이 르위키 Roy Lewic-ki 와 베스 폴린 Beth Polin, 로버트 라운트 주니어 Robert Lount Jr. 는 이전의 연구 결과를 바탕으로 사과의 여섯 가지 기본 구성 요소를 다음과 같이 규정했다.[6]

① 유감 표현: 잘못에 대해 얼마나 미안한 마음인지 표현한다.

② 해명: 잘못이 일어난 이유를 설명한다.

③ 책임 인정: 잘못에서 자신의 역할을 이해했음을 보여준다.

④ 회개 선언: 다시는 잘못을 저지르지 않겠다고 약속한다.

⑤ 보상 제안: 신뢰 회복을 위한 해결책을 제시한다.

⑥ 사면 요청: 행동에 대해 용서를 구한다.

르위키와 동료들은 이어서 (1장과 2장에서 설명한 것처럼) 우리 연구팀이 개발해놓은 채용 면접 모형을 사용해 두 차례의 실험을 진행했다. 실험 참가자들에게 평가 대상인 입사 지원자가 과거에 어떤 잘못을 저질렀다는 혐의를 받았으며, 사과의 여섯 가지 구성 요소가 하나 이상 포함된 사과를 했다고 상상해보라고 했다. **그 결과, 사과의 기본 구성 요소가 많을수록 참가자들은 그 사과가 효**

과적이라고 인식했다. 이뿐만이 아니라 상대적으로 중요하게 여기는 요소가 사과에 얼마나 포함되어 있는지를 더 중요하게 보기도 했다. 두 차례의 실험에서 참가자들은 책임 인정과 보상 제안이 가장 중요하고 사면 요청이 가장 중요하지 않다고 간주했다. 이 결과는 사과의 내용이 중요할 수 있다는 생각을 뒷받침한다.

하지만 사과의 여섯 가지 구성 요소에 따라, 오마 폭탄 테러 사건에 대한 리얼 IRA의 대응과 타이레놀 알약 훼손 사건에 대한 존슨앤존슨의 대응을 비교해보자면 존슨앤존슨은 오히려 사과한 적이 없음을 알 수 있다. 존슨앤존슨은 행동으로 사고를 온전히 책임졌고, 리얼 IRA도 테러 후 오마시에서 그 선례를 똑같이 따랐다. 어느 쪽이 더 나은 사과를 했느냐로 따지자면, 아예 사과하지 않은 것보다는 공식적으로 사과한 쪽의 결과가 더 나았어야 했다.

그렇다면 리얼 IRA가 2년 뒤 테러 활동을 재개한 데에 반해, 존슨앤존슨은 새로운 파손 방지 용기를 도입함으로써 이 문제를 해결했다는 것에서 차이가 생긴 걸까? 하지만 이 해석의 문제점은 대중들이 리얼 IRA가 사과문을 발표하고 2년 후에 다시 테러 활동을 재개하기로 한 나중의 결정을 알 리 없었다는 데에 있다. 게다가 이후 1980년대와 1990년대 초에 타이레놀을 사용한 모방 범죄가 몇 차례 일어나면서 이 시판용 약품이 여전히 100퍼센트 안전하지 않다는 점이 드러났다. 이런 점을 고려하면 존슨앤존슨

이 타이레놀 알약 훼손 문제를 완벽하게 해결했기 때문이라는 주장에도 반론을 제기할 수 있다.[7]

사과가 먼저인가, 해결이 먼저인가

우리는 여전히 중요한 퍼즐 조각 하나를 놓치고 있었다. 이것은 우리 연구팀이 이 주제에 관한 초창기 연구에서 해결하고자 했던 문제였다. 이 연구를 시작한 계기는 잘못을 사과하고 모든 비난을 전적으로 수용하려는 태도가 상반된 신호를 전달해, 궁극적으로 양날의 검이 된다는 관찰 때문이었다. 사과는 반성의 마음을 표현한다는 점에서 도움이 된다. 저지른 잘못에 대한 후회를 표현하고, 앞으로는 비슷한 잘못을 하지 않겠다는 의도를 암묵적으로나마 전달하는 것이다. 이는 위반자의 향후 행동으로 또 상처를 입을지도 모른다는 우려를 불식시켜 그 사람을 다시 신뢰하도록 유도한다. 그러나 사과는 잘못을 확정한다는 점에서 해로울 수 있다. **사과하는 사람이 신뢰를 잃을 만한 짓을 저질렀고, 따라서 이후에도 신뢰하기 어렵다는 생각에 힘을 실어주기 때문이다.**

사과가 보내는 이 두 가지 상반된 신호는 우리에게 또 다른 궁금증을 불러일으켰다. 신뢰를 복구해야 할지, 한다면 얼마나 복구할지 판단할 때, 사람들이 긍정적인 신호(후회)와 부정적인 신호(잘못) 중 어떤 것에 가중치를 둘 것인가 하는 궁금증이었다. 우리 연구팀은 이 가중치에 영향을 주는 한 가지 요인이 바로 위반의 유형일 수도 있다고 제안했다. 구체적으로 말하자면, 그 잘못이 역량 문제 혹은 도덕성 문제로 간주되느냐에 따라 똑같은 사과라고 해도 긍정적 신호에 초점을 맞추거나 부정적 신호에 초점을 맞출 수도 있다고 예측한 것이다.

신뢰 회복 방법을 고려할 때 역량과 도덕성의 문제에 특별히 관심을 기울여야 하는 것은 두 가지 이유 때문이다. 첫째, 1장에서 언급한 바와 같이, 사람들은 누군가의 신뢰도를 평가할 때 최대 열 가지 특성을 고려할 수 있지만, 그 특성 중 몇 가지는 나머지 특성보다 신뢰에 더욱 결정적인 영향을 준다. 예를 들어, 신중함이나 일관성 같은 특성은 상황에 따라 확실히 중요할 때가 있다. 하지만 경험적 증거에 따르면 역량('과제 수행에 필요한 전문적인 기술과 대인관계 능력이 있다'는 믿음)과 도덕성('용납할 만한 일련의 원칙을 지키리라는' 믿음)은 어떤 상황에서든 다른 무엇보다 중요한 것으로 나타났다.[8] 그래서 우리는 이 두 가지 항목이 신뢰 회복에서도 특별히 중요할 것이라고 생각했다.

둘째, 사람들이 이러한 특성에 대한 긍정적인 정보와 부정적인 정보를 상당히 다르게 평가할 것이라는 이론적 근거가 있다.[9] 이 책의 도입부에서 언급한 바와 같이, 사람들은 역량에 대해서는 부정적인 정보보다 긍정적인 정보에 더 무게를 두는 경향이 있다. 역량이 뛰어난 사람들은 동기나 과제 요구량에 따라 다양한 수준의 성과를 낼 수 있는 데에 반해, 역량이 낮은 사람들은 그들의 역량 수준과 비슷하거나 그보다 낮은 수준의 성과만 낼 수 있다고 직관적으로 믿기 때문이다. 이러한 이유로 우리는 역량이 낮은 사람이 높은 수준의 성과를 달성할 리 없다고 여겨, 그 사람이 보여준 단 한 번의 눈부신 성과를 믿을 만한 역량 신호로 간주한다. 그리고 아무리 역량이 뛰어난 사람도 상황에 따라(예: 잘해내려는 의욕이 없거나 기회가 주어지지 않는 경우) 나쁜 성과를 낼 수도 있다고 여겨, 한 번의 열악한 성과를 역량 부족의 신호로 받아들이지 않는다.

하지만 도덕성의 문제에서는 이 관계가 역전된다. 사람들은 도덕성에 관해서는 긍정적인 정보보다 부정적인 정보에 훨씬 더 무게를 둔다. 도덕성이 높은 사람은 어떠한 상황에서든 비윤리적인 행동을 자제하지만, 도덕성이 낮은 사람은 보상이나 기회에 따라 윤리적이거나 비윤리적으로 행동할 것이라고 직관적으로 믿기 때문이다. 이러한 이유로 우리는 도덕성이 높은 사람이든 낮은 사람이든 상황에 따라(예: 정직하게 행동할 때 이익이 있다든지, 부정

신뢰의 과학

행위를 방지하기 위한 감시 장치가 충분하다든지) 정직하게 행동할 수 있다고 여겨, 한 번 정직하게 행동했다고 해서 그걸 도덕성의 신호로 간주하지는 않는다. 그러나 도덕성이 낮은 사람은 꼭 부정직하게 행동할 것이라고 여겨, 그 사람이 단 한 번이라도 부정직하게 행동하면 그걸 낮은 도덕성의 믿을 만한 신호로 여긴다. 간단한 예로 홈런을 한 번 치면 나중에 삼진을 당하더라도 남들 눈에 홈런 타자로 비춰질 수 있다. 이에 반해 몇 번씩 바람을 피우다 배우자에게 들킨 사람이 "이번에는 정말 바람 안 피웠어!"라고 대꾸해봤자 별 효과가 없는 것과 같다.

사람들이 역량과 도덕성에 관한 정보에 가중치를 두는 방식이 다르다는 것은, 사과를 비롯해 잘못을 전적으로 책임지려는 그 밖의 노력이 항상 도움이 되지 않는 이유에 대한 중요한 통찰을 제시해준다. 역량 기반의 위반인 경우, 사람들의 관심이 유죄 확정(역량에 대한 부정적인 정보)보다 신뢰 위반자가 잘못을 후회하고 있으며, 앞으로 비슷한 잘못을 피하려고 노력할 것이라는 신호(역량에 대한 긍정적인 정보)에 더 쏠리기 때문에 사과가 도움이 된다. 하지만 도덕성 기반의 위반인 경우, 사람들이 유죄 확정(도덕성에 대한 부정적인 정보)에만 초점을 맞추고, 그에 따른 뉘우침과 속죄의 신호(도덕성에 대한 긍정적인 정보)는 대부분 무시하기 때문에 사과가 별 소용이 없고 오히려 상황을 악화시킨다.

우리 연구팀은 일련의 실험을 통해 이 추론을 시험했고, 이 패턴을 뒷받침하는 강력하고 일관된 결과를 얻었다. 몇몇 실험에서 우리는 앞서 언급한 세무부서 채용 면접을 여러 가지 버전의 영상으로 촬영해 참가자들에게 보여줬다.[10] 면접 진행 중 채용 담당자는 지원자가 전 직장에서 회계 관련 부정에 연루됐다는 의혹을 언급했다. 관련 세법에 대한 지식이 부족해 세금 신고를 제대로 하지 못했거나(역량 기반의 위반), 중요한 고객을 만족시키려고 일부러 부정확하게 세금을 신고했다는 비난이었다(도덕성 기반의 위반). 지원자는 이어서 사과 또는 부인으로 그 비난에 대응했다.

면접의 다른 요소는 모두 그대로 유지됐다. 하지만 사람들은 이 똑같은 지원자를 확연히 다르게 평가했다. 위반이 역량 문제인 경우, 참가자들은 부인보다 사과로 대응했을 때 지원자를 더 신뢰하고 채용하려는 경향을 보였다. 하지만 위반이 도덕성 문제인 경우, 이 패턴은 완전히 뒤집혔다. 사람들은 위반에 대해 사과할 때보다 위반 사실을 부인했을 때 지원자를 훨씬 더 신뢰하고 채용하려는 경향을 보였다.

그렇다고 해서 신뢰가 완전히 회복됐다는 의미는 아니다. 지원자의 적절한 대응으로 의혹 제기 직후보다 신뢰가 크게 높아졌을 때조차도, 지원자에 대한 참가자들의 신뢰 수준은 의혹 제기 전에 보였던 높은 초기 신뢰도에 비하면 여전히 낮았다. 신뢰 회

신뢰의 과학

복을 시도한 후에도 이렇게 신뢰가 떨어지는 경우는 흔하며, 이것은 신뢰 회복이 일반적으로 얼마나 어려운지를 입증해준다.

대응의 상대적인 효과는 위반 유형에 따라 현저하게 달랐고, 우리는 그 사실을 통해 오마 폭탄 테러 사건과 타이레놀 알약 훼손 사건에 대중이 각기 다른 반응을 보인 이유를 설명할 수 있었다. 타이레놀 사례에서 분명한 건, 당시에 누구도 그런 문제가 발생하리라고 예상하지 못했다는 점이다. 누군가가 타이레놀 알약에 청산가리를 주입하고, 그 알약을 병에 도로 집어넣고, 약병을 매대에 다시 몰래 비치해 일반인들이 사서 복용하게 하는 짓을 저지를 것이라고는 아무도 생각지 못했다. 이 독극물 사태에서 존슨앤존슨이 범한 잘못은 그렇게 기상천외한 행동의 가능성을 예측하지 못한 것으로 해석됐다. 다시 말해, 사건의 원인을 역량 문제로 여겼다. 사람들은 역량에 관해서는 부정적인 정보보다 긍정적인 정보에 더 무게를 두는 경향이 있어서, 존슨앤존슨은 즉각적인 회수 조치와 국가 경보 발령을 통해 역량의 긍정적인 신호를 전달함으로써 그 실수의 부정적인 여파를 극복할 수 있었다.

하지만 오마 폭탄 테러 사고는 다르게 해석됐다. 대중이 보기에 리얼 IRA 일당은 시내 중심가에 폭탄을 설치하고, 부모들이 자녀를 데리고 외출할 만한 시간대에 폭발시키는 선택을 내렸다. **무고한 생명을 위험에 빠뜨리게 될 줄 알면서도 폭탄을 터뜨렸고, 고**

사과가 신뢰에 미치는 영향

의로 그런 결정을 내렸다는 점 때문에 이 사건은 도덕성의 문제가 되었다. 그들이 불필요한 인명 피해와 관련한 대중의 우려를 개의치 않는다는 사실을 보여준 것이다. 리얼 IRA가 폭발로 인한 인명 피해를 사과했을 때 대중이 후회의 신호(도덕성에 대한 긍정적인 정보)보다 유죄 확정(도덕성에 대한 부정적인 정보)에 초점을 맞춘 경향이 훨씬 높았던 것도 이러한 이유 때문이었다.

또 이 사실은 비교적 간단한 방법으로 두 종류의 위반을 구분할 수 있음을 암시한다. 즉, 역량 기반의 위반과 도덕성 기반의 위반 차이는 신뢰 위반자에게 나쁜 짓을 하려는 의도가 있었느냐에 달린 듯하다. 이러한 관찰 결과를 토대로 나는 계약 위반의 영향에 관한 일련의 실험을 했고, 고의성 여부에 따라 위반이 받아들여지는 방식이 어떻게 달라지는지 살펴봤다.[11]

도덕성 문제는
사과로 해결되지 않는다

1장에서 언급한 대로, 우리는 다른 사람들과 계약을 맺을 때 기대치가 충족되도록 계약에 명시적 조항과 규정을 추가할 수 있다. 하지만 그 기대치가 위반될 수 있는 모든 방법을 예상하고 기록하는 데에는 한계가 있다. 미래를 예측하거나 명시적 계약 조건을 에두르는 기만적인 방법을 모두 내다볼 수도 없다. 또한 모든 기대치를 문서로 작성했다고 하더라도 그 기대치가 충족된다는 보장은 없다. 그래서 나는 법 정신(예: 문서화되지 않은 기대치)에 관계된 위반과 달리, 법조문(예: 문서화된 기대치)에 관계된 위반을 사람들이 어떻게 해석할지, 그리고 이에 대해 사과했을 때 어떻게 반응할지 궁금해졌다. 계약 관련 연구 문헌에 따르면, 상반된 두 가지 예측이 존재했다.

어떤 연구에서는 계약 상대방을 이용하고 싶다면 문서화된 기대치(법조문)보다 문서화되지 않은 기대치(법 정신)를 위반하는 편이 더 납득할 만하다고 제안한다. 문서화되지 않은 기대치를 위반할 경우, 쉽게 눈에 띄지 않고 법 제도를 통해 강제하기도 더 어렵기 때문이다. 간단히 말해, 계약서에 명시하지 않은 사안을 위반했을 때 책임 회피가 더 수월하다는 것이다. 따라서 법조문을 위반한 경우에는 법 정신을 위반한 경우보다 고의성이 개입됐을 가능성이 적다. 그 사람이 일부러 계약을 위반하려고 했다면 법 정신을 위반하는 방법을 택했을 것이기 때문이다. 하지만 다른 연구에서는 기대치가 명시적으로 문서화된 경우가(법조문), 문서화되지 않은 경우(법 정신)에 비해 위반 여부를 더 쉽게 알 수 있다고 지적한다. 법조문 위반이 법 정신 위반보다 더 고의적이라는 것

사과가 신뢰에 미치는 영향

이다.

나는 이 상반된 두 개의 가능성을 시험하기 위해 정밀하게 실험을 설계했다. 참가자들에게는 건설업자와 하도급자 사이의 상호작용을 살펴보는 것이 실험의 목표라고 설명했다. 현실에서 양측은 금전적 동기가 서로 다를 때가 많기 때문이다. 한 참가자는 건설업자 역할을 맡고, 다른 참가자는 하도급자 역할을 맡았다. 참가자들이 할 일은 지어야 할 주택의 세부 사항을 합의하고, 연구팀이 지급해준 자재를 사용해 하도급자가 그 집을 짓도록 하는 것이었다.

연구팀은 건설업자와 하도급자의 현실 상황을 반영해, 맡은 역할마다 금전적 동기가 다르다는 점을 참가자들에게 주지시켰다. 건설업자는 집을 다시 지어야 할 만큼 중대한 결함이 발견되지 않으면 현금 25달러를 받고, 중대한 결함이 발견된 경우에는 25달러짜리 상품권 세 장 중 하나에 당첨될 수 있는 복권 열 장을 받을 수 있었다. 그리고 어느 경우든 건설업자는 실험 종료 시점에 자기가 받은 수익(현금 또는 복권)의 일부를 하도급자에게 대가로 줄 수 있었다. 이로써 하도급자는 중대한 결함만 피한다면 건설업자로부터 25달러의 일부를 받을 수 있으므로, 집을 제대로 짓고 싶은 동기를 얻는다. 하지만 우리는 하도급자에게 숨은 금전적 동기를 주었다. 하도급자가 자재를 되도록 적게 써서 건축 비용을 최대한 줄이면 개인적으로 최대 10달러를 챙길 수 있었다.

　이제 당신이 이 실험에 참여해 건설업자 역할을 맡았다고 상상해보자. 우선 지어야 할 집의 사진을 받았다. 차고가 딸린 2층짜리 주택으로 집의 색깔, 창문의 개수와 위치, 건물의 물리적 구조를 포함해 대략 열다섯 가지의 고유한 사양을 계약서에 문서화할 수 있었다. 당신은 하도급자를 위해 계약서를 작성해야 하고, 하도급자는 이 사진을 보지 않은 상태에서 집을 지어야 한다(현실에서 의뢰인이 원하는 바를 완전히 이해하지 못하는 어려움을 모방하기 위함). 당신은 계약서를 작성한 후 하도급자의 방에 있는 조교에게 이메일로 보내기로 했다. 조교가 그 계약서를 인쇄해 하도급자에게 전달하면, 하도급자가 내용을 살펴보고 필요한 경우에 추가 설명을 요청하거나 수정을 요구할 수도 있었다.

　계약 제안서를 보내고 약 15분 뒤에 당신과 같은 방에 있던 조교가 하도급자 방에 있는 조교로부터 전화를 한 통 받았다고 치자. 하도급자가 모든 계약 조건에 완전히 동의했고 집을 짓는 데 15분쯤 걸릴 것이라고 했다. 약속한 시간이 흐른 후 당신 방에 있던 조교가 다시 전화를 받았다. 집이 완성됐고, 하도급자 방의 조교가 심사하면서 집의 사진을 찍고 있으며, 그 조교가 집 사진과 평가 결과를 당신에게 이메일로 직접 보내주겠다고 했다. 또한 당신에게 전달될 심사 결과에 관해 하도급자가 자필 의견을 덧붙일 것이라는 이야기도 전해 들었다. 당신 방의 조교는 보고서와 메시지를 받으러 몇 분간 자리를 비웠고, 돌아와서 그 정보를 당신에게 전해준 다음, 결과물에 대한 당신의 반응을 평가했다.

만약 하도급자가 지은 집에 중대한 결함이 있어 부적절하다는 심사 보고서를 받았다면 당신은 어떤 기분이 들겠는가? 가령 주택의 폭이 터무니없이 좁고 길이가 차고만큼도 되지 않아 부적절하다는 결과가 나왔다면 어떻겠는가? 이 중대한 결함은 당신이 벌고 싶었던 현금 25달러 대신 몇 장의 복권을 받게 된다는 의미였다. 하지만 동시에 하도급자는 건축 자재를 적게 사용해 개인적으로 현금 10달러를 챙길 수 있었다는 의미이기도 했다. 당신은 이러한 결과와 하도급자의 뒤이은 사과를 어떻게 받아들이겠는가? 변변찮은 복권 중 몇 장을 그 사람에게 나눠주겠는가? 혹시 그 결정은 주택의 최소 폭을 계약서에 미리 문서화해뒀는지에 따라 달라질 수 있는가?

당신이 이러한 질문들을 숙고하는 동안 작은 비밀을 하나 말해주겠다. 애초에 하도급자는 없었다. 이 실험은 건설업자 역할을 맡은 참가자가 하도급자 역할을 맡은 다른 참가자와 상호작용하고 있으며, 각 방의 조교가 중간에서 그 내용을 전달해주는 것처럼 믿도록 꾸민 설정이었다. 이 설정 안에서 참가자들이 계약서에 주택의 최소 폭을 문서화하거나 하지 않도록 미묘하게 유도함으로써(자세한 설명은 다음 내용 참고), 이 실험에서 살펴보려고 했던 실제 상황을 비슷하게 연출할 수 있었다.

법조문 위반과 법 정신 위반은 위반된 기대치가 문서화됐는지 여부에 따라 구분할 수 있다고 이미 언급한 바 있다. 그래서 나는 이 실험에서 위반의 유형을 변경해봤다. 모든 사람이 굳이 계약서에 명시하지는 않을 듯한 조건(이를테면 주택의 폭이 최소한 차고만큼은 되어야 한다)에 초점을 맞춘 것이다. 또한 실험을 시작할 때 참가자들에게 지어야 할 집의 사진을 전달하고, 하도급 계약서에 포함할 만한 세부 사항을 정리해놓은 짧고 대략적인 목록을 주면서, 주택의 최소 폭 요건을 세부 사항의 하나로 넣어보기도 하고 빼보기도 했다.

그 짧고 대략적인 목록에 주택의 최소 폭 요건이 포함되어 있으면, 포함되지 않았을 때보다 참가자들이 계약서에 이 요건을 집어넣을 가능성이 훨씬 컸다. 아울러 각 하도급자가 지었다는 집 사진과 심사 보고서를 보면 이 요건이 위반됐음을 분명히 알 수 있었다. 우리는 각 건설업자에게 똑같이 객관적인 위반 사항(터무니없이 좁은 집)을 보여줬다. 참가자는 25달러의 현금 보상을 놓쳤지만 하도급자는 자재를 적게 사용해 현금 10달러를 챙길 수 있었다. 그리고 건설업자는 자신이 그 요건을 계약서에 문서화했는지에 따라 그 위반을 법조문 위반으로 해석할 수도 있었고, 법 정

사과가 신뢰에 미치는 영향

신 위반으로 해석할 수도 있었다. 우리는 각각의 경우 위반의 고의성에 대한 인식이 어떻게 달라지고, 뒤이은 하도급자의 사과에 참가자들의 반응이 어떻게 달라지는지 알고 싶었다.

실험 결과에 따르면 하도급자는 법조문보다 법 정신을 어김으로써 위반하려는 경향을 보였다(문서화된 계약 조건을 직접 위반하기보다 에둘러 회피함). 그러나 건설업자는 법 정신 위반보다 법조문 위반이 더 고의적이라고 간주했다. 그래서 하도급자가 계약의 정신보다 계약의 조문 위반 건으로 사과했을 때 하도급자에게 더 낮은 신뢰를 보였고, 상대방에게 수익을 더 적게 할당함으로써 한층 강하게 처벌하려는 의지를 보였다. 실제로 참가자들은 위반의 고의성이 높다고 인지할수록 하도급자가 사과한 후에도 상대방을 흔쾌히 신뢰하지 않았으며 처벌하려는 경향이 더 강했다.

이러한 결과는 사람들이 고의성을 인지한 경우 위반을 (역량의 문제가 아닌) 도덕성 문제로 여기며, 이에 따라 사과에 덜 긍정적으로 반응한다는 생각을 뒷받침해준다. 위반의 고의성이 높아 보일수록 역량 문제가 아닌 도덕성 문제로 사과했을 때처럼 사과의 효과가 떨어졌다. 이제 역량 문제와 도덕성 문제를 고의성의 인지 여부로 단순화했으니 이 고의성이 실제로 어떤 의미인지 이해를 넓혀볼 필요가 있다.

테라노스 사례로 본
범죄의 기준

형법에서 범죄를 저지르려는 의도를 범의(犯意, mens rea)라고 하는 데, 라틴어 원문을 문자 그대로 해석하면 '범죄의 고의'라는 뜻이다. 이런 고의적인 마음 상태가 있어야만 범죄를 저지른 피고인에게 유죄 판결을 내릴 수 있다. 범죄를 저지르려고 의도한 경우(혹은 자신이 어떤 행동을 하거나 아무 행동도 하지 않음으로 인해 범죄가 저질러질 수 있음을 아는 경우)와 그럴 의도 없이 범죄를 저지른 경우를 구분해야 하기 때문이다. 후자의 상황은, 가령 피해자에게 위해를 가하게 될 것을 몰랐거나(예: 사고), 자신의 행동이 피해가 발생하는 범죄 상황임을 이해하지 못했거나(예: 지적장애), 자신의 통제를 벗어난 상황으로 범죄를 저지를 수밖에 없었던(예: 총이나 칼 등의 무기로 위협당함) 경우에 벌어질 수 있다. 이런 각각의 사례는 피고인의 능력 부족(무슨 일이 벌어질지 알거나, 이해하거나, 통제하는 능력 부족)을 원인으로 보는 편이 더 적절하다. 즉, 위반의 고의성에 따라 역량 문제와 도덕성 문제로 나뉜다는 사실을 다시 한 번 확인할 수 있다.

범의는 전 세계 많은 국가에서 형사 책임 여부를 판단하는 기준으로 활용됐지만, 그 기준은 관할권에 따라 다르게 적용됐다.

사과가 신뢰에 미치는 영향

범죄 의도를 판단하는 일은 실제로 매우 복잡하기 때문이다. 예를 들어, 1950년대 후반 미국에서는 이 범의의 기준이 불안정하고 모호하며 혼란스러운 개념이라는 인식이 널리 퍼져 있었다.[12] 그러한 이유로 미국법률협회American Law Institute 는 1962년 모범형법전Model Penal Code 을 채택해 범의를 유책성에 따라 다섯 단계로 구분했다.

가장 낮은 단계인 엄격책임strict liability 에서는 피고인이 가담한 범죄 행위와 그 사람의 정신 상태가 무관하다고 간주한다. 형법에서는 교통법규 위반에 엄격책임을 적용하는 경우가 많다. 과속을 예로 들자면, 피고인이 게시된 제한 속도 초과 여부를 알았든 몰랐든 그것은 중요하지 않다. 그다음 단계인 과실negligence 은 합리적인 사람이라면 어떠한 행위가 범죄 행위로 이어진다는 것을 '인지'할 수 있었음에도 중대하고 정당화될 수 없는 위험을 감수한 경우를 말한다. 세 번째, 무모함recklessness 은 피고인이 그 행위로 범죄 행위가 발생할 수 있음을 알면서도 중대하고 정당화될 수 없는 위험을 '의식적으로 무시한' 경우를 말한다. 네 번째로 피고인은 알면서knowingly, 즉 행위를 인지하고 그것이 범죄 행위를 초래할 것이라고 '사실상 확신하는' 상태로 범죄를 저질렀을 수 있다. 마지막으로 피고인은 일부러purposefully, 즉 범죄 행위가 되리라 '믿거나 희망하는' 행위에 의식적으로 가담해 범죄를 저질렀을 수 있다.

신뢰의 과학

하지만 문제는 이렇게 의도를 상세히 분류해도 많은 소송에서 명료한 지침으로 삼기에는 여전히 기준이 미흡하다는 것이다. 2021년 8월 31일, 테라노스의 창립자 겸 최고경영자 엘리자베스 앤 홈스^{Elizabeth Anne Holmes}를 상대로 제기된 형사 소송 사건이 있었다. 테라노스는 손가락 끝을 찔러서 얻은 소량의 혈액을 분석하는 방법을 개발해 혈액 검사의 혁명을 일으켰다고 주장했던, 현재는 파산한 바이오 벤처 기업이다. 테라노스의 주장이 거짓으로 드러나자 미국 증권거래위원회는 혈액 검사 기술의 정확성을 위조하고 과장함으로써 '거대한 사기'를 저질렀다는 혐의로 2018년 테라노스와 홈스를 처음 기소했다. 홈스는 50만 달러의 벌금을 냈으며, 1,890만 주를 회사에 반환하고, 테라노스에 대한 의결권을 포기했으며, 10년 동안 상장회사의 임원이나 이사로 재직하지 않는다는 조건으로 혐의를 청산했다.[13] 그러나 2018년 6월, 연방 대배심은 아홉 건의 금융 사기와 두 건의 금융 사기 공모를 통해 소비자에게 위조된 혈액 검사 결과를 배포했다는 혐의로 홈스를 다시 기소했다.[14] 이 혐의에 따라 홈스는 최대 20년의 연방 교도소 징역형과 수백만 달러에 이르는 손해 배상금과 벌금형을 받았다.

홈스가 이 혐의로 유죄 판결을 받은 이유는 이해하기 어렵지 않다. 실제로 홈스는 기소된 열한 건의 사기 혐의 중 네 건에 대해 최종적으로 유죄를 선고받았고,[15] 전 파트너이자 테라노스의 전

최고운영책임자 라메시 '서니' 발와니 Ramesh 'Sunny' Balwani 는 열두 건의 사기 혐의 전부에 대해 유죄를 선고받았다.[16] 회사 내부자들은 이 기술에 문제가 있고 품질 관리 기준을 번번이 통과하지 못했다는 명백한 증거가 있음에도, 홈스가 투자자 설명회에서 테라노스의 혈액 검사 기술이 "최고 수준의 정확도와 정밀도"를 자랑했다고 주장했다. 홈스는 테라노스의 간이 혈액 검사 키트가 화이자의 검증을 받았고, 미군이 이 기술을 사용 중이며, 2014년 말까지 1억 4,000만 달러 이상의 매출을 달성할 것이라는 거짓 주장을 펼쳤는데, 로버트 리치 Robert Leach 검사는 테라노스 측의 이러한 주장이 "사실무근"이었다고 진술했다.[17] 게다가 손가락을 한 번 찌르면 240가지 이상의 다양한 혈액 검사를 수행할 수 있다는 테라노스의 주장과 달리, 수행한 혈액 검사의 10퍼센트에 대해서만 테라노스의 기술을 사용했고, 나머지는 전통적인 검사 방법을 사용한 것으로 드러났다.

하지만 이런 종류의 부정행위는 홈스만 저지른 것이 아니다. "될 때까지 되는 척하라 Fake it till you make it"라는 유명한 신조에도 드러나듯이 실리콘밸리의 스타트업들은 창립자가 무모함에 가까운 결단력으로 아이디어를 추구해야 한다는 생각을 오래전부터 받아들였다. 테라노스에 관한 알렉스 기브니 Alex Gibney 감독의 2019년 다큐멘터리 〈디 인벤터: 아웃 포 블러드 인 실리콘밸리 The

신뢰의 과학

Inventor: Out for Blood in Silicon Valley〉는 토머스 에디슨Thomas Edison의 사례로 이 점을 명확히 보여줬다. 에디슨은 1878년 백열등 발명에 성공했다고 발표했다. 하지만 이는 거짓이었다. 그는 투자자와 언론인들 앞에서 가짜 시연을 펼쳤고, 4년 뒤 1만 번의 실패를 거친 끝에 드디어 해결책을 찾았다.

월터 아이작슨Walter Isaacson은 《스티브 잡스》에서 잡스가 사용한 이른바 '현실 왜곡장'에 관한 애플 직원들의 발언을 인용했다. 잡스는 현실 왜곡장을 통해 불가능한 일을 가능하다고 스스로 믿었을 뿐만 아니라 주변 사람들에게도 확신을 심어줬다.[18] 이뿐만 아니라 에릭 버거Eric Berger는 저서 《리프트오프》에서 일론 머스크가 2003년 12월 4일 워싱턴 D.C.에서 선보인 스페이스엑스의 팰컨 로켓은 교묘한 위조품이라고 밝혔다.[19] 팰컨 로켓은 거의 5년 뒤인 2008년 9월 28일에야 궤도 진입에 성공했다.

행위와
의도 구분하기

이러한 유사 사례는 자연스럽게 다음과 같은 의문을 불러일으킨다. 어째서 홈스는 기소 당하고 다른 창업자들은 당하지 않았을까? 홈스는 고의로 범죄 행위에 관여했다고 추론하면서, 그와 유사하게 "될 때까지 되는 척하라"는 신조를 받아들인 무수한 다른 창업자들은 그렇지 않다고 믿는 것이 어떻게 합리적일까?

홈스의 경우는 명백히 다르다고 생각하는 사람들도 있다. 실리콘밸리의 한 벤처 투자자는 홈스 사건으로 실리콘밸리의 문화가 시험대에 올랐다는 식으로 이야기하는 것은 어리석다는 내용을 SNS에 올렸다. "적절한 주의를 다하는 데 필요한 데이터와 팀이 완전히 갖춰진 상태에서 자발적으로 불신을 유예하는 것과 사기(의혹)는 엄연한 차이가 있다"는 이유였다.[20] 하지만 그는 이 주장에서 사기와 '불신의 자발적 유예'*를 어떻게 구분해야 하는지 제대로 설명하지 않았다. 사실 홈스 재판의 핵심 쟁점은 바로 이것이다.

법률 저널리스트 조디 고도이[Jody Godoy]가 로이터 통신에 낸 기사에 의하면[21] 검찰은 모두진술에서 "이것은 사기 사건이다. 돈을 벌기 위해 거짓말과 속임수를 쓰는 행위에 관한 사건이다"라고 강조했다. 로버트 리치 검사는 "(홈스는) 사기로 유명세를 타고, 영예를 안았으며, 동경을 받았고" 덕분에 투자자와 환자들의 희생

● willful suspension of disbelief, 시인 새뮤얼 콜리지[Samuel Coleridge]가 창안한 문학 용어로, 허구임을 알면서도 믿어주는 속아주기의 과정이다.

으로 억만장자가 됐다고 주장했다. 하지만 홈스의 변호인 랜스 웨이드 Lance Wade 는 배심원들에게 이렇게 말하면서 반론을 제기했다. "엘리자베스 홈스가 거짓말을 하고, 속임수를 쓰고, 남의 돈을 훔칠 생각으로 매일 회사에 출근한 것은 아닙니다. 정부는 여러분에게 홈스의 회사, 홈스의 인생 전체가 사기라고 믿게 합니다. 그것은 잘못된 일입니다." 그는 이어서 이렇게 주장했다. "홈스는 돈이 아닌 사명감으로 테라노스에 모든 것을 쏟아부었고, 거기서 일한 마지막 날까지 그 사명에 전념했습니다."

또한 피고인 측은 검사 측 주장에 반대만 하는 대신 배심원들에게 다른 서사를 제시했다. 홈스와 앞서 언급한 다른 창업자들의 한 가지 차이점은 홈스는 결국 실패했고 나머지는 실패하지 않았다는 것이다. "실패는 범죄가 아닙니다"라고 웨이드는 말했다. "최선을 다했는데도 부진한 성과를 낸 것은 범죄가 아닙니다." 이어서 그는 배심원들에게 테라노스의 실패가 가짜 기술 때문이었는지 아니면 "젊은 CEO와 그 회사가 사업 장벽을 만났고, 남들의 눈에는 잘 보인 그 장벽을 순진하게 과소평가한 끝에 극복하지 못했기 때문이었는지" 참작해달라고 호소했다.

더 나아가 피고인 측은 홈스가 테라노스의 기술을 현실화하고자 부가 전략까지 동원해 온갖 노력을 기울였음에도 실패한 것을 강조했다. 한때 홈스의 남자친구였고 테라노스의 전 회장 겸 최고운영책임자였던 서니 발와니가 회사의 재무 모델에 대해 홈스를 기만했고, 홈스에게 데이트 폭력을 가했다고 주장했다. 또한 홈스를 정서·심리적으로 학대했고(발와니는 이 사실을 부인했다), 이로 인해 홈스는 회사의 재무 모델에 대해 발와니가 말하는 모든 것을 믿게 됐다고 주장했다.

나는 홈스를 옹호하려는 것이 아니다. 홈스가 테라노스에서 보여준 행동은 분명히 도를 넘었다. 내 관점에서 가장 문제시되는 부분은, 제대로 작동하지도 않는 기술을 시장에 내놓음으로써 무고한 대중을 실험동물로 이용하기로 한 결정이었다. **하지만 그보다 나는 모범형법전까지 동원해 범의가 어떤 의미인지 상세히 밝혀내려고 해도, 의도를 판단하려면 여전히 심각한 논쟁이 필요하다는 점을 강조하고 싶다.** 사람들이 사건의 경위에 동의하고, 명백한 피해가 발생했고, 모두가 사건에 대해 똑같은 정보를 알고 있더라도, 위반이 발생한 이유에 대해서는 완전히 다른 서사를 쉽게 만들 수 있다. 범죄자가 정말로 어떤 생각을 하고 있었는지 머릿속을 직접 확인할 수 있는 경우가 드물기 때문에 합리적인 사람들도 어느 서사가 옳은지 저마다 이견을 보일 수 있다.

미국의 형사 사법 시스템이 6~12인의 배심원단에게 이 주관적인 판단을 맡기는 이유가 여기에 있다. 이는 배심원 개개인이 사실뿐만 아니라 자신의 배경, 경험, 선입견, 직관을 바탕으로 각자의 의견을 낼 것이라는 인식에 근거한다. 홈스 사건에서 각 배심원은 남성 지배적인 실리콘밸리 문화에서 여성이라는 사실이 기소에 부분적으로 영향을 미치지 않았는지와 관련해 서로 다른 시각을 가질 수 있다. 홈스의 행동이 전 남자친구의 정서·심리적 학대 때문이었다는 피고인 측의 주장을 어느 정도까지 믿느냐는 데이트 폭력의 경험 유무에 따라 달라질 것이다. 또한 홈스의 거짓말과 기만이 수용 가능한지에 관한 시각은 배심원이 '세상을 바꾸려고' 애쓰는 실리콘밸리 창업자들에게 공감하는지 아니면 테라노스 투자자나 환자들에게 공감하는지에 따라 달라진다.

따라서 배심원들의 추론에 오류가 있다고 해도 공동의 판단을 내리려는 시도를 통해 배심원단이 적절한 해석으로 의견을 수렴할 수 있도록 시스템이 설계되어 있다. 하지만 형사 사법 시스템은 이 장황하고 시간이 많이 드는 접근법으로 피고인의 고의성을 평가하더라도 이 방법이 실패할 수 있다는 사실 또한 인식하고 있다. 장시간의 토의 끝에도 배심원 전체가 잘못된 판단을 내릴 수 있다. 그렇기에 사법 시스템은 형사 사건에서 "합리적인 의심의 여지가 없을 정도로"라는 기준을 유죄 판결의 높은 문턱으로 사용함으로써, 한 유형의 오류(죄인을 풀어주는 경우)를 저지르더라도 다른 유형의 오류(무고한 사람을 유죄로 판결하는 경우)를 저지를 가능성을 낮추는 의도적 선택을 내렸다.

이제 사법 시스템의 이 복합적인 접근법과 우리가 각자의 삶에서 고의성을 판단하는 방식을 비교해보자. **우리는 그만큼 체계적이고 신중한가?** 사건의 경위에 대한 다른 설명도 동등하게 참작하려고 노력하는가? 사건을 바라보는 방식에 과거의 경험이 영향을 미칠 수 있다는 점을 고려하는가? 독특한 의견 차이를 통합해서 좀 더 견고하고 방어 가능한 판단으로 수렴하기 위해 다른 사람들과 논의하려고 노력하는가? 그 모든 노력 후에도 추론이 여전히 잘못될 가능성을 받아들이는가?

모든 잘못을 형사 소송처럼 다뤄야 한다거나, 형사 사법 시스템이 완벽하다는 뜻으로 이런 질문을 던지는 것이 아니다. 모든 신뢰 위반 가능성에 대해 그렇게 체계적인 평가를 수행한다는 것은 현실적이지 않다. 또한 형사상 유죄 판단은 신뢰 위반의 잘못을 저지른 경우와 상당한 차이가 있다. 형사 사건에서 유죄가 성립하려면 피고인에게 범죄의 책임이 있는가actus reus(범죄 행위)와 피고인이 범죄의 발생을 의도했는가mens rea(범죄 의도)라는 두 가지 질문 모두에 '그렇다'라는 답이 나와야 한다. 이에 반해 신뢰 회복에 관한 연구에서는 단순하게 신뢰 위반을 저질렀다면 잘못이 있다고 보고, 의도는 완전히 다른 문제로 취급해 위반이 왜 발생했는지를 평가한다(향후 위반자를 어느 정도까지 신뢰해야 하는지 가늠하기 위해). 6장에서 자세히 살펴보겠지만 형사 사법 시스템이 신뢰 회복 방법을 결정짓기에 적절하지 않고, 오히려 신뢰 회복을 방해하는 일도 많은 이유가 이 때문이다.

어쨌거나 개개인의 삶보다 형사 사법 시스템에서 의도의 문제를 훨씬 더 꼼꼼하게 검토한다는 사실을 알게 됐으니, 폭넓은 신뢰 위반의 맥락에서 우리가 종종 그러듯이 의도를 기계적으로 추정할 때 어떤 결과가 발생할지 숙고해볼 필요가 있다. 고의성의 인지 여부에 따라 신뢰 위반을 바라보는 관점이 (역량 또는 도덕성의 문제로) 달라지고, 위반자가 사과하고 벌어진 일에 책임을 감수하려 할 때 사람들이 보이는 반응도 뚜렷하게 달라질 수 있으므로, 우리는 신뢰 위반 이후 신뢰를 회복하려는 광범위한 노력에 미칠 고의성에도 좀 더 세심하게 주의를 기울여야 한다. 또한 신뢰 위반 이후의 상황과 관련해서는 위반자 본인 못지않게 신뢰를 배반당한 사람들에게도 큰 책임이 있을 때가 많다는 사실도 염두에 두어야 할 것이다.

　　　　　　　　　사과가 신뢰에 미치는 영향

4장

우리가 거짓말을
참을 수 없는 이유

1989년 4월 19일 밤, 뉴욕 센트럴파크에서 조깅을 하던 한 여성이 무자비한 구타와 강간을 당했다. 그 시각 공원에 있던 14~16세의 흑인과 히스패닉계 소년 다섯 명이 체포됐고, 몇 시간 동안 심문을 당한 끝에 강간 사실을 자백했다. 하지만 이 소년들은 모두 나중에 자백을 철회했다. 자백 내용은 서로 일관성이 없었고, 범죄의 다른 측면과 부합하지도 않았으며, DNA 증거는 다섯 소년 중 누구와도 일치하지 않았다. 하지만 검찰은 재판을 진행했고 초기 진술을 바탕으로 전원 유죄 판결을 내렸다. 그중 네 명은 청소년으로 기소되어 각각 6~7년 동안 복역했고, 열여섯 살 소년은 성인으로 기소되어 성인 교도소에서 13년 동안 복역했는데, 2002년 마티아스 레이에스^{Matias Reyes} 라는 남성이 센트럴파크에서 벌어진 일이 자신

우리가 거짓말을 참을 수 없는 이유

의 범행임을 자백했다. 이후 레이에스의 자백은 DNA 증거를 통해 사실로 확인됐고 소년들의 유죄 판결은 무효화됐다.[1]

　　주임 검사인 린다 페어스타인은 이 유죄 판결에서 자신이 한 역할에 대해 사과하지 않았다. 오히려 2002년 〈뉴요커The New Yorker〉지와의 인터뷰에서 검찰의 사건 처리는 합당했으며, 판결이 취소되더라도 그 사실을 무고함의 증거로 받아들여서는 안 된다는 단호한 태도를 고수했다.[2] 또한 넷플릭스가 2019년 미니 시리즈 〈그들이 우리를 바라볼 때When They See Us〉에서 이 사건을 각색해 묘사하자, "이 모든 것은 사실이 아니다"라면서 그날 밤 공원에서 '센트럴파크 조거'라고 알려진 여성 트리샤 메일리Trisha Meili 만 피해를 본 게 아니었다고 덧붙였다. "그 밖에도 여덟 명이 공격을 당했고, 그 가운데 두 명은 심한 구타로 머리를 다쳐 입원했다. 레이에스의 자백 때문에 그런 공격을 한 다섯 명의 죄가 없어지지는 않는다. 그리고 1급 폭행, 강도, 폭동을 비롯한 기타 혐의에 대한 유죄 선고를 뒷받침할 증거는 충분했다."[3]

　　이 사건의 복잡한 본질 때문에 페어스타인과 그를 비판하는 측이 펼치는 주장의 타당성은 오랫동안 논란거리가 되었다.[4] 하지만 넷플릭스 미니 시리즈는 극도로 민감한 시점에 공감을 불러일으킬 만한 해석을 제시했고, 이로써 대중의 분노는 완전히 새로운 국면에 다다랐다. 사건을 둘러싼 복잡한 인종 정치에 그야말로 수류탄을 던진 격이었다. 이 프로그램은 기득권인 백인들이 흑인과 히스패닉계 소년들을 폭력적인 범죄자로 바라봤기 때문에 유죄 판결이 내려졌다고 주장하면서 페어스타인을 편협하고 비윤리적인 악당으로 묘사했다.

이 시리즈로 인해 페어스타인은 엄청난 비난을 받기 시작했다.[5] 온라인 청원과 해시태그 #CancelLindaFairstein을 통해 페어스타인이 쓴 책을 불매하는 움직임이 일어났고, 여러 단체의 이사직에서 물러나라는 요구가 빗발쳤다. 페어스타인은 출판사에서 퇴출당했을 뿐만 아니라[6] 비난의 집중포화를 받은 후로 SNS 계정까지 내려야만 했다. 구속, 심문, 기소에 참여한 사람은 여럿이었지만 반발은 대부분 페어스타인에게 집중됐다. 2012년 영화 〈센트럴파크 파이브The Central Park Five〉에서 이 사건을 나름의 시각으로 해석한 유명 다큐멘터리 제작자 켄 번스Ken Burns의 말처럼 "페어스타인을 향한 분노는 (…) 페어스타인이 경찰과 검찰의 행동을 여러 차례 옹호해왔다는 점에서 어느 정도 이해할 만하다."[7]

페어스타인도 가만히 있지는 않았다. 이 프로그램이 허위 주장을 펼쳤다며 넷플릭스와 해당 시리즈의 감독 에이바 듀버네이Ava DuVernay, 작가 겸 제작자 애티카 로크Attica Locke를 상대로 명예훼손 소송을 제기했다. 미 지방법원은 2021년 8월 9일 판결에서 소송 진행을 허용했으나[8] 이 글을 쓰고 있는 현재까지 아직 결론이 나지 않은 상태다. 그러나 인터넷 매체 복스Vox의 저널리스트 알리사 윌킨슨Alissa Wilkinson과 같은 사람들은 이러한 반발을 보고 의문을 제기했다. "페어스타인이 억울한 유죄 판결에 대해 사과하고 무죄 판명 이후 몇 년 동안 제도 변화를 위해 힘쓰는 옹호자가 됐다면 과연 여론의 반응이 달라졌을까?"[9]

돌체앤가바나가
중국에서 퇴출된 이유

3장의 연구 결과를 바탕으로 짐작해보건대 그렇지 않다. 페어스타인의 인종차별 의혹을 믿은 사람들뿐만 아니라, 이 사건에 관여한 다른 사람들도 페어스타인이 사과하기를 줄곧 바랐기 때문에, 나도 이런 답변을 내놓기가 썩 유쾌하지는 않다. 사실 이 같은 도덕성 기반의 신뢰 위반을 저질렀다면 진심 어린 사과를 하는 것이 매우 중요하다는 게 많은 사람의 생각일 것이다. 하지만 오마 폭탄 테러 사건 이후 사과한 리얼 IRA에게 대중이 보인 반응과 이 이슈에 관한 과학적 연구 결과를 고려할 때, 잘못을 저지른 사람이 사과를 해도 대중은 오히려 그 사람을 더 미워하는 경향이 있다. 그러다 보니 위반자는 결국 사과를 단념하고 만다.

2018년 중국 본토에서 일으킨 논란에 사과를 시도한 패션 기업 돌체앤가바나D&G의 사례를 생각해보자. 당시 이 회사는 상하이 패션쇼를 앞두고 일련의 홍보 영상을 게시했는데, 이 시리즈가 인종차별적이고 중국 문화를 무시한다는 비난이 일었다. 영상에서는 중국 전통 음악이 흘러나오는 식당에서 한 중국인 모델이 젓가락으로 피자, 카놀리, 파스타를 먹느라 힘들어하자, 중국어를 쓰는 해설자가 생색내듯이 이탈리아 요리 먹는 법을 가르쳐주는 장면이 연출됐다. 불난 집에 기름을 부은 것은 브랜드의 공동 창립자 겸 디자이너인 스테파노 가바나Stefano Gabbana의 인스타그램 개인 메시지가 공개되면서부터였다. **이 메시지에는 중국과 중국인들을 경멸하는 발언이 담겨 있었다.** 중국은 "똥 같은 나라"라고 하며 배설물 이모티콘을 여러 개 덧붙였고, "무식하고 더럽고 냄새나는 마피아"라는 표현도 서슴지 않았다.[10]

여파는 즉각적이었다. 중국의 SNS 웨이보에서는 이 브랜드에 대한 언급이 무려 2,512퍼센트나 치솟았고, 많은 소셜미디어 사용자가 돌체앤가바나 제품을 폐기하는 영상을 찍어서 올렸다. 상하이 패션쇼는 결국 취소됐다. 알리바바의 티몰과 JD.com을 포함한 중국의 거의 모든 전자상거래 플랫폼에서 돌체앤가바나 제품이 퇴출당했다. 또한 중국인 모델과 연예인들은 일제히 돌체앤가바나와의 계약을 종료했고, 한 유명 여배우는 두 번 다시 이 브랜드를 사지도 입지도 않겠다고 선언했다.

반발을 잠재우려고 가바나와 공동 창립자 도메니코 돌체Do-menico Dolce는 소셜미디어에 1분 30초짜리 사과 영상을 게시했다. 두 사람은 테이블을 앞에 두고 나란히 앉아 카메라를 똑바로 응시하면서 이렇게 말했다. "지난 며칠간 저희는 깊이 반성했고 경솔한 언행으로 중국에 큰 심려를 끼친 것을 매우 슬프게 생각합니다. 대단히 죄송합니다." 그들은 자신들이 전 세계의 문화를 존중하고 특히 중국에 애정을 느낀다는 사실을 강조하면서 이렇게 마무리했다. "이 경험이 준 교훈을 절대 잊지 않고 다시는 이런 일이 없도록 하겠습니다. 아니, 더 잘할 수 있도록 노력하겠습니다. 모든 면에서 중국 문화를 존중하기 위해 최선을 다하겠습니다. 진심으로 용서를 구합니다. 죄송합니다."[11]

문장만 보면 그리 나쁘지 않은 사과였다. 3장에서 설명한 사과의 구성 요소에 관한 연구 결과의 관점에서 보면, 이 영상은 사람들이 바라는 사과의 구성 요소를 암묵적으로든 명시적으로든 대부분 담고 있었다. 하지만 돌체앤가바나의 사과는 중국 대중의 여론을 전혀 돌려놓지 못했다.[12] 베이징과 상하이에 있는 돌체앤가바나 매장을 찾는 발길이 뚝 끊겼다. 중국 주요 전자상거래 채널에서의 브랜드 매출도 완전히 얼어붙었다. 스캔들 이후 거의 3년이 지난 2021년 6월에도 여전히 중국 소비자들은 그 사건을 용서하지도 잊지도 않았다. 홍콩의 대중가수 카렌 목^{Karen Mok(막문위)}이 그해 여름 신곡 'A Woman for All Seasons'의 뮤직비디오에서 돌체앤가바나 의상을 입어 소셜미디어에서 뭇매를 맞은 것으로 이 사실을 확인할 수 있다. 저널리스트 메건 힐스^{Megan Hills}가 CNN 에 보도한 바에 따르면, 많은 사람이 그런 선택으로 중국을 모욕한 카렌 목을 비난했으며, 그중에는 "돈을 벌려고 본토에 온 위선자"라고 부르는 사람도 있었다.[13]

이런 반응을 보면 사람들이 이 스캔들을 다룬 방식에 얼마나 진심으로 불만을 느끼는지 알 수 있다. 물론 중국 대중은 그런 정서를 표현할 권리가 있다. 하지만 점점 더 늘어나는 과학적 증거에 따르면 이러한 반응은 잘못을 저지른 사람이 더 미움을 살 만한 방식으로 문제를 해결하게 종용할 뿐이다. 3장의 면접 실험을 다시 떠올려보자. 우리는 도덕성 기반의 위반을 저지른 사람이 사과하길 바라지만 실제로 혐의를 부인하지 않고 사과하면 그 사람을 덜 호의적으로 평가한다는 사실을 확인했었다. 이 결과가 암시하는 바는 **우리가 잘못을 저지르고 사과한 사람을 처벌하기를 원하면서도 자신도 모르게 범죄 사실을 부인하도록 부추긴다는 것이다.**

페이스북은
왜 사과하지 않을까

2021년 8월, 마크 저커버그[Mark Zuckerberg]가 승인한 코드명 '프로젝트 앰플리파이[Project Amplify]'라는 페이스북 정책이 있다. 이 정책과 함께 페이스북은 그간의 전략을 180도 전환했다. 오랫동안 페이스북은 자사 플랫폼에서 프라이버시 침해, 허위 정보, 혐오 발언과 관련된 위기가 발생할 때마다 공식적인 사과로 대응해왔다. 2018년, 저커버그는 회사가 약 5,000만 명의 개인정보를 추출해 2016년 트럼프 대선 운동을 지원하는 데이터 기업이 이를 악용하도록 허용한 일에 대해 직접 나서서 사과했다.[14] 그러나 그의 사과는 인종차별 발언 묵인이나 백신 허위 정보 등 여러 이슈와 관련해 이 회사를 비판하는 목소리를 잠재우거나 페이스북을 지지하는 사람들을 결집시키는 데에 전혀 도움이 되지 않았다.

그래서 페이스북은 좀 더 공격적인 태세로 방침을 전환했다. 2021년 1월, 커뮤니케이션팀은 경영진이 전보다 유화적이지 않은 태도로 위기 대응에 나설 방법을 논의했고, 앞으로는 사과를 덜 하기로 했다.[15] 그해 7월, 페이스북이 코로나19에 관한 잘못된 정보를 퍼뜨려 "사람들을 죽이고" 있다는 바이든 대통령의 발언에, 페이스북의 플랫폼 완전성 부문 부사장 가이 로즌[Guy Rosen]은

블로그 게시물에서 그 표현에 이의를 제기하는 한편, 백악관이 자체적으로 세운 코로나19 백신 접종 목표를 달성하지 못한 사실을 지적했다. 페이스북은 또한 학계와 언론계에서 소셜네트워크의 작동 방식을 조사할 때 필요한 회사 데이터에 대한 접근을 제한해 투명성을 낮췄다. 2021년 9월, 〈월스트리트저널〉이 유출된 페이스북 내부 문건을 바탕으로 탐사 보도에 나섰을 때도 페이스북은 또다시 공격적인 새 전략을 사용했다. 이 문건에 따르면 페이스북 내부 연구원들은 자사의 또 다른 SNS인 인스타그램이 십 대 소녀의 자아상과 정신건강을 해치고, 그 플랫폼이 개발도상국에서 인신매매, 마약 거래, 인종 폭력 조장에 활용된다는 사실을 인지했던 것으로 드러났다.[16] 이에 페이스북의 글로벌 이슈 및 커뮤니케이션 부문 부사장 닉 클레그Nick Clegg는 블로그에 〈월스트리트저널〉의 탐사 전제를 비난하면서 페이스북 경영진이 이 문제에 대한 경고를 거듭 무시했다는 생각은 "완전히 말도 안 된다"는 게시물을 작성했다.[17]

나는 페이스북의 새로운 전략을 관대히 보아 넘길 사람이 얼마나 될지 의심스럽다. 페이스북이 수익 추구와 공공복지 사이에서 빚어지는 여러 갈등을 관리하기 위해 사용하는 접근법에 대한 우려의 목소리가 커졌고, PR 전략을 근본적으로 수정하면서 이 회사가 이런 문제 해결을 위해 더 열심히 노력하리라는 확신은 줄어들었다. 하지만 사과에서 부인으로 전환하기로 한 결정 자체는 놀랍지 않다. 좋은 싫든 예전의 유화적인 접근법이 회사의 공적 지위를 높이는 데에 전혀 도움이 되지 않아서 나온 자연스러운 반응이기 때문이다. **이 새로운 전략이 근시안적으로 보일지 몰라도, 핵심을 파고들면 이 회사는 단지 피드백에 반응해 다른 방법을 시도해보고 있을 뿐이다.**

물론 부인이 실제로 더 나은 선택일 때가 있다. 과학 기자 벤 캐리^{Ben Carey}가 〈뉴욕타임스〉 기사에서 이야기했듯이,[18] 암 진단처럼 감당하기 힘든 소식을 들었을 때 부인은 방어 장치 역할을 한다. 이뿐만 아니라 슬픔과 트라우마를 관리하는 데에도 도움을 준다는 것이 오늘날 많은 심리학자의 공통된 의견이다. 우리는 일단 사실을 부인하며 감정에 압도당하지 않도록 자신을 보호하고, 정신이 무의식중에 괴로운 정보를 처리할 기회를 주어 심리적 혼란에 빠지지 않을 수 있다.

때때로 다양한 형태의 부인은 좀 더 지속적인 혜택을 안겨주기도 한다. 벤 캐리는 심리학자 마이클 맥컬러프^{Michael McCullough}의 말을 인용해 이렇게 설명했다. "우리는 정말로 도덕적인 사람이 되고 싶어 하지만, 실상은 개인적인 이익을 위해 지름길을 택하기도 하고, 현실 부정이 주는 여유에 기대어 그럭저럭 삶을 살아가며, 속도위반 딱지를 간신히 모면하고, 같은 잘못을 저지른 사람들을 봐주기도 한다." 이것이 부인의 효과라면 2장에서 살펴본, 현실 부정과 합리화를 통해 파트너의 결점을 좀 더 긍정적인 용어로 표현하는 커플들이 그렇지 않은 커플들보다 만남을 계속 이어갈 가능성이 높고 관계에 더 만족하는 이유를 쉽게 이해할 수 있다.

거짓말이 더 깊은
배신감을 남긴다

사람들이 신뢰를 깨뜨린 이에게 더 바라고, 기대하며, 심지어 요구하는 것은 바로 사과다. 〈시카고트리뷴〉의 신디케이트 칼럼 '애스크 에이미Ask Amy'의 작가 에이미 디킨슨Amy Dickinson은 NPR의 닐 코넌Neal Conan이 진행한 인터뷰에서 이 사실을 언급했다. "아주 오래 전에 당한 모욕에 긴 세월이 지나고 나서 사과를 요구하거나 사과 받고 싶다고 전해달라는 사연이 얼마나 많은지 깜짝 놀라곤 합니다."[19] 심리치료사 베벌리 엥글Beverly Engel은 이 감정을 이렇게 설명했다. 사과는 "중요한 사회적 의례고, 부당한 일을 당한 사람에게 존중과 공감을 표현하는 한 가지 방법이다. (…) 우리가 상대방의 기분에 신경 쓰고 (…) 행동에 책임을 질 수 있음을 보여준다." 그리고 이러한 대응을 통해 사과를 받는 사람은 사과하는 사람이 더

우리가 거짓말을 참을 수 없는 이유

는 자신에게 위협적인 존재가 아니라고 느끼며, 나아가 자신의 기분과 인식을 인정받는다고 덧붙였다.[20]

우리가 바라는 것이 진정 사과라면 내 연구에서 나온 결과는 대단히 우려할 만하다. 사람들은 대개 도덕성 기반의 신뢰를 위반한 다음 사과하는 사람을 다시 신뢰하기 어렵다고 여긴다. 그리고 앞으로 그 사람과 어떠한 일도 함께 하지 않으려는 태도를 보인다. 그러나 이런 태도는 위반자에게 굳이 사과해봤자 아무 소용도 없다고 말해주는 것이나 다름없다. **우리는 이러한 반응을 보임으로써 상대방에게 지은 죄를 부인하는 편이 더 낫다는 숨은 메시지를 크고 또렷하게 보내는 셈이다.** 그런 의미에서 신뢰 위반에 대한 우리의 반응은 자멸을 불러올 수 있다.

잘못을 저지른 사람에게 주는 빌미는 거기서 끝나지 않는다. 앞서 이야기한 면접 실험으로 다시 돌아가보자. 지원자는 전 직장에서 세금 신고를 제대로 하지 못했다는 의혹을 받았고, 그 일에 대해 사과하거나 과실을 부인했다. 그런데 면접 후 믿을 만한 소식통으로부터 이 사람이 줄곧 거짓말을 했다는 명백한 증거가 들어왔다고 가정해보자. 이 경우, 지원자를 바라보는 관점은 어떻게 달라질까?

짐작건대 지원자가 그 일이 자기 과실임을 부인했다가 나중에 책임이 있는 것으로 드러난 경우, 그 사람을 신뢰할 마음이 들지 않을 것이다. 마찬가지로 지원자가 그 일을 사과했다가 나중에 잘못이 없는 것으로 드러난 경우, 그 사람의 신빙성에 금이 가고 어쩌면 그 사람의 현실 감각에 관해서도 의구심이 들어 지원자를 신뢰하고 싶은 마음이 줄어들 것이다. 따라서 부정직한 대응으로 신뢰를 회복하려고 애쓰다가 거짓말이 발각되면 신뢰가 더 훼손 될 것이라고 자연스럽게 예상할 수 있다.

우리 연구팀은 후속 실험으로 이 예상을 실험해보았다. 참가 자들에게 지원자의 신뢰도를 두 차례 평가해달라고 요청했다. 첫 번째는 앞서 언급한 회계 관련 의혹에 대해 사과하거나 부인한 직 후였고, 두 번째는 지원자에게 잘못이 없거나 잘못이 있다고 결론 지은 공식적인 조사 결과를 받은 직후였다.[21] 실험 결과는 예상대 로 후속 증거에 의해 지원자의 대응이 거짓으로 밝혀진 경우에 신 뢰도가 크게 떨어졌다.

하지만 우리는 이 실험에서 훨씬 더 미묘한 측면을 발견했다. 거짓 대응(부인) 후 사실로 반박하면 신뢰가 크게 손상될 순 있으 나, 처음부터 정직하게 대응(사과)한 경우보다 신뢰도가 더 떨어 지지는 않았다. 정리하자면, 지원자가 도덕성 기반의 위반을 부인 했다가 후속 증거에 따라 그 부인이 거짓말로 드러났을 때, 그 지 원자에 대한 신뢰도가 낮아지는 것은 확실했다. 하지만 지원자가 도덕성 기반의 위반에 대해 바로 사과한다고 해도 크게 달라지는 점은 없었다. **애초에 도덕성 기반의 위반을 저지르면 신뢰가 크게 손상되기 때문에, 처음부터 부인을 했든 인정하고 사과를 했든 더 떨어질 신뢰도가 없기 때문이다.**

이처럼 관찰자들, 즉 상황을 지켜보는 주변 사람들은 잘못을 저지른 사람에게 나쁜 빌미를 줄 수 있다. 만약 지원자가 의혹에 어떻게 대처해야 할지 물었을 때, 그 사람이 거짓말했으면 좋겠다고 대답할 사람은 없을 것이다. 동시에 지원자가 거짓말했다는 사실을 알게 되면, 우리는 그 사람에 대한 신뢰를 조금 거둬들임으로써 거짓말을 선호하지 않는다는 점을 어느 정도 내비친다. 하지만 거짓말 때문에 치러야 할 대가가 처음부터 정직하게 대처한 경우와 비교했을 때 그리 크지 않다면 지원자는 당연히 위험을 무릅쓰고 거짓말을 해보면 어떨까 생각할 것이다. 손해 볼 것이 없지 않은가?

이 상황은 2001년에 개봉한 범죄 영화 〈오션스 일레븐〉의 한 장면을 떠올리게 한다. 테스 오션(줄리아 로버츠^{Julia Roberts} 분)은 감옥에서 출소한 전 남편 대니 오션(조지 클루니^{George Clooney} 분)에게 "당신은 도둑에 거짓말쟁이잖아"라고 비난한다. 그 말에 대니는 "도둑이라는 사실을 속이기는 했지"라고 변명한다. 이 순간이 재미있는 이유는 대니의 답변이 일리 있기 때문이다. 이미 도둑으로 확정된 마당에 도둑이라는 사실을 속인 것이 무슨 대수겠는가?

거짓말이라는 잘못은 상대적으로 가볍게 느껴질 수 있고, 테스의 이중 비판은 어쩐지 옹졸해 보인다.

하지만 그게 옹졸한 걸까? 거짓말하는 사람들이 신경 쓰이지 않나? 당연히 신경 쓰인다. 파트너호프^{PartnerHope} 와 관계회복센터^{Center for Relational Recovery} 의 창립자 미셸 메이스^{Michelle Mays} 는 파트너의 간통을 경험한 부부나 연인 사이에서는 거짓말 자체가 그 거짓말을 하게 된 원인인 간통 행위 못지않게 고통을 준다고 이야기한다. "성관계는 신뢰를 크게 깨뜨리는 행동이지만 거짓말은 그보다 깊은 배신처럼 느껴진다. 파트너가 거짓말을 하면 현실이 무엇인지 알 수 없는 듯한 느낌이 생긴다. 그 사람이 하는 말이 사실이고, 진심이고, 확실한지 믿을 수가 없어진다."[22]

물론 현실을 부정하거나 잘못을 부인하면 도움이 되는 경우가 있듯이, 우리가 거짓말을 항상 나쁘게 여기는 것은 아니다. 일례로, 조직심리학자 엠마 러빈^{Emma Levine} 과 모리스 슈와이처^{Maurice Schweitzer} 는 실험에서 두 사람에게 '발신자' 또는 '수신자' 역할을 무작위로 할당해 컴퓨터 시뮬레이션 게임을 시켰다. 동전 던지기의 결과와 참가자들의 선택에 따라 금전적 보상이 주어지는 게임이었다. 게임은 발신자에게만 동전 던지기의 결과를 알려줬다. 이때 발신자는 수신자에게 동전 던지기의 결과를 거짓으로 알려주거나(이 경우 수신자에게 이익이 돌아가고 발신자가 손해를 봄) 정직하게 알려줄 수 있었다(이 경우 발신자에게 이익이 돌아가고 수신자가 손해를 봄). 게임이 끝난 후 수신자들은 어떤 발신자를 더 믿을 만하다고 판단했을까? 수신자들은 진실을 말한 발신자보다 줄곧 거짓말을 해 자신들에게 이익을 준 발신자를 더 믿을 만하고 도덕적이라고 판단했다.[23]

하지만 이렇게 명확하고 친사회적 목표가 없는 상태에서의 거짓말은 대체로 해로운 행동으로 여겨진다. 거짓말을 하려면 진실을 꾸며내기 위한 의도적 선택이 필요하다. 이는 대다수의 사람이 중요하다고 생각하는 정직의 원칙에 어긋나는 의도적 결정이다. 따라서 거기에 맞먹을 정도로 중요한 상계 원칙(예: 남을 돕기 위함)이 없으면 거짓말은 명백한 도덕성 기반의 위반이며, 대개 신뢰를 깨뜨린다.

하지만 내가 실험을 통해 얻은 증거에 의하면 우리는 거짓말 하는 위반자들을 신경 쓰는 만큼 그 거짓말을 단념시키려고 별다른 노력을 들이지는 않는다. 도덕성 기반의 위반을 거짓으로 부정하고 나서 거짓말이었음이 밝혀지든, 처음부터 죄를 인정하고 그 잘못을 사과하든 결과가 똑같다면 당사자로서는 거짓말을 하지 말아야 할 객관적인 이유가 없다. 특히 거짓말이 발각되지 않을 가능성이 있다면 위반자들은 우리의 반응을 살펴가며 거짓말할 빌미를 얻게 된다.

우리가 잘못을 저지른 사람에게 주는 빌미는 거기서 끝이 아니다. 저지른 잘못이 너무 명백해서 딱 잡아뗄 수 없는 상황이라면 어떨까? 그 사람은 일어난 일에 대해 전적인 책임을 지든, 핑계를 만들어 일부 책임을 다른 곳에 전가하든 두 가지 방법 중 하나를 선택할 수 있다. 예를 들면, 동료들의 시선이나 상사의 명령을 비롯해 여러 다른 요인 때문에 그런 일이 일어났다고 주장할 수 있다.

이 경우, 통념에 따르면 (타이레놀 알약 훼손 사건에서 얻을 수 있는 교훈과 일맥상통하게) 변명보다 일어난 일을 전적으로 책임지는 것이 가장 좋다. 책임을 전적으로 받아들이는 것은 위반자가 잘못을 인지하고 수정할 의지가 있다는 더 강력한 신호를 보내는 방법이기 때문이다. 하지만 이는 동전의 한 면만 고려한 논리이기도 하다. 잘못에 관한 정보에 다른 사람들이 어떻게 반응할지는 고려하지 않았기 때문이다.

의심도
믿어야 생긴다

우리 연구팀은 또 다른 버전의 면접 실험을 수행했다. 잘못을 고발당한 지원자가 책임을 전적으로 받아들이거나, 일부 책임을 외부 요인으로 돌릴 때 어떤 반응이 나오는지 살펴보고자 한 것이다.[24] 이번에도 위반은 역량 문제(관련 세법에 대한 지식이 부족해 세금 신고를 잘못함) 혹은 도덕성 문제(중요한 고객을 만족시키려고 일부러 부정확하게 세금을 신고함)와 관련이 있었다. 하지만 이번에 지원자는 두 경우에 대해 모두 사과했고 다시는 그런 일이 없을 것이라고 약속했다. 유일한 차이점은 사과 외에 지원자가 일어난 일을 전적으로 책임지느냐와 일부만 책임지느냐였다. 후자의 경우, 지원자는 나머지 책임을 전 직장의 고위 관리자들 탓으로 돌렸다(예: 역량과 관련된 위반인지 도덕성과 관련된 위반인지에 따라 각각 세법 적용과 관련해 잘못된 조언을 받았거나 세금 신고서의 일부 숫자를 허위 신고하라는 압박을 받았다고 진술함).

당신이 면접관 입장에 서서 이 대응을 평가한다고 생각해보자. 어느 쪽이 더 마음에 드는가? 보통 사람들은 일어난 위반의 유형을 불문하고, 잘못을 저지른 지원자가 핑계를 대는 쪽보다 전적인 책임을 지는 쪽에 훨씬 더 마음이 끌릴 것이다. **하지만 실험 결과에 따르면 전적으로 책임을 지는 것은 역량 기반의 위반에서 신뢰 회복에 도움이 되지만, 도덕성 기반의 위반에서는 별로 도움이 되지 않는 것으로 드러났다.** 도덕성 기반의 위반으로 신뢰가 워낙 크게 떨어진 상황에서는 뭐라도 핑계를 대는 지원자가 더 호의적

신뢰의 과학

인 평가를 받았다(세금 신고서의 일부 숫자를 허위 신고하라는 상사들의 압박을 받았다고 진술한 경우).

여기서 아이러니한 점은 3장에서도 이야기했듯이 사람들은 도덕성이 높은 사람은 어떠한 상황에서든 도덕적으로 행동할 것이라고 직관적으로 믿는다는 점이다. 그래서 도덕성 기반의 위반이 자신의 부족함이 아닌 외부 요인으로 일어났다는 주장을 걸러 듣는 경향이 있다. 그래도 증거가 보여주듯이 도덕성 기반의 위반은 신뢰에 너무 큰 타격을 주므로 어떠한 핑계라도, 설령 관찰자들이 의문을 제기할 만한 핑계라도 도움이 될 수 있다. 사람들은 위반자가 책임을 남에게 전가하지 않고 일어난 일을 전적으로 책임지기를 바란다. 하지만 우리가 보여주는 반응은 그러한 바람과 완전히 반대되는 행동을 부추기고 있음을 알 수 있다.

이 부분과 관련해 주목할 만한 사실은 미국의 사법 시스템이 이러한 문제를 상쇄하기 위한 관례를 시행해왔다는 점이다. 범죄로 기소된 피고인은 죄를 인정할 경우 좀 더 관대한 형을 받는다. 마찬가지로 가석방은 변명을 늘어놓는 사람보다 잘못을 전적으로 책임지는 사람에게 내려질 가능성이 크다. 6장에서 자세히 다루겠지만 이런 법적 관행도 분명 나름의 문제점이 있다. 대표적인 예로 이번 장 초반에 소개한 센트럴파크에서 여성을 폭행하고 강간한 혐의를 받은 다섯 명의 소년처럼 허위 고발을 당한 사람에게는 이 관례가 전혀 도움이 되지 않는다. 하지만 이런 법적 관행을 참고하면 우리가 일상에서 유사한 상황에 대처할 때 발생하는 문제를 일부나마 상쇄할 수 있다.

문제는 대부분의 신뢰 판단이 법적 시스템을 통해 이루어지지 않는다는 데에 있다. 또한 법의 판단은 우리의 심정적 판단과 다를 수 있다. 예를 들어, 진술거부권*에 대해 생각해보자. 이 권리가 워낙 널리 알려져 있기도 하고 고발당한 사람이 혐의에 당장 대응하지 말아야 할 여러 가지 정당한 이유가 있을 수 있지만, 공동 연구자들과 내가 수행한 실험에서는 즉각 대응하지 않는 것이 최악의 대응이라는 사실이 드러났다.[25] 특히 신뢰를 회복하고자 하는 사람이 무대응으로 일관하는 것은 도덕성 기반의 위반을 저지르고 사과하거나, 역량 기반의 위반을 저지르고 책임을 부인하는 경우만큼이나 해로웠다. 요컨대 침묵을 지키는 것은 법적 상황에서 자신을 보호하는 좋은 방법일 수는 있으나, 실제로 죄가 있든 없든 신뢰하기 힘든 사람으로 비춰질 위험이 있다.

그 이유는 바로 사람들이 판단을 내리는 방식에 또 한 가지 결함이 있기 때문이다. 우리는 어떤 판단을 내릴 때 구할 수 있는 모든 정보의 장단점을 주의 깊게 견주어보고 결론에 도달한다고

● 자신에게 불리한 증언을 거부할 권리를 말한다.

생각한다. 하지만 실제 판단 과정은 그런 식으로 이뤄지지 않는다. 침묵의 효과에 관해 공동 연구자들과 내가 수행한 연구 결과에 의하면 사람들은 정보를 체계적인 방식으로 평가한 후 결론에 도달하는 게 아니라 훨씬 더 성급하게 판단한다. 즉, 처음에 고려한 정보를 바탕으로 즉시 결론을 내린 다음, 좀 더 생각해볼 기회와 의향이 있을 때만 그 결론을 수정하는 것으로 나타났다.

다시 말해, 우리는 일단 '믿고' 나서 '의심'한다. 처음의 믿음이 틀릴 수도 있는 이유를 찬찬히 살펴볼 시간, 정보, 동기가 충분할 때처럼 특수한 상황에서만 의심이 일어난다는 것이다. 사소한 결정을 내릴 때나 시간이 촉박할 때는 이 방법이 합리적일 수 있다. 예를 들어, 오늘 레스토랑에 들어온 굴이 별로 신선하지 않다는 종업원의 말을 듣고 다른 메뉴를 주문한다고 해도 이는 큰 손해가 아니다. 오히려 굴을 직접 먹어봄으로써 그 말을 검증하려든다면 위험만 커질 뿐이다. 하지만 평가 대상이 의심스러운 해산물이 아니라 인간이고, 잘못에 대한 의혹이 제기된 후 그 사람을 평가할 때 이런 접근법을 쓴다면 심각한 문제가 생길 수 있다.

그런 상황에서 우리가 제일 먼저 고려하는 정보는 이 사람이 신뢰 위반으로 고발당했다는 사실이다. 게다가 우리는 무엇이든 일단 믿는 경향이 있다. 따라서 그 믿음 앞에서 혐의자가 어떻게 처신하느냐가 중요하다. 한 가지 방법은 사과를 통해 잘못이 빚어진 근본 원인을 바로잡겠다는 신호를 보내는 것이다. 이런 종류의 보완적 신호는 역량과 관련된 문제에 확실히 도움이 된다. 또 한 가지 방법은 사실을 전면 부인함으로써 혐의자가 믿을 수 없는 사람이라는 인식과, 그에 따른 속죄가 필요하다는 인식에 정면으로 반박하는 것이다. 이것은 도덕성 관련 위반을 해결하는 데에 도움이 된다(특히 실제로 잘못이 없는 경우).

이에 반해 **무대응은 최악의 결과를 불러온다.** 그것은 속죄를 약속하는 행위도 혐의를 반박하는 행위도 아니다. 의혹으로 불거진 '믿을 수 없는 사람'이라는 초기 전제를 다시 생각해볼 만한 아무런 근거가 없기에, 우리는 의혹이 사실이라고 계속 믿을 수밖에 없다. 혐의자는 특히 해명에 도움이 될 만한 증거가 없을 때 단기적으로 난감한 처지에 놓이게 된다. 진술거부권이라는 법적 권리를 행사해 침묵을 유지하든지, 고발 내용에 근거해 신뢰할 가치가 없다고 기계적 추정을 내려버린 사람들을 상대하든지, 둘 중 하나를 택해야 하기 때문이다.

대기실의 갈색 엠앤엠즈 금지 조항

원하는 바를 너무 세세하게 규정하려고 애써도 문제가 생길 수 있다. 명시적인 세부 정보를 이용해 신뢰할 수 있는 사람과 신뢰해서는 안 될 사람을 가려내려고 했던 전설적인 사례 한 가지를 자세히 살펴보면 그 이유를 이해할 수 있다.

1970년대에 인기를 누린 록밴드 밴 헤일런 $^{Van Halen}$ 은 공연 섭외가 들어올 때마다 공연기획사 측에 특약 사항을 제시했다. 기획자가 책임지고 해결해야 할 사항들을 구체적으로 정리해서 전달했는데, 여기에는 음향과 조명 요구 사항, 무대 뒤 공간 구성 지침, 보안 요구 사항, 밴드와 스태프를 위한 식사 준비처럼 표준적인 조항이 포함됐다. 공연에 사용할 스피커의 정확한 무게와 같은 세부 사항은 대들보와 무대 바닥이 무게를 지탱할 수 있을지 미리 확인하려는 목적이니 중요했다. 하지만 밴드가 대기실 화장실에서 사용하고 싶은 특정 브랜드의 휴지처럼 시시콜콜한 세부 사항도 있었다. 이런 식으로 특약 사항이 너무 길어지자 꼼꼼하게 읽으려는 사람이 거의 없었다.

그래서 밴드는 테스트 삼아 특약의 기술 항목에 뜬금없이 이런 조항을 집어넣었다. "대기실에 갈색 엠앤엠즈 $^{M\&M's}$ 초콜릿을 놓지 말 것. 위반 시 공연 계약이 취소됨은 물론 전액 손해 보상의 책임을 져야 함." 이 추가 조항으로 밴드는 기획자가 계약서를 읽었는지 쉽게 판단할 수 있었다. 밴드의 리드 싱어 데이비드 리 로스David Lee Roth는 직접 쓴 책《크레이지 프롬 더 히트Crazy from the Heat》에서 이렇게 회고했다.[26] "대기실에서 간식 그릇에 담긴 갈색 엠앤엠즈를 한 알이라도 발견하면 (…) 무조건 문제가 생긴다는 걸 알 수 있었다. 이는 전체 공연을 망치는 요인이 될 수 있었고, 그야말로 목숨까지 위협하는 문제였다." 이어서 그는 콜로라도주 푸에블로에서 갈색 엠앤엠즈를 몇 개 발견하고는 대기실을 난장판으로 만든 사건을 언급했다. "뷔페 음식을 버리고, 문을 발로 차서 구멍을 내고, 1,200달러를 신나게 날렸다." 그는 기획사 측이 특약의 중량 요건을 살펴보지 않은 바람에 연출용 무대 장치가 새로 깐 바닥을 뚫고 가라앉아 8만 달러의 피해를 냈다고 설명했다.

밴 헤일런이 '갈색 엠앤엠즈 금지' 계약 조항을 넣은 것은 지금껏 기막힌 한 수로 그려졌다.[27] 대기실 간식 그릇에 갈색 엠앤엠즈가 보이면 전체 공연 연출에 대한 철저한 점검이 시작됐고, 그러면 '무조건' 기술적 착오가 드러났다는 로스의 주장을 의심할 이유는 없어 보인다. 이 유별난 갈색 엠앤엠즈 금지 조항은 그 조항이 이행되지 않았을 경우, 그의 밴드가 무대 뒤에서 일으킨 소란과 더불어 밴 헤일런이 가진 악동 이미지에 일조했고 덕분에 밴드는 약간의 공짜 홍보 효과를 누리지 않았을까 싶다.

나는 이 이야기를 듣고 몇 가지 껄끄러운 의문점이 생겼다. 로스의 말대로라면 이 밴드의 공연은 역대 최대 규모였고 "공연 장소가 너무 낡았거나 밴드의 정교한 무대를 꾸미기에 적절한 준비가 되어 있지 않은" 경우가 많았다.[28] 그래서 "대들보가 무게를 지탱할 수 없다든지, 바닥이 꺼진다든지, 문이 너무 작아서 장비가 통과할 수 없다든지 하는 기술적 착오가 너무나 많이 발생했다." 그렇다면 밴 헤일런은 몰래 끼워넣은 이 조항으로 모든 기술적 문제를 가려낼 수 있었을까? 갈색 엠앤엠즈가 보이지 않는다면 기술적 문제가 없을 것이라고 안심해도 괜찮았을까?

로스는 그럴 가능성을 언급하지 않았고, 간식 그릇에 담긴 갈색 엠앤엠즈가 보이면 '무조건' 기술적 착오가 나왔다고만 말했을 뿐이다. 하지만 복잡한 연출 때문에 모든 공연장에서 기술적 착오가 발생할 가능성이 크고, 갈색 엠앤엠즈가 없는 상태에서도 밴드가 그러한 문제를 찾아 일일이 점검하지 않는 이상, '갈색 엠앤엠즈 금지' 조항을 이용한 시험이 얼마나 유효한지 분명치 않다. 우리는 콜로라도주 푸에블로에서 연출용 무대 장치가 무대 바닥을 뚫고 내려앉았다는 생생한 일화 하나로 그 조항의 가치를 정당화하려고 한다. 갈색 엠앤엠즈가 있을 때 이런 일이 훨씬 더 자주 일어났다는 인상을 주기 때문이다. 하지만 우리에게는 그게 정말인

우리가 거짓말을 참을 수 없는 이유

지 확인할 수 있는 데이터가 없다. '갈색 엠앤엠즈 금지' 조항을 지켰을 때도 그런 사고는 일어날 가능성이 있을뿐더러, 밴드의 표본 조사 방법은 내재적으로 편향되어 있다. 역시 로큰롤을 잘한다고 해서 사회과학자가 될 수 있는 것은 아니다.

밴 헤일런의 결론이 어째서 오류일 수 있는지 설명하기 위해, 낡은 공연장과 이 까다롭기 그지없는 록밴드의 요구 사항 때문에 쩔쩔매는 공연 기획자의 입장이 되어보자. 당신은 행사에 앞서 밴드로부터 극도로 긴 특약 사항을 받았다. 로스 본인도 인정했듯이 감당하기 힘들 만큼 지루하고 읽기 어려운 계약서였다. **모든 계약 조건을 살펴볼 시간, 자원, 정신 에너지가 제한되어 있다면 당신은 무엇을 가장 우선순위로 삼겠는가?**

어떤 사람들은 대기실 간식 그릇에 '갈색 엠앤엠즈 금지'처럼 어처구니없어 보이는 요구 사항 대신 로스가 일화에서 강조한 안전 문제처럼 정말 중요한 부분에 초점을 맞추려 할 것이다. 하지만 어떤 사람들은 가장 쉽게 해결할 수 있고, 가장 쉽게 눈에 띄며, "위반 시 공연 계약이 취소됨은 물론 전액 손해 보상의 책임을 져야 함"처럼 매우 심각한 위협이 뒤따르는 계약 조건을 우선순위로 선택해, 대기실 간식 그릇에 갈색 엠앤엠즈를 놓지 않도록 특별히 신경 쓸 것이다. 적재량을 측정하려면 특수 장비가 필요한 데다가 그간의 여러 다른 공연 때와 마찬가지로 이번 공연도 무난히 버텨

줄 듯한 바닥과 대들보를 개조하느라 비용과 시간을 들이느니 그게 더 낫기 때문이다.

어떤 경우든 '갈색 엠앤엠즈 금지' 시험는 잘못된 결론으로 이어질 것이다. 갈색 엠앤엠즈가 보이면 위험하다고 잘못 생각하거나, 갈색 엠앤엠즈가 보이지 않으면 안전하다고 잘못 생각할 수 있다. 사실 이 시험 결과가 유효하다고 말할 수 있는 유일한 경우는 기획자가 밴 헤일런의 긴 특약 사항에 상세히 나열된 무수한 조항을 어떻게든 모두 해결했을 때뿐이다. 이론적으로는 가능하지만 흔히 있는 일은 아니다. 밴 헤일런이 계약서에 '꼬투리 잡기식' 조항을 몰래 집어넣은 결과, 일 처리 과정에서 오해와 불신이 더 조장됐을 가능성이 크다.

우선순위의
중요성

건설업자와 하도급자에게 주택을 짓는 과제를 맡겼던 3장의 계약서 연구를 기억하는가? 우리는 이 연구의 후속 실험을 통해 어떻게 그런 오해가 일어나는지 통찰을 얻을 수 있었다.[29] 후속 실험의 목표는 계약서가 더 복잡할 때에도 문서화된 기대치 위반(법조문 위반)이 문서화되지 않은 기대치 위반(법 정신 위반)보다 여전히 더 고의적이라고 여겨지는지 궁금증을 해결하는 것이었다. 이런 궁금증이 생긴 배경은 계약서가 더 복잡하고 계약 당사자들이 모든 세부 사항을 하나하나 챙기기 힘들어지면, 아무리 기대치가 명시적으로 문서화되어 있어도 놓치기 쉽다는 걸 다들 이해해주지 않을까 하는 생각 때문이었다. **그렇다면 계약서가 복잡해질수록 조문 위반이 더 의도적이라고 여기는 경향도 낮아야 한다.**

나는 사람들이 별장을 임대할 때 사용하는 단기 계약서를 여러 가지 버전으로 만들었다. 그리고 참가자들에게 임차인한테 집을 빌려준 집 주인 역할을 맡김으로써 이 가능성을 시험해봤다. 참가자들에게는 직접 작성한 계약서를 임차인이 읽고 서명한 상태라고 알려주고, 계약서 사본을 하나씩 나눠줬다. 계약서는 상당히 길고 복잡하거나 짧고 간단했으며 참가자들이 직접 읽어볼 수 있었다. 복잡한 계약서는 3쪽 분량이었고 24개의 상세한 계약 조건이 포함되어 있었다. 간단한 계약서는 달랑 1쪽 분량이었고 복잡한 버전에 포함된 조건 중 6개만 기재되어 있었다. 또한 계약서의 복잡도와 상관없이 각 계약서에는 이런 조건이 포함됐다. "최대 수용 인원은 8명이다. 그 이상의 인원은 숙박이 허용되지 않는다. 해당 공간의 인원수 통제는 전적으로 임차인의 책임이다." 이 항목은 연구에서 규정해놓은 계약 위반의 기준이 되었다.

연구팀은 계약서를 읽은 참가자들에게 다음과 같이 알려주었다. "그런데 당신은 임차인이 별장에 머무는 동안 낮에 약 30명을 불러 큰 파티를 열었다는 사실을 알게 되었다. 그 결과 변기 두 개가 막혔고, 장미 나무 한 그루가 짓밟혔고, 대문이 부서졌고, 소음 민원까지 받았으며, 복구에 시간과 돈이 들었다." 이어서 조문 위반 조건에서는 "계약서에는 최대 수용 인원이 8명이라고 명시되어 있지만 임차인은 30명이 넘는 인원을 집으로 불러 계약 조건을 위반했다"라고 참가자들에게 말해줬다. 하지만 정신 위반 조건에서는 "최대 수용 인원이 8명이라고 한 조건이 낮 동안 방문객에 적용된다고 명시적으로 서술되어 있지는 않다. 하지만 임차인은 30명이 넘는 인원을 집으로 불러들임으로써 계약 조건의 취지를 위반했다"라고 참가자들에게 이야기해줬다. 그리고 임차인이 떠난 다음 날 "정말 죄송합니다. 이 일은 제 잘못입니다. 제가 할 수 있는 일이 있다면 알려주십시오"라는 내용의 이메일을 보내왔다고 참가자들에게 알려줬다. 이와 같은 정보를 알려준 후, 참가자들에게 사건의 고의성, 임차인의 신뢰도, 법적 조치를 통해 임차인을 처벌할 의향을 평가해달라고 요청했다.

계약서의 복잡도가 이 평가에 어떤 영향을 끼쳤을까? 당신이 보통 사람들과 비슷하다면 계약서가 복잡해질 경우 명시적으로 문서화된 기대치(법조문)를 위반하더라도 어느 정도 양해할 수 있다고 생각할 것이다. 과제의 복잡도가 높아지면 세부 사항을 놓치기가 얼마나 쉬운지 알기 때문이다. 하지만 실제로는 그렇지 않았다. 계약서의 복잡도는 신뢰 위반이 얼마나 의도적으로 인지되는지에 눈에 띄는 영향을 주지 않았다. 즉, 사람들은 여전히 정신 위반보다 조문 위반을 더 의도적이라고 대체로 간주했으며, 문서화되지 않은 조건보다 문서화된 조건과 관련된 위반이 발생했을 때 사과하는 임차인을 처벌할 의향이 더 높았다.

이 실험 결과는 밴 헤일런의 '갈색 엠앤엠즈 금지' 조항처럼 복잡한 계약서에 은밀한 덫을 추가하는 방법으로 신뢰할 수 있는 사람과 신뢰해서는 안 될 사람을 가려내려는 사람에게 심각한 위험 신호를 보낸다. 그런 숨은 조항을 추가해 계약서를 더 복잡하게 만들 경우, 상대방이 놓치고 넘어갈 가능성이 상당히 크다. 아무리 성실한 사람이라도 계약서가 복잡해질수록 모든 문제를 해결하기는 어려워진다. 하지만 이 실험 결과를 보면 숨겨진 조항이 해결되지 않았을 때 계약서의 복잡도로 인해 일어난 실수임을 간과하고 위반자만 탓하게 된다는 사실을 알 수 있다. 따라서 이 숨은 조항 접근법으로 우리가 얻는 결과는 신뢰해야 할 상대방을 덜 신뢰하게 되는 것뿐이다.

자연스럽게 이런 궁금증이 떠오른다. 그렇다면 대안은 무엇일까? 밴 헤일런의 경우에는 답이 간단하다. 로스의 이야기에 따르면 밴드의 분명한 우선순위는 안전이었다(예를 들어, 무대 바닥과 대들보가 장비의 엄청난 무게를 지탱할 수 있는지 확인하는 것). 그렇다면 **그 우선순위를 계약서 상단에 잘 보이게 명시하는 것이 어떤가?** '갈색 엠앤엠즈 금지'나 대기실 화장실에 비치할 특정 브랜드의 휴지처럼 사소한 요구 사항 때문에 공연 기획자가 그 중대 사안을 해결하지 못하게 방해하는 대신, "위반 시 공연 계약이 취소됨은 물론 전액 손해 보상의 책임을 져야 함"이라는 조건을 내걸어 그토록 중요한 안전 문제를 어떻게 검증할지 자세히 설명하면 될 일이다. 명백한 우선순위가 충족됐는지 확인하려면 그 방법이 더 효과적이지 않겠는가?

밴 헤일런의 전략이 꼭 어리석다고 주장하려는 것이 아니다. 나는 이 밴드가 정기적으로 마주해야 했던 종류의 어려움을 겪은 적이 없다. 또한 이 공연 특약과 관련된 다른 특수한 상황들 때문에 이 밴드가 사용한 '갈색 엠앤엠즈 금지' 조항이 영리한 선택이었을 가능성도 있다. 하지만 나는 몇 차례 계약서를 작성해본 개인적인 경험을 바탕으로 이러한 우려를 제기하는 것이다. 계약 내용을 충실히 이행하기 위해 몇 쪽에 달하는 계약서의 법률 용어를 힘들게 읽고 나서 보면 정작 그 계약서를 제안한 사람은 나만큼 세부 사항을 진지하게 받아들이지 않는 경우가 많았다.

나는 어떤 것이든 계약 때마다 공통 조항으로 오래전에 삽입

우리가 거짓말을 참을 수 없는 이유

된 명시적 조건들을 발견했다. 그때마다 확인해보면 계약서를 내민 상대방은 그 조건을 못 보고 넘긴 상태였다. 결국 우리는 해당 항목을 무시하기로 합의했다. 가장 충격적인 사례는 오래전에 집을 사면서 입주자 규정을 받았을 때였다. 당혹스럽게도 그 규정에는 흑인과 동양인의 부동산 소유를 금지한 명시적 제약이 그대로 남아 있었다. 그 공동체에서는 그런 입주자 규정을 오늘날까지도 사용하고 있었으며, 다만 (적어도 내가 받은 사본에는) 누군가가 제약 사항을 펜으로 쓱쓱 지우고 손글씨로 이 문구가 '195×년 4월 4일에 삭제'됐다고 적어놓았을 뿐이었다(복사 상태가 좋지 않아 ×를 읽을 수 없었다).

공식적인 권한이 있는 사람이 펜으로 지우고 메모한 것인지도 불분명했다. 그 옆에는 사실 여부를 확인할 만한 직인이나 서명 혹은 머리글자조차 없었다. 이후에 나는 이 입주자 규정의 공식적인 수정 이력을 확인했지만, 변경 사항 가운데 인종 제한 항목의 삭제는 언급된 적이 없었다. 그러니까 그 공식 문서에 인종 제한 항목은 여전히 남아 있었으며, 이 공동체가 그 차별적 표현을 그냥 외면해버린 것이 틀림없었다. 아무리 명시적으로 문서화된 기대치조차도 계약 당사자들이 진정으로 원하는 취지를 담아내지 못한다는 교훈을 얻었다. 나만 해도 아무도 읽지 않는 문서의 케케묵고 효력도 없는 문구보다 이웃들이 보내준 환영의 마

신뢰의 과학

음과 다양성이 높아진 그 공동체의 실제 모습에 훨씬 더 신뢰가 갔다.

요컨대 문서의 양을 늘리면 도움이 될 것이라는 생각은 착각이다. 그것은 혼란을 더할 뿐만 아니라, 현재 상황과 아무 상관이 없는 과거 계약의 흔적, 조항의 의미와 문구에 관한 불필요한 토론, 모든 세부 사항을 관리해야 하는 어려움, 문서화된 기대치 위반 시 더 커지는 불신 등 다른 유형의 문제로 이어지는 경우가 많다. 따라서 자신을 보호한다는 명목으로 계약서의 분량을 더 늘리자고 고집한다면 상황을 더 나쁘게 만들 수 있다.

이는 신뢰 회복이 신뢰 위반 혐의자의 책임만은 아니라는 이 장의 포괄적인 메시지를 잘 보여준다. 관찰자도 신뢰 회복 과정에서 중요한 역할을 한다. 관찰자들은 위반을 처리하는 방식뿐만 아니라 위반을 바라보는 시각과 궁극적으로 신뢰 회복 노력의 성공 여부에도 영향을 미치는 등 엄청난 차이를 불러올 수 있다.

신뢰가 항상 회복할 만한 가치가 있지는 않다. 신뢰 회복이 꼭 필요할 때가 있듯이, 신뢰 회복의 합당성이 부족할 때도 있을 것이다. 하지만 이런 정보를 통해 알 수 있는 사실이 있다. 그것은 바로 신뢰 회복에 관한 판단을 내릴 때 좀 더 신중하게 생각해야 한다는 점이다. 개개인은 신뢰가 위반된 후 벌어지는 상황에 생각보다 여러 가지 면에서 영향을 끼칠 수 있다. 살다 보면 누구나 위

우리가 거짓말을 참을 수 없는 이유

반자 혹은 관찰자가 된다. 따라서 각자 답해야 할 질문은 다음과 같다. 우리는 각각의 역할을 얼마나 잘 수행하고 있으며, 어떻게 해야 더 나아질 수 있을까?

5장

보여주고 싶은 것과
보고 싶은 것이 다를 때

4장까지의 내용을 바탕으로 판단해보면, 신뢰가 깨졌을 때 위반의 종류에 맞는 가장 효과적인 방법으로 대응하는 것이 최선의 행동 방침이라는 결론을 내릴 수 있다. 역량 기반의 위반에 대해서는 사과하되, 도덕성 기반의 위반에는 부인하고 책임을 회피함으로써 좀 더 전략적으로 대응하는 것이다. 하지만 과연 지금까지 한 이야기가 정말 이런 방법을 제안하고 있을까? 절대 그렇지 않다.

많은 이들이 이런 접근법을 윤리적이지 않다고 여긴다는 기본적인 사실을 차치하더라도, 그것은 상당히 위험한 생각일 뿐만 아니라 대응이 반박되면 신뢰 회복에 효과적이지도 않다. 예를 들어, 도덕성 기반의 위반 후에 거짓으로 부인하다 들키면 처음부터 솔직하게 잘못을 인정할 때에 비해 손해 볼 게 없다고 해도, 두 접근법의 최종 결과는 신뢰가 회복되지 않은 동일한 상태다. 어느 쪽이든 위반자는 도덕성 기반의 잘못을 저지른 사람으로 여겨질 것이고, 관찰자들은 위반자가 보여주는 뉘우침이라는 긍정적인 신호보다 잘못 자체를 더 확실한 판단 근거로 삼을 것이다. 이것은 연구 결과로 확인됐을 뿐만 아니라 다수의 실제 사건에서도 명확히 드러난 사실이다. 1998년에 벌어진 일명 르윈스키 스캔들도 한 가지 예인데, 백악관에서 일하던 모니카 르윈스키^{Monica Lewinsky}의 푸른 드레스에 묻은 정액이 발견되면서 빌 클린턴 대통령이 부인했던 불륜 의혹이 사실로 드러나 탄핵 위기를 맞았던 사건이다.

하지만 이 연구에서 얻을 수 있는 시사점은 훨씬 더 의미심장하다. 여태까지 보여준 각 실험에서 시험한 위반 사항의 내용(예: 세금 신고를 잘못함)은 사실상 똑같았다. 역량 또는 도덕성 문제로 다르게 프레이밍[●]됐을 뿐이다. 하지만 같은 잘못이 어떻게 프레이밍됐느냐 하는 이 단순한 차이로 동일한 신뢰 회복 노력에 대해 극명하게 다른 반응이 나왔다.

프레이밍의 중요성은 결국 불륜을 인정하고 사과한 빌 클린턴의 사례와, 2003년 캘리포니아 주지사 선거 기간 중 과거 수십

● framing, 같은 사안이라도 제시되는 방법에 따라 해석이나 의사결정이 달라지는 인식의 왜곡 현상을 말한다.

신뢰의 과학

년에 걸쳐 여섯 명의 여성을 추행하고 모욕한 혐의로 고발된 아널드 슈워제네거의 사례를 비교해보면 명확히 알 수 있다.[1] 슈워제네거 역시 사과했지만 그의 경우는 훨씬 더 고약한 행동이었다. 클린턴의 추문은 자진해서 동조한 파트너 한 명과 관련된 반면, 슈워제네거의 행동은 원치 않는 피해자 여러 명과 관련되어 있었기 때문이다. 그런데도 클린턴은 자신의 행동 때문에 탄핵 소추를 당했고, 슈워제네거는 주지사 선거에서 승리했다.

나는 슈워제네거의 승리 후 대중이 클린턴 때만큼 성 추문을 개의치 않아 해서 이런 결과가 나온 건가 의아해하던 정치 평론가들의 라디오 토론을 들은 기억이 난다. 이후 끊이지 않고 발생한 성 추문에 대한 대중의 반응을 생각해보면 그렇게 단정 지을 수는 없었다. 2009년 당시 사우스캐롤라이나 주지사 마크 샌퍼드Mark Sanford는 혼외정사로 신임을 잃어 두 차례의 탄핵 결의안이 발효됐고, 2017년 언론인 찰리 로즈Charlie Rose와 맷 라우어Matt Lauer는 성희롱으로 해고됐으며, 2020년 영화 제작자 하비 와인스틴Harvey Weinstein은 성적 학대와 강간으로 징역 23년을 선고받았다.

슈워제네거 사건은 나머지 사건들과 또 다른 면에서 차이가 있다. 나머지 스캔들은 모두 명백한 도덕성 위반으로 여겨졌다. 이 유명 인사들은 (대부분의 경우처럼) 사과했지만, 알다시피 도덕성 기반의 위반 행위에 사과는 별 효과가 없다. 하지만 슈워제네

보여주고 싶은 것과 보고 싶은 것이 다를 때

거는 한 가지를 달리했다. 사과하기 전에 사건을 중대한 방식으로 리프레이밍*한 것이다.[2] 그는 이렇게 말했다. "그렇습니다. 저는 때때로 잘못된 행동을 했습니다. 제가 소란스러운 영화판 출신인 것도 사실입니다. (…) 당시에는 장난이라고 여겨서 한 행동이었지만, 이제 돌아보면 사람들에게 불쾌감을 줬을지 모른다는 생각이 듭니다." 이렇게 말한 뒤 그는 곧바로 덧붙였다. "저는 그 점에 대해 깊은 유감을 느끼고 사과합니다."

간단히 말해, 그는 위반 사실을 역량에 관계된 이슈로, 즉 그릇된 사회적 척도로 인해 그 상황을 오해했고 잘못된 행동을 하게 됐다는 식으로 리프레이밍했다. 알다시피 역량 기반의 위반에는 사과가 훨씬 효과적으로 작용한다. 이걸로 슈워제네거를 고발한 여성들의 마음이 흔들렸는지는 명확하지 않고, 설령 바뀌지 않았더라도 놀라운 일은 아니다(그 이유는 이 장 후반부와 다른 장에서 자세히 설명하겠다). 하지만 슈워제네거가 도덕성 없는 사람이라는 파괴적 결과로 이어질 만한 추론을 막고 (특정 사회적 단서에 관한 이해가 부족하지만) 바로잡을 수 있는 문제라는 관점으로 돌아서도록 유권자들을 설득하기에 충분했는지, 결국 그는 선거에서 승리했다.

● reframing, 기존의 사고방식이나 시각의 틀을 바꾸는 방법이다.

신뢰의 과학

상황을 바꾸는
프레이밍과 리프레이밍

이런 종류의 리프레이밍이 항상 가능하거나, 쉽거나, 유효하지는 않다. 단순한 우연일 수도 있지만 〈워싱턴포스트〉에 몸담았고, 현재 팟캐스트 〈히든 브레인Hidden Brain〉의 진행자 겸 제작자인 과학 기자 샹카르 베단탐Shankar Vedantam이 이 문제에 관한 내 연구 결과를 처음으로 보도한 이후,[3] 나는 몇몇 유명 인사와 조직들이 이 방법을 서툴게 시도한 사례를 목격했다. 예를 들어, 폭스 뉴스Fox News는 성매매범 제프리 엡스틴Jeffrey Epstein과 공범으로 알려진 기슬레인 맥스웰Ghislaine Maxwell이 함께 있는 사진에서 도널드 트럼프 대통령을 잘라내고 보도한 사실이 발각되자, 2020년 7월 5일 대통령의 이미지가 "실수로" 잘렸다고 밝히면서 "이런 착오가 일어나 송구하다"라고 덧붙였다.[4]

하지만 폭스와 같은 대형 뉴스 채널이 실수로 트럼프의 이미지를 잘라냈다는 주장은 정치적 목적으로 뉴스를 왜곡해온 폭스 측의 기존 평판을 고려할 때 딱히 신뢰가 가지 않는다.[5] **동기가 빤히 보이는 사건은 의도를 배제하기 어렵고, 이는 더욱 명백한 도덕성의 문제가 된다.** 각 언론사들은 다양한 정치 스펙트럼에 걸쳐 각자의 보도 성향에 부합하는 평판을 발전시켜왔다. 폭스가 그들

보여주고 싶은 것과 보고 싶은 것이 다를 때

의 보도 성향과 일치하는 오보를 '실수'로 리프레이밍한 것은 신뢰 회복에 전혀 도움이 되지 않았다.

잘못을 리프레이밍하려는 노력은 명백한 위반 동기를 식별하기 힘들 때도 실패한다. 2018년 돌체앤가바나의 사례를 다시 짚어보자. 이 회사는 많은 이들이 인종차별적이고 중국 문화를 무시한다고 느낀 홍보 영상을 내보냈고, 뒤이어 가바나의 인스타그램 계정에서는 중국을 폄훼하는 메시지가 유출됐다. 돌체앤가바나 창립자들이 어째서 중국 대중을 불쾌하게 만들려고 했을지 그 이유를 짐작하기는 어렵다. 일반적으로 기업이 고객을 모욕해서 득이 될 일은 없으니 말이다.

돌체앤가바나는 사과와 더불어 이 사건을 두 번이나 '실수'로 규정하면서 도덕성 문제에서 역량 문제로 리프레이밍을 시도했지만 역시나 소용이 없었다. 차이나마켓리서치그룹의 창립자 겸 매니징 디렉터 숀 레인Shaun Rein이 CNN에 밝힌 것처럼, "공식적으로 어떤 이야기를 한 다음, 사석에서 '중국인은 ×같아'라고 말했다는 사실이 알려지면 누가 그 사람을 믿겠는가?"[6] 중국 대중은 가바나의 개인 인스타그램 메시지를 통해 중국과 중국 문화를 바라보는 이 회사의 진짜 시선을 명확히 엿보게 됐다고 생각했다. 그래서 돌체앤가바나의 사과가 발표됐을 때 일부 사람들은 "돌체앤가바나는 중국인들의 지갑에 사과하고 있을 뿐이다"라고 꼬집

었다.[7]

이 사례를 보면 신뢰를 깨뜨릴 이유가 없는 위반자들도 대개 신뢰를 회복하려는 동기는 있음을 알 수 있다. 관계를 유지하고 그 관계에 수반되는 모든 혜택을 계속 누리기 위해서다. 또한 잘못을 리프레이밍하고자 하는 위반자의 신뢰 회복 동기는 애초에 잘못을 저지른 동기만큼이나 문제시될 수 있다. 관찰자들은 리프레이밍 시도를 의심하는 경우가 많다. 특히 리프레이밍이 위반자의 이익에 도움이 되고, 관찰자들이 그 시도에 반감이 있다면 더욱 그렇다.

이런 점을 종합해보면 잘못을 역량 또는 도덕성 문제 중 어느 쪽으로 봐야 하느냐는, 위반자가 사과 또는 부인 중 어느 방법으로 대처해야 하느냐는 문제만큼 논란의 대상이 된다. 관찰자는 백지 상태가 아니다. 이미 위반에 관해 확보한 정보, 과거의 경험, 마음속으로 내린 가정을 비롯해, 이 책의 후반부에서 살펴볼 여러 다양한 요인은 모두 리프레이밍 시도를 열린 마음으로 받아들일지 아닐지에 영향을 미친다. 따라서 우리는 위반을 리프레이밍하려고 노력했을 때, 경우에 따라 성공하고 실패하는 이유를 근본적으로 이해할 필요가 있다. 자신의 잘못을 도덕성 문제에서 역량 문제로 리프레이밍한 아널드 슈워제네거의 시도는 왜 성공했고, #미투 운동 때 고발당한 다른 사람들의 비슷한 시도는 왜 실패했을까?

나는 이에 대한 몇 가지 이유를 추론해봤다.

첫째, 슈워제네거와 관련된 사건들은 거의 30년에 걸쳐 일어났으며(1970년대에 한 건, 1980년대에 두 건, 1990년대에 두 건, 2000년대에 한 건), 슈워제네거의 표현을 빌리자면 결혼 전 "말도 안 되는 일들이 많이 벌어진" 1970년대에 시작됐다.[8] 게다가 비교적 근래의 사건들은 스튜디오 사무실과 영화 촬영장에서 발생했는데, 의혹을 취재한 〈로스앤젤레스타임스〉 인터뷰에서 몇몇 사람들은 그런 장소에 대해 특유의 "소란스럽고 허용적인" 분위기가 있다고 힘주어 말했다.[9] 그런 정서가 전하는 암묵적인 메시지는 이렇다. 시대와 환경에 따라 사람들이 살아가는 기준은 다르므로, 그의 행동이 도덕성을 위반하거나, 우리가 준수해야 한다고 믿는 원칙에 어긋난다고 섣불리 간주해서는 안 된다는 것이다. 그때는 그런 식으로 행동해도 사회적 물의를 일으키거나 직업적 영향을 받지 않았다는 것이 많은 이들의 생각이었다. 물론 대중의 몇 퍼센트가 이런 주장에 설득됐는지 알 길은 없으나 그 비율이 0은 아니었을 것이다. 그리고 퍼센티지에 상관없이 오늘날 대중은 성추행에 전보다 너그럽지 않다는 것이 분명한 사실이다. 하비 와인스틴의 사례를 통해 밝혀진 것처럼 영화 산업에서도 예외는 아니다.

둘째, 아내이자 기자이며 케네디 가문의 사람인 마리아 슈라이버 ^{Maria Schriver}가 앞장서서 그를 옹호했다. 그는 누구보다도 슈워제네거를 잘 아는 사람으로서 그의 도덕성을 보증했다. 오렌지 카운티에서 열린 공화당 여성단체 연설에서 슈라이버는 이렇게 말했다. "온갖 부정적인 이야기가 들리실 겁니다. 여러분은 아널드를 한 번도 만나본 적 없거나, 30년 전에 5초 동안 만난 사람의 말을 귀담아들으실 수도 있겠죠. 아니면 제 말을 귀담아들으실 수도 있고요."[10] 연구자 잉 유^{Ying Yu}와 얀 양^{Yan Yang}, 펑지에 징^{Fengjie Jing}이 제시한 증거에 따르면, 제삼자가 이런 식으로 설득에 나설 때 위반 혐의자의 신뢰 회복에 도움이 되는 것으로 나타났다.[11]

셋째, 슈워제네거는 매우 인기 있는 유명 인사였다. 그는 보디빌더와 영화배우로서 엄청난 팬층을 쌓아왔고, 혐의가 제기되기 전에 수많은 후보자가 출마했음에도 소환선거에서 당선이 거의 확실시되는 분위기였다. 대다수의 유권자는 그가 다음 캘리포니아 주지사가 되기를 바랐다. 다들 그런 일이 일어나는 것을 보고 싶어 했다. 2장에서 살펴본 바와 같이, 이런 종류의 친밀한 관계 동기는 우리가 상대방의 잘못을 해석하는 방식에 영향을 끼친다. **지키고 싶은 관계에 있어서는 신뢰 위반의 행위가 생각보다 심각하거나 파괴적이지 않다고 인지하는 것이다.** 이 부분도 많은 대중이 그의 행동을 낮은 도덕성의 증거보다 실수로 받아들이는 데에 한몫했을 수 있다.

마지막으로 슈워제네거가 공직을 맡은 적이 없다는 사실이다. 물론 그는 정계에 충분히 노출되어 있었다. 어쨌거나 케네디 가문의 사람과 결혼했고, 조지 H.W. 부시 George H.W. Bush 대통령 시절, 대통령 직속 체력스포츠 자문위원장으로 임명됐을 뿐만 아니라 나중에 피트 윌슨 Pete Wilson 주지사 밑에서 캘리포니아 주지사 직속 체력스포츠 자문위원장으로도 활동했다. 하지만 혐의가 불거진 당시 그는 아직 정계 외부자였고, 아역 배우 출신 게리 콜먼 Gary Coleman 과 포르노 작가 래리 플린트 Larry Flynt 를 포함해 총 135명이 입후보한 캘리포니아 소환선거에 갓 출마한 상태였다.[12]

슈워제네거가 정계 외부자였다는 것은, 권력에 대한 함의 때문에 중요한 이유가 될 수 있다. 한 대규모 연구에서 명백히 밝혀진 바와 같이, 권력에 대한 인식은 여러 가지 요소, 즉 상대방이 가진 자원, 그 자원을 확보할 수 있는 확률, 자원의 중요성 등 상대의 권력을 구체적으로 어떻게 바라보느냐에 따라 크게 달라진다.[13] 슈워제네거는 영화 업계에서 상당한 권력이 있었지만 정치적으로는 입지가 확고하지 않았다. 이미 정치를 업으로 삼은 사람들에 비해 권력이 미약했고, 이에 따라 대중은 그의 죄를 다르게 바라봤을 수 있다. 강한 권력을 가진 기성 정치인이었을 경우보다 의도적으로 잘못을 저질렀다고 믿는 경향이 적었다는 뜻이다(7장에서 자세히 살펴보겠다). 슈워제네거가 기성 정치인이었다면 그런 행동이 공직을 좇는 사람에게 부적절한 행동임을 알면서도 권력을 사용해 행동했다고 추론하기가 더 쉬웠을 것이다.

물론 이것은 모두 추측에 불과하다. 모든 사례 연구가 그렇듯이, 우리는 사건의 세부 정보를 다른 더 체계적인 수단을 통해 얻은 통찰과 결부시키고 유추함으로써 무슨 일이 일어났는지 이해하려고 노력할 뿐이다. 따라서 나는 이 이유들이 완전하다거나 이 요소 중 어느 하나만으로 슈워제네거의 잘못을 바라보는 시각을 바꾸기 충분했다고 주장하지 않겠다. 아울러 이 모든 요소가 당사자에게 유리해야만 이런 식의 리프레이밍이 효과를 발휘하는 것도 아니다.

CNN의 정치부 수석특파원 다나 배시 Dana Bash 가 슈워제네거의 성 추문 혐의를 보도했던 〈로스앤젤레스타임스〉의 기자 칼라 홀 Carla Hall 을 인터뷰했을 때, 홀은 도널드 트럼프의 대선 캠페인 기간 중 벌어진 성희롱 사건을 지적했다. TV 연예 뉴스 프로그램 〈액세스 할리우드 Access Hollywood 〉 인터뷰 도중, 트럼프는 마이크 앞에서 "여성들의 외모를 언급하고 더듬는 등의 행동을 했다고 말해 (…) 카메라 앞에 서야 했지만 어물쩍 사과한 다음 넘어갔다"는 것이다.[14] 슈워제네거처럼 수십 년 전에 일어난 일이라고 주장할 수도 없었다. 하지만 트럼프는 정계 외부자였고, 부인 멜라니아는 다음과 같은 말로 그를 두둔했다. "내가 아는 그 사람이 할 만

보여주고 싶은 것과 보고 싶은 것이 다를 때

한 행동이 아닙니다. 그는 지도자다운 마음과 정신을 갖춘 사람이에요. 제가 그랬듯 여러분도 그의 사과를 받아주시기 바랍니다."[15] 게다가 그에게는 무슨 짓을 해도 흔쾌히 넘어가줄 열렬한 추종자들이 있었다.

그의 발언이 (인품을 나타낸다기보다) '라커룸 농담'●에 불과했다는 정도만으로 상당수의 유권자를 설득할 수 있었던 것으로 보이고, 그는 결국 스캔들에서 살아남았다.[16] 이 사례는 상황에 따라 리프레이밍 시도가 요즘에도 먹힐 수 있다는 사실을 잘 보여준다. 홀이 CNN 측에 말한 것처럼 "대부분은 '장난이었습니다. 참으로 망나니 같은 행동이었죠. 누군가에게 불쾌감을 주고 있었는지 전혀 몰랐습니다. 저 때문에 마음 상한 분이 계셨다면 정말 죄송합니다'로 귀결될 때가 많다. 그러고 나면 어찌어찌 넘어가게 된다."

요컨대 연구자들은 신뢰 위반이 비춰지는 방식을 바꾸려고 할 때 무엇이 성공 여부에 영향을 끼치는지 아직 완전하게 이해하지 못한 상태다. 성공이 가능하다는 건 알지만 쉽지 않은 것도 사실이다. 현재까지의 증거에 따르면 성공 여부는 다양한 요소에 따라 달라질 수 있으며, 일부 요소는 위반자의 통제 범위 바깥에 있

●   폐쇄된 공간에서 주고받는 남성들의 은밀한 성적 농담을 뜻한다.

다. 또한 관찰자들은 위반자와 향후 어떤 관계를 맺고 싶은지에 따라 리프레이밍 노력을 돕기도 하고 방해하기도 한다. 하지만 이것은 출발점일 뿐이며 아직 많은 연구가 필요하다.

그래도 이런 정보가 우리에게 일깨워주는 바가 있다. **신뢰 위반 사건이 발생했을 때, 우리에게 기계적이고 단순하게 원인을 찾는 경향이 있음을 고려하고, 만약 다른 원인이 있었다면 우리의 반응이 어떻게 달라졌을지 좀 더 신중하게 생각해봐야 한다는 것이다.** 앞의 면접 실험에서 시험한 위반 사항에 대해 생각해보자. 회계사가 관련 세법에 관한 지식이 부족해 고객의 세금 신고를 잘못한 경우, 이것은 명백히 역량 기반의 위반처럼 보일 수 있다. 그러나 그 지식이 부족하다는 건 어쩌면 회계사가 애초에 세법 숙지를 게을리한 탓이므로, 고의적 태만의 문제가 아닐까?

이번에는 도덕성 기반의 위반으로 중요한 고객을 만족시키려고 의도적으로 세금 신고를 잘못했다고 설명한 경우를 생각해보자. 중요한 고객을 만족시키는 것이 본질상 나쁜 행동은 아니다. 더구나 회계사들은 흑과 백으로 정확히 갈라지지 않는 수많은 결정을 내린다. 애매한 회색 영역도 있을 것이다. 그런 부분에서는 판단력을 발휘해 적절한 균형을 잡으려고 최선을 다하더라도 역량 문제로 인해 실수할 수 있다.

보여주고 싶은 것과 보고 싶은 것이 다를 때

대입 비리 사건이
향한 화살

신뢰 위반의 종류와 원인을 정확히 파악하는 일이 얼마나 중요한지 스탠퍼드대학교에서 11년간 요트팀 코치로 재직한 존 밴더모어John Vandemoer가 겪은 상황을 통해 살펴보자. 2019년, 연방 요원들이 작전명 바시티 블루스Operation Varsity Blues라는 이름으로 거대한 대입 비리 사건을 파헤쳤을 때, 여기에 연루된 혐의로 사전형량조정*을 통해 최초로 유죄 판결을 선고받은 사람이 밴더모어였다. 이 비리는 부유한 상류층의 학부모 수십 명이 입시 브로커 윌리엄 싱어William Singer에게 총 2,500만 달러를 지불하고 스탠퍼드대학교, 예일대학교, 조지타운대학교와 같은 최상위 학교뿐만 아니라 내가 몸담은 서던캘리포니아대학교에까지 자녀를 부정 입학시킨 사건이다.

학부모들은 대개 25~40만 달러에 해당하는 거액의 돈을 싱어의 재단에 기부해 세금을 공제받았다. 지금은 사라진 싱어의 웹사이트에 따르면 기부의 명목상 목적은 저소득층 학생들에게 '학

---

*   plea bargain, 주로 미국에서 범죄 수사에 적극적으로 협조한 사람에게 형량을 감경 또는 감면해주는 제도다.

문·사회·개인·직업적 성공의 문을 열어주기 위함'이었다. 그러나 싱어는 그 돈을 대학 코치와 체육 행정가들에게 뇌물로 뿌렸고, 그 학부모의 자녀들을 체육 특기생으로 지정하게 해 입학 가능성을 극적으로 높이는 데에 사용했다. 물론 이들 지원자 중 '특기'인 스포츠에 재능이 있는 사람은 아무도 없었다.

하지만 뇌물을 개인적으로 착복한 다수의 코치나 행정관과 달리, 밴더모어는 싱어에게 받은 총 77만 달러에 이르는 수표를 스탠퍼드 개발처 담당관들에게 전달했다. 그들은 그 돈으로 요트팀의 새 보트를 살 계획이었다. 담당관들은 증여금의 출처를 묻지 않았고, 밴더모어에게 싱어가 고위 행정관들 사이에서 잘 알려진 사람이며 다들 그를 좋아한다고 알려줬다. 밴더모어는 싱어가 추천한 지원자 중 두 명을 심사 없이 체육 특기생으로 지정했으나 밴더모어의 지정과 상관없이 스탠퍼드에 입학한 학생은 한 명도 없었다.

그렇다고 해서 밴더모어의 책임이 면제되지는 않으며, 본인도 그 점을 시인했다. 그는 형을 선고받기 전에 자신이 감옥에 갈 만한 짓을 저질렀다고 말했고, 싱어의 설득에 휘말려 심사도 없이 두 학생을 요트 특기생으로 분류한 것을 자책했다. 그는 "부끄러움에 몸 둘 바를 모르겠다"라면서, 기부금에 관해 더 캐묻고 의구심을 품었어야 했다고 말했다.[17]

보여주고 싶은 것과 보고 싶은 것이 다를 때

그러나 싱어가 준 뇌물을 받아 개인 생활비로 사용한 사람들과 달리, 밴더모어의 잘못은 스탠퍼드 측이 이미 싱어에 대한 검증을 마쳤다는 인상을 받고 내린 판단 착오에서 비롯됐으므로 도덕성이 아닌 역량 문제라고 주장할 수 있다. 또한 밴더모어는 비록 사전형량조정으로 장기 구금형은 피할 수 있었지만 학교에서 해고당하고 중범죄자라는 오명을 쓴 채 여생을 살아야 하는 데에 반해, 처음부터 싱어와의 협의 사실을 알고 있던 스탠퍼드 고위 관계자들은 비난의 화살을 완전히 피했다는 점이 나로서는 받아들이기 힘들다. **그 관료들은 전략적 무지*****를 택한 덕분에 마음 편히 자금 출처와 거리를 두면서 원하는 돈을 얻었는데도 정말 책임을 면제받아야 할까?** 아무것도 몰랐다는 그들의 주장은 자기 손을 더럽히지 않고 규정을 회피하기 위한 고의적 전술, 즉 역량이 아닌 도덕성 문제로도 쉽게 간주할 수 있다.

누군가는 이런 수준의 분석을 불필요한 궤변으로 여길 수도 있다. 어쨌거나 밴더모어는 먼저 심사해보지도 않고 두 학생을 요트 특기생으로 분류했음을 시인했고, 이 비리에서 자신이 한 행동과 그 죄를 인정했기 때문이다. 또한 대학 입시가 공정하고 실력

---

* 불편함을 피하거나 생산성을 높일 목적으로 새로운 정보 습득을 고의로 피하는 태도를 말한다.

중심으로 이뤄져야 한다고 믿는 우리 같은 사람들의 눈에는, 이미 특혜를 누리고 있으면서도 뇌물을 써가며 자신의 자녀를 옆문과 뒷문으로 엘리트 학교에 입학시키려는 부유층의 행태가 비윤리적으로 보일 수밖에 없다.

하지만 이렇게 사소한 부분까지 꼬치꼬치 따져보는 것은 신뢰 위반으로 비난받는 당사자들과 (정의라는 착각 대신) 진짜 정의를 알고 싶어 하는 관찰자들에게는 중대한 문제다. 적어도 이렇게 섬세한 분석을 통해 우리는 이 대입 비리 사건에서 밴더모어가 수행한 역할을 좀 더 공감과 연민의 마음으로 바라볼 수 있다. 그는 자신이 한 행동에 대한 피상적인 해석을 받아들이는 편이었다. 〈뉴욕타임스〉 기사에서 그는 이렇게 말했다. "지금 구글에 검색해보면 저는 그 돈으로 집을 사고, 휴가를 떠나고, 자녀의 학비를 낸 코치들과 똑같은 사람으로 취급되고 있습니다. 저는 그 돈을 고용주에게 넘겼고, 고용주는 어찌 됐든 저는 이 일의 피해자입니다. 정말 마음이 아픕니다."[18] 이 사건은 마땅히 분노를 불러일으킬 만하지만, 나는 우리가 그 차이를 분명히 인식해야 한다고 생각한다.

도덕성보다 강력한
상황의 힘

잘못으로 고발당한 사람들을 흑이나 백으로 단순하게 규정짓는 건 너무 쉬운 일이다. 하지만 우리는 그 단계를 넘어서야 한다. 누구나 이런 종류의 혐의에 언제든 노출될 수 있으며 무엇이 됐든 이후의 치유 과정을 위해서도 꼭 필요하기 때문이다. 이는 가령 부부 간 불륜에서 매우 분명하게 드러난다. 부부 전문 상담사들은 불륜 이후 관계를 회복하려는 부부에게, 상대방을 손가락질하는 단계를 넘어서서 그 배신이 왜 일어났는지 더 깊은 통찰력을 길러야 한다고 조언한다. 그러려면 양쪽 모두가 벌어진 일에 대해 어느 정도 책임을 받아들여야 할 때가 많다.[19]

심리학자이자 베스트셀러 저자인 브레네 브라운Brené Brown은 저서 《마음 가면》에서 대개 불륜이 일어나기 오래전에 다른 형태의 배신이 있다고 서술했다.[20] "우리가 사랑하는 사람들이나 깊은 관계를 맺고 있는 사람들이, 어느 순간 배려를 멈추고, 관심을 기울이지 않고, 관계를 위해 마음을 다해 노력하지 않을 때 신뢰는 사라지고 상처가 스며들기 시작한다. 정서적 이탈은 수치심을 낳고, 가장 큰 두려움, 즉 버림받고, 가치 없는 존재가 되고, 사랑받지 못한다는 두려움을 일으킨다." 이런 형태의 배신은 훨씬 더 은밀하게 진행된다. 극적인 사건이 없기 때문에 고통의 원인을 정확히 짚어내기가 더 어렵다. 불륜 행위만 놓고 단순하게 해석한다면 고통의 진짜 이유를 찾기 힘들다. 배우자의 정서적 이탈이 이후의 불륜에 영향을 끼쳤을 수도 있다는 사실을 직시하려고 노력하기 전까지는 불륜이 왜 일어났는지 이해할 수도, 배우자에게 다시 마음을 여는 데에 필요한 통제감을 되찾을 수도 없을 것이다.

또한 벌어진 일을 근거로 위반자에 관해 내린 추론이 정말 타당한지 더 자세히 들여다볼 필요가 있다. 앞에서 이야기한 것처럼, 우리는 직관적으로 도덕성이 높은 사람은 어떠한 상황에서든 비윤리적인 행동을 자제하는 데에 반해, 도덕성이 낮은 사람은 보상이나 기회에 따라 윤리적이거나 비윤리적으로 행동한다고 생각한다. 우리가 다른 사람을 판단할 때 도덕성에 관한 긍정적인 정보보다 부정적인 정보에 훨씬 더 무게를 두는 경향이 있는 것은 이러한 이유 때문이다.

하지만 우리가 세상을 인지하는 방식에 큰 지침이 되는 이 기본적인 직관은 무수한 연구를 통해 사실이 아닌 것으로 밝혀졌다. 이런 연구 중 일부는 심리학 개론 수업을 들어봤다면 친숙하게 느껴질 것이다. 밀그램 Stanley Milgram 의 복종 실험이 가장 잘 알려진 예다. 연구팀은 다양한 나이와 직업, 비슷한 교육을 받은 평범한 사람들이 상대방에게 고통스러울 만한 전기 충격을 가하라는 권위자의 지시에 선뜻 복종하는 현상을 발견했다. 실제였다면 치명적일 수도 있는 수준까지 전압을 서서히 높여도 마찬가지였다. 실험용 가운을 걸친 권위자가 "계속하세요" 혹은 "실험을 위해 계속하셔야 합니다"와 같은 말로 가볍게 독촉하기만 해도 참가자의 65퍼센트가 서슴없이 가장 높은 450볼트까지 전압을 올려 충격을 가했다.[21]

도덕성에만 기대어 올바른 결정을 내리는 일이 얼마나 힘든지 보여주는 사례는 밀그램의 복종 실험 말고도 또 있다. 프린스턴대학교 신학생들을 대상으로 진행된 한 고전적인 연구에서 더욱 의미심장한 결과를 확인할 수 있었다.[22] 심리학자 존 달리John Darley와 대니얼 뱃슨Daniel Batson은 누가 봐도 독실한 이 집단이 흔쾌히 남을 돕는 일에 나서도록 영향을 미치는 요소가 무엇인지 궁금했다. 그래서 신학생들에게 캠퍼스의 다른 건물에서 짧은 강연을 해달라고 부탁하는 실험을 설계했다. 그리고 가는 도중 학생들이 초라한 옷차림으로 길가에 쓰러져 있는 사람을 마주하게끔 만들었다. 누가 봐도 도움이 필요해 보이는 사람이었다. 연구자들은 도움의 손길을 내밀지 말지에 영향을 미치는 요소가 무엇인지 알아보기 위해 상황에 조금씩 변화를 주었다.

실험 결과, 어려움에 부닥친 사람을 돕게끔 신학생들을 자극하리라 흔히 생각할 만한 요소들은 아무런 역할도 하지 못했다.

신뢰의 과학

달리와 뱃슨은 참가자들이 보여준 신앙심의 깊이와 그들이 쓰러져 있는 사람을 도왔는지 사이에서 상관관계를 찾지 못했다. 또한 남을 돕는 일을 주제로, 구체적으로는 착한 사마리아인의 비유(이방인이 길가에 쓰러져 있는 것을 보고 실제로 도와준 성경 속 인물 이야기)를 주제로 강연해달라는 부탁을 받은 참가자들이라고 해서 더 선뜻 도움에 나선 것도 아니었다. 오히려 그 비유에 관한 강연을 하러 가는 길에 신학생들이 '말 그대로 쓰러져 있는 사람을 깡충 뛰어넘은' 경우도 몇 차례 있었다. 마지막으로 이 참가자들이 도움의 손길을 내밀지 말지에 차이를 가져온 유일한 요소는 그들이 느낀 시간 압박이었다. 긴급도가 낮은 실험 조건에서는(참가자들이 쓰러져 있는 사람을 도와주고 난 뒤 강연을 할 시간이 충분한 경우) 63퍼센트가 도우려고 발걸음을 멈췄고, 긴급도가 중간인 실험 조건에서는 그 비율이 45퍼센트였으며, 긴급도가 높은 실험 조건에서는 10퍼센트만이 발걸음을 멈췄다.

참가자 모두 자신의 삶을 신에게 바치기로 한 사람들이었는데, 주어진 시간이 충분한 상황에서도 어려운 처지의 낯선 사람을 도와주기로 한 비율이 63퍼센트에 불과했다는 심란한 관찰 결과는 일단 제쳐두기로 하자. **이 연구가 여실히 보여주는 것은 우리의 인격 차이보다도 상황의 구체적인 요소(예: 할애할 수 있는 시간)가 옳은 일을 하기로 선택하는 데에 훨씬 더 큰 영향을 미칠 수 있**

보여주고 싶은 것과 보고 싶은 것이 다를 때

다는 사실이다. 즉, 도덕성이 높은 사람이라면 어떠한 상황에서도 비윤리적인 행동을 자제할 것이라는 생각은 완전한 착각이다. 전기 충격을 가하는 일, 어려운 처지에 놓인 사람을 돕지 않는 선택, 다른 사람을 폄훼하려는 의지, 속임수를 쓰거나 도둑질할 결심 등 그 무엇이든 착한 사람이라도 많은 이들이 비윤리적이라고 생각할 만한 행동을 제법 쉽게 할 수 있다는 사실이 무수한 실증 연구를 통해 명백히 드러났다. 모든 것은 상황에 따라 달라질 뿐이다.

우리는 언제
실수를 과소평가하는가

심리학자들은 어떤 사람의 행동을 보고 그 사람의 됨됨이를 알 수 있다고 속단해서는 안 된다고 말한다. 이는 상황의 영향력, 즉 행동에 영향을 주는 여러 가지 상황을 제쳐두고 나머지 부분을 보아야 함을 의미한다. 이 접근법은 개인과 상황의 영향력이 마치 유압 밸브처럼 작용해 상황의 힘이 세지면 개인의 힘이 약해진다는 생각을 기반으로 한다. 예를 들어, 우리는 누군가가 머리에 총구를 들이댄 상황에서 어쩔 수 없이 물건을 훔친 사람을 비난하진 않을 것이다. 하지만 아무도 절도를 강요하지 않은 상태에서 도둑질한 사람에게는 훨씬 더 큰 책임을 물을 것이다. 그러나 어떤 사람이 자신의 행동에 얼마나 큰 책임을 져야 하는지를 이런 식으로 추론하려고 할 경우 문제가 생길 수 있다. **우리는 일반적으로 남이 직면한 상황적 제약과 압박을 파악하는 데에 능숙하지 않기 때문이다.**[23] 또한 신뢰 위반 사항이 역량 관련인지 도덕성 관련인지에 따라 그 사람을 바라보는 시선에도 각기 다른 영향을 끼칠 수 있다.

다행히도 역량 기반의 위반에서는 남이 직면한 상황적 제약과 압박을 이해하지 못해도 별문제가 되지 않는다. 동료가 팀 보고서에 심각한 실수를 저질렀고 집안에 개인적인 문제가 생기는 바람에 당신이 대신 야근하면서 그것을 수정해야 한다고 가정해 보자. 당신은 그 사람의 개인적인 사정을 잘 모를 수 있다. 하지만 그 실수를 역량의 문제라고 생각한다면, 역량에 대해서는 부정적인 정보보다 긍정적인 정보에 무게를 훨씬 더 두는 경향 때문에 한 번의 실수로 동료의 능력을 단정 지으려고 하지 않을 것이다.

이처럼 우리는 역량과 관련된 잘못에 담긴 상황적 영향을 잘 모를 때가 많다. 그리고 아무리 유능한 사람도 여러 가지 이유로 좋은 성과를 내지 못할 때가 있다고 믿는 경향 때문에 그 실수를 어쨌든 과소평가하려 한다. 실질적으로 이 두 가지 경향은 역량 기반의 위반에서 서로 상쇄 작용을 일으켜 그 사람에 대한 결론을 도출할 때 범할 수 있는 오류를 줄여준다. 따라서 당신은 그 팀원

보여주고 싶은 것과 보고 싶은 것이 다를 때

에게 무슨 일이 있는지 모르더라도 그 사람이 평소에는 일을 잘한다고 인식하고 그가 결국 문제를 바로잡으리라 믿을 수 있다.

하지만 도덕성 기반의 위반에서는 상황적 영향을 간과하고, 긍정적인 정보와 부정적인 정보에 서로 다른 무게를 두는 경향 때문에 문제가 복잡해질 수 있다. 사람들은 대부분 갖고 싶은 물건을 훔치는 경우와 가난하고 배가 고파서 훔치는 경우를 구분하려고 한다. 또한 피해자를 이용하려고 하는 거짓말과 누군가에게 위협을 당해 하는 거짓말을 동일시하지 않는다. 그리고 죄 없는 구경꾼을 공격했는지, 자기 가족에게 중대한 잘못을 저지른 사람을 공격했는지도 중요하게 생각할 것이다.

그러나 우리는 배고픔, 두려움, 부당함처럼 행동을 부추긴 요인이 위반에 핵심적인 역할을 했더라도 이를 의식하지 못하는 경우가 많다. 위반자 본인이 느끼는 것과 달리 위반을 인지한 관찰자에게는 이런 요인이 덜 중요해 보일 때가 훨씬 많기 때문이다. 이런 인식의 불일치는 도덕성의 문제에서 특히 문제시된다. (앞서 언급한 바와 같이) 사람들은 도덕성에 관한 긍정적인 정보보다 부정적인 정보를 더 중요한 판단 근거로 삼는 경향이 있기 때문이다. 그러다 보니 한 번이라도 도덕성에 관련된 잘못을 저지르면 남들은 그 사람이 직면했던 상황적 압박과 상관없이 구제 불능의 비윤리적인 행동을 저질렀다고 생각할 수 있다. 우리는 그러한 영향을 무시하는 성향이 있고, 상황적 영향은 애초에 관련이 없던 것처럼 행동한다.

물론 어떠한 상황적 영향이든 정당한 변명거리가 될 수 있다는 뜻으로 이런 이야기를 하는 것은 아니다. 사회적 압박의 경험은 그것이 고용주의 압박인지 동료들의 압박인지에 따라 다르고, 그 어느 쪽도 누군가가 머리에 총구를 겨눈 상황과 같지 않다. 마찬가지로 우리는 아주 심각한 잘못보다는 비교적 가벼운 잘못일 때 그러한 요인을 바탕으로 위반자의 과실을 감가해서 판단할 가능성이 크다.

요점은 이러한 세부 사항을 들여다볼 필요가 있고, 올바른 판단을 내리는 데에 필요한 모든 정보가 우리에게 있지 않다는 점을 인식해야 하며(특히 도덕성 기반의 위반인 경우), 추가적인 노력을 들여 세부 사항을 참작하면 위반자를 바라보는 시선이 명확해지거나 달라질 수 있음을 염두에 두어야 한다는 것이다. 우리가 이런 식으로 철저하게 정황을 따져볼 때가 생각보다 많지 않다. 이렇게 하지 않을 경우, 신뢰를 배반당한 사람의 입장뿐만 아니라 잘못을 저지른 사람의 처지에서도 신뢰 회복을 위해 기울이는 노력으로 얻는 효과가 크게 달라질 수 있다.

보여주고 싶은 것과 보고 싶은 것이 다를 때

핵심은 가릴수록
더 잘 드러난다

2021년 가을, 페이스북의 내부고발자 프랜시스 호건 ^{Frances Haugen} 이
수천 건의 내부 문건을 유출해 회사를 발칵 뒤집은 스캔들이 있었
다. 이에 페이스북이 어떻게 대응했는지 살펴보자. 그 문건을 통해
드러난 사실에 따르면, 1) 페이스북은 자체적인 조사 결과, 자회사
인 인스타그램이 십 대 소녀들의 정신건강에 해를 끼쳤다는 사실
을 발견했다. 2) 이 회사는 페이스북 플랫폼이 개발도상국에서 인
신매매, 마약 거래, 인종 폭력 조장에 활용됐다는 사실을 인지하고
있었다. 3) 페이스북은 자사의 알고리듬이 분열을 조장하고 선정
적인 콘텐츠를 장려한다는 사실을 알고 있었다.

  메시지는 분명했다. 페이스북은 시종일관 사용자들의 안전
과 안녕보다 회사의 수익을 우선시했다. 이에 페이스북의 창립자
겸 CEO인 마크 저커버그는 성명을 발표해 이렇게 주장했다. "우
리가 수익을 위해 의도적으로 사람들을 화나게 하는 콘텐츠를 내
보냈다는 주장은 대단히 비논리적이다. (⋯) 내가 아는 한 사람들
을 화나게 하거나 우울하게 할 제품을 만드는 일에 나설 기술 기
업은 없다."[24] 저커버그는 또한 페이스북이 안전성과 투명성을 높
이고 플랫폼이 사용자에게 미치는 영향에 관한 연구를 강화하고

자 노력하고 있다는 점을 강조하면서 호건의 주장에 반박했다. 그의 전략은 회사가 사용자들의 안전과 안녕보다 수익을 앞세웠다는 주장을 부인하고, 일부 페이스북 사용자들이 플랫폼으로 해를 입었더라도 그것은 고의가 아니었다는 논지를 펼치는 것이었다. 이것은 회사가 끼친 피해를 부정하는 것이 아니라 그 피해가 일어난 이유에 대한 호건의 설명을 부정하는 매우 구체적인 유형의 부인이다. 위반을 도덕성 대신 역량 문제로 리프레이밍하려는 시도였다.

하지만 이 리프레이밍은 대중을 진정시키기에는 역부족이었다. **페이스북의 대응이 즉각적이고 광범위한 비판을 받은 이유는 사건이 일어난 핵심 우려를 해소하지 못했기 때문이었다.** 유출된 문건은 페이스북이 수익을 위해 의도적으로 해로운 콘텐츠를 내보내거나 부정적인 감정을 끌어내는 제품을 만들려고 했다는 내용이 아니었다. 그보다는 피해 사례가 드러났을 때 페이스북이 사용자 참여와 성장을 저해할까 봐 일부러 궤도 수정을 하지 않았다는 것이 본질이었다. 온라인 잡지 〈슬레이트 Slate〉의 기사에서 에런 막Aaron Mak이 이야기한 것처럼, "그것은 행동한 죄가 아니라 행동하지 않은 죄다."[25] 이 사실은 저커버그가 이런 문제점을 익히 알고 있었으나 의미 있는 조치를 하지 않았다고 상세히 밝힌 페이스북의 내부 문건으로 명확하게 드러났다.[26]

페이스북의 다른 경영진까지 나서서 회사의 잘못을 리프레이밍하려고 비슷한 노력을 쏟았지만 비판 일색이었던 것은 놀라운 일이 아니다. 페이스북은 회사의 수익을 위해 사용자들에게 끼치는 피해를 고의로 등한시했다는 핵심 우려를 해소하는 대신, 대중이 교묘한 속임수를 눈치채지 못하길 바라면서 문제를 회피하기 바빴다. 하지만 페이스북의 내부 문건까지 유출되어 잘못의 상세한 내막이 명확하게 드러난 이상, 핵심 문제를 얼버무리고 상대방의 주장을 곡해하는 것은 회사를 방어하는 데에 도움이 되지 않았다.

페이스북의 위기관리 대응 방법은 핵심 우려를 해소하지 않은 채 그대로 놔두는 것이었다. 침묵의 효과에 관한 연구를 통해 확인했듯이, 문제를 의미 있는 방식으로 해결할 것이라고 보증하지 않으면, 회사가 중대한 도덕성 기반의 잘못을 저질렀다는 사실이 암묵적으로 확정되면서 대중과의 신뢰 회복은 결국 실패로 돌아간다.[27]

2018년 중국에서 일어난 돌체앤가바나의 스캔들을 한층 더 깊게 파헤쳐보면 왜 그들의 사과로 해당 사건이 해결되지 않았는지 명확한 통찰을 얻을 수 있다. 이 스캔들이 불거진 이유는 회사 측이 내보낸 홍보 영상 시리즈가 인종차별적이며 중국 문화를 무시했기 때문만이 아니다. 공동 창립자 스테파노 가바나의 인스타

신뢰의 과학

그램 계정에서 보내졌다고 알려진 개인 메시지에 중국과 중국인들을 폄훼하는 발언이 포함되어 있었기 때문이었다. 하지만 돌체와 가바나는 사과 영상을 게시하면서 이 두 가지 잘못을 구분하지 않았다. 근본적으로 같은 위반으로 뭉뚱그려 취급했고, 중국 문화를 해석하고 표현하는 방식에서 '실수'를 저지른 자신들을 용서해 달라고 청했다.

하지만 문제는 이 두 가지 잘못의 성격이 상당히 다르다는 것이다. 무례한 홍보 영상만으로 일어난 스캔들이었다면 돌체앤가바나의 사과가 훨씬 효과적이었을 것이다. 이 점은 그보다 최근에 일어난 또 다른 스캔들에서 잘 드러난다. 한국의 방송사 MBC는 2021년 하계올림픽 개막식 행사에서 부적절하고 불쾌감을 주는 이미지를 사용해 참가국을 소개했다.[28] 이탈리아는 피자, 루마니아는 드라큘라, 아이티는 시위 이미지(당시 대통령 암살로 나라가 혼란에 빠진 시기였다)로, 우크라이나는 체르노빌 이미지로 표현해 시청자들에게 1986년 원전 사고를 상기시켰다.

이 사건은 일파만파 퍼져나갔다. 방송사는 자사 웹사이트 첫 화면에 사과문을 올리는 한편, 대표이사 박성제가 기자회견을 열어 사과하는 등 발 빠르게 대처했다.[29] MBC는 2008년 베이징올림픽 때에도 자막으로 다른 나라들을 조롱해 방송통신위원회의 징계를 받은 적이 있었다. 올림픽 기간 중 이런 실수를 저지른 것

보여주고 싶은 것과 보고 싶은 것이 다를 때

이 처음이 아니었음에도[30] 2021년에는 사과만으로 대중의 분노를 진정시킬 수 있었다. 이 사건은 많은 이들이 전 세계 곳곳에서 경험해본 적 있는 문화적 좌충우돌의 또 다른 사례로 여겨졌다. 그래서 이 잘못을 역량 관련 위반으로 바라보기가 더 쉬웠고, 이에 대한 사과가 유효했다. 사실 이 방송사가 2021년 올림픽에서 무례한 이미지를 내보내고 맞이한 후폭풍은 방송통신심의위원회로부터 받은 구속력 없는 행정 지도가 유일해 솜방망이 징계 논란이 일기도 했다.[31]

스테파노 가바나의 경멸적인 인스타그램 메시지는 돌체앤가바나의 홍보 영상과 똑같은 방식으로 받아들여지지 않았다. 내가 수행한 또 다른 연구에서 나온 증거에 따르면(7장에서 자세히 설명하겠다) **사람들은 공개적으로 표현하는 감정보다 비공식적인 자리에서 표현하는 감정에 더 진심이 담겼다고 믿는 경향이 있다.**[32] 유출된 개인 메시지에서 중국을 '똥 같은 나라'라고 표현하면서 배설물 이모티콘을 덧붙이고, '무식하고 더럽고 냄새나는 마피아'라는 말까지 내뱉은 이상[33] 가바나가 도메니코 돌체와 함께 나와서 표현 방식에 '실수'가 있었다고 주장한들 귀에 들어오지 않았을 것이 뻔하다.

대중들은 그 개인 메시지를 보고 가바나가 중국과 중국인들에게 부정적인 감정이 있음을 명확하게 알아버렸고, 그러한 감정

신뢰의 과학

을 품은 것을 도덕성 기반의 위반으로 여겼다. 중요한 건 진짜 속 마음이었기 때문에 그가 감정을 표현하는 방식에서 '실수'를 저질 렀는지 아닌지는 무관한 사안으로 받아들였다. **즉, 돌체앤가바나 의 사과 영상이 실패한 것은 페이스북의 경우처럼 이 회사가 대중 의 핵심 우려를 해소하지 않았기 때문이다.** 가바나의 인스타그램 개인 메시지 유출로 그가 정말로 악감정을 품고 있다는 사실이 명 백하게 드러났는데도 회사 측은 그 부분을 해결하는 일에 소홀했 다. 그것은 사과가 소용없을 가능성이 큰 도덕성의 문제였다.

이 문제가 더욱 복잡해진 이유는 유출된 메시지가 사적이라 는 특징 때문이었다. 이 사적인 메시지는 이후에 가바나가 내놓은 어느 공식적인 발언보다 중국과 중국인에 대한 속내를 훨씬 더 잘 보여주는 것처럼 느껴졌다. 따라서 차이나마켓리서치그룹의 숀 레인을 비롯한 일부 사람들이 중국에서의 신뢰 회복에 들이는 돌 체앤가바나의 노력은 가망이 없다고 생각한 것은 당연한 일이다. 그는 "중국인들이 그렇게 오랫동안 분노하는 모습을 보여준 유일 한 브랜드인 것 같다"라고 CNN에 말했다.

보여주고 싶은 것과 보고 싶은 것이 다를 때

보이는 것
너머를 볼 때

겉으로만 보이는 이야기의 유혹을 넘어서려는 노력은 양측 모두가 해야 하는 일임을 인식해야 한다. **위반의 본질을 제대로 이해하려면 관찰자들 또한 무슨 일이 일어났는지 더 깊이 파고들어야 한다.**

미국의 록 가수 브루스 스프링스틴Bruce Springsteen의 회고록 《본 투 런Born to Run》에는 본질을 이해하려는 노력이 개인적인 차원에서 무엇을 의미하는지 설명하는 대목이 등장한다. 그는 이 책에서 어린 시절부터 로큰롤 명예의 전당에 입성하기까지의 여정을 들려준다.[34] 초반부에 어려웠던 가정생활을 자세히 서술하는데, 특히 자신을 심리적으로 학대했던 아버지와의 껄끄러운 관계를 상세히 다뤘다. 스프링스틴은 아버지가 집안을 무거운 침묵으로 가득 채웠고, 당신의 강인한 기질과 맞지 않는 예민한 아들을 못마땅해했으며, 술기운에 난동을 부리기도 해서, 이 모든 것이 자신에게 완전히 아물지 않은 감정의 상처를 남겼다고 썼다.

하지만 그가 열아홉 살에 부모님이 캘리포니아로 떠나고 혼자 뉴저지에 남아 자립하게 되면서 상황은 달라지기 시작했다. 스프링스틴은 아버지에게 나타난 정신 질환의 징후를 회고했다. 그의 아버지는 나중에 편집성 정신분열증이라는 진단을 받았는데, 이는 가족력이 있는 질병이었다. 스프링스틴 자신도 정신 질환, 심각한 우울 증세, 두 차례의 감정 붕괴로 힘든 시간을 겪었고, 치료를 위해 수십 년간 지속적인 상담과 약물 치료를 병행해야 했다. 그는 자기 안의 악마가 첫 번째 결혼 생활을 어떻게 망가뜨렸는지 비로소 깨닫게 되었다.

이 개인적인 여정은 브루스 스프링스틴이 두 번째 아내의 출산으로 아버지가 되기 며칠 전 클라이맥스를 찍고 마무리된다. 그는 그동안 부모님과 계속 연락하며 가끔 찾아가 뵙기도 했는데, 세월이 흐르면서 그가 부모님의 부양자로 자리매김하자 가족 안에서의 역할에 서서히 변화가 찾아왔다. 그의 아버지는 그날 "그냥 인사나 하려고" 자택이 있는 샌머테이오에서 로스앤젤레스까지 수백 마일을 운전해 그를 찾아왔다. 그렇게 두 부자父子가 스프링스틴의 집 근처에 있는 작은 식당 테이블에 앉아서 어색한 대화를 해보려는 찰나, 그의 아버지가 갑자기 이렇게 말했다. "브루스, 너는 우리한테 참 잘해줬다. (…) 나는 너한테 그렇게 잘해주지 못했는데."

그 순간 짧은 정적이 흘렀다. 이윽고 스프링스틴은 말했다. "아버지는 최선을 다하셨어요." 그는 나중에 이렇게 썼다. "그거면 됐다. 그것이 나에게 필요한 전부였다." 힘든 시절이 지나고 나서

보여주고 싶은 것과 보고 싶은 것이 다를 때

그의 아버지는 자신이 그를 사랑했으며, 조심하라고, 더 잘하라고, 자신처럼 마음 아픈 실수를 저지르지 말라고 충고해주려고 아버지가 되기 직전의 아들을 찾아온 것이었다.

내 주변 지인들도 자신의 부모 이야기를 할 때마다 이와 똑같은 감정을 토로한다. 많은 이들이 정확히 똑같은 문구로 그 감정을 표현했다. "아버지는 최선을 다하셨어요.", "어머니는 최선을 다하셨어요.", "그분들은 더 나은 방법을 모르셨어요." 그것은 아무리 애써도 여러 가지 요인으로 인해 기대에 못 미칠 수 있음을 이해할 때 나오는 감정이다. 아무리 노력했어도 우리 역시 얼마나 쉽게 남들을 실망시킬 수 있는지 깨달았을 때 할 수 있는 말이다. 우리 모두 인간이고 그렇기에 불완전할 수 있다는 인식이 여기에 담겨 있다.

그걸 깨닫는다고 해도 모든 상처가 완전히 치유되지는 않는다. 또 어떤 관계는 도저히 되돌릴 수 없는 상태인 경우도 있다. 스프링스틴이 직접 말한 것처럼 "구제받을 수 없는 죄가 있고, 재구성할 수 없는 인생이 있다." 하지만 그의 고백을 통해 알 수 있듯이, 이런 깨달음은 진정한 변화를 가져오기도 한다.

단순한 이야기의 이면을 파헤쳐 대체 무엇 때문에 그런 일이 일어났는지 내막을 모두 이해한다면, 우리 중 몇 사람이라도 상대방의 나쁜 의도를 탓하며 관계에 종지부를 찍는 불상사는 피할 수

있다. 그리고 인연의 끈을 다시 잇는 값진 선물을 받게 될 것이다. 궁극적으로 자기 자신을 치유하려면 그런 과정이 꼭 필요하다. 너무 늦기 전에 그럴 수 있다면, 상처는 그대로 남을지라도 스프링스틴처럼 부모님이 세상을 떠나기 전 어떻게든 화해할 방법을 찾을 수 있다면, 적어도 이 작은 부분에서는 운이 좋았다는 생각이 들 것이다.

보여주고 싶은 것과 보고 싶은 것이 다를 때

6장

신뢰 회복을 위한
좋은 행동과 나쁜 행동의 딜레마

그레고리 보일^{Gregory Boyle} 이 돌로레스미션교회의 주임 사제로 부임했을 당시, 이곳은 로스앤젤레스에서 제일 가난한 가톨릭 교구였다. 미시시피강 서쪽에서 가장 큰 공공임대주택 단지인 알리소비에호와 피코가든스가 이 교구에 속해 있었을 뿐만 아니라, 당시 세계 갱단의 중심지로 알려진 도시인 로스앤젤레스에서도 조직 폭력단의 활동이 가장 극심한 곳이었다. 1986년 당시 조직 폭력 문제에 대처하는 주된 방법은 법 집행과 대량 투옥이었다. 하지만 뚜렷한 효과는 없었다. 조직 폭력은 심각한 문제였고, 범죄로 유죄선고를 받고 징역형을 마친 사람들은 또다시 범죄를 저지를 가능성이 매우 컸다.

그레고리 신부가 홈보이 인더스트리즈를 설립한 이유가 바로 이 때문이었다. 이 비영리 법인은 세계 최대 규모의 조폭 갱생, 교화, 사회 복귀 프로그램으로 성장했다. 2014년, 홈보이는 400여 개의 다른 단체들과 함께 전 세계 네트워크를 출범시켰다. 사회 정의를 추구하고, 소외 계층을 옹호하며, 재범의 악순환을 끊기 위해 노력하고, 복역 기간의 부수적 여파를 해결하기 위한 목표였다. 2018년에만 홈보이는 7,000명에 가까운 로스앤젤레스 인근 지역민에게 갖가지 서비스를 제공했고, 400명 이상의 남녀를 대상으로 18개월 동안 고용을 보장하는 사회 복귀 프로그램을 운영했다.[1]

홈보이 인더스트리즈는 주목할 만한 성공담인 동시에 사회의 처참한 실패담이기도 하다. 홈보이 인더스트리즈가 번창한 가장 큰 이유는 우리가 사회로 다시 복귀하는 범죄자들을 마음속 깊이 불편해하기 때문이다. 이 단체의 도움을 받은 사람은 대부분 이곳이 없었다면 달리 의지할 곳이 없는 신세였다. 사회는 그들을 돌봐주지 않았다.

범죄자를 어떻게 대해야 하느냐에 관한 공적 논의는 지금도 뜨거운 논란거리다. 범죄자에 대한 신뢰 문제와 우리 사회의 사법 시스템이 이러한 논란의 중심에 놓여 있다. 보복이나 억제를 위해 그들을 처벌해야 할까? 아니면 범죄자를 교화시키거나 피해자에게 어떤 형태로든 보상을 제공하는 것을 목표로 삼아야 할까?

시간이 지남에 따라 사회의 관점은 한쪽에서 다른 쪽으로 옮겨 갔다가 다시 돌아오기를 반복했다. 현실적으로 어느 한쪽도 완전히 적합하지 않고, 양쪽의 목표가 서로 상충하기 때문이다. 예를 들어, 보복을 염두에 둔 가혹한 구형은 범죄자를 교화시키는 데에 아무런 도움이 되지 않고 심지어 재범 가능성을 높일 수 있다. 하지만 교화를 염두에 둔 구형은 그 행동을 사회가 용납하지 않는다는 사실을 전달하지 못하거나, 잠재적 범죄자들에게 효과적인 억제력으로 작용하지 못해 실패할 수 있다. 안타까운 현실은 우리가 이런 딜레마로 씨름하는 동안, 미국은 범죄율의 변화 때문이라기보다 법과 정책의 변화 때문에 전 세계에서 투옥률이 가장 높은 나라가 되었다. 미 전역의 교도소 수감자 수는 220만 명으로 지난 40년 동안 500퍼센트나 늘었고 초만원 교도소는 국가 재정에 큰 부담을 주고 있다.[2]

문제의 일부 원인은 정의에 대한 우리의 개념이 상충한다는 데에 있다. 가장 폭넓은 의미에서 정의는 사람들이 마땅히 받아야 할 것을 받는 것이다. 하지만 이 단순해 보이는 원칙을 추구하려다 보면 우리는 매일 대단히 근본적이고 골치 아픈 사회적 난제에 맞닥뜨리게 된다. 정의란 사람들이 마땅히 받아야 할 것을 받는 것이라는 데에 동의하더라도, 그게 정말로 어떤 의미인지 서로 의견이 맞지 않는 경우가 허다하기 때문이다.

신뢰 회복을 위한 좋은 행동과 나쁜 행동의 딜레마

눈에는 눈,
이에는 이

정의는 크게 두 종류로 나눌 수 있다. 분배적 정의^{distributive justice}와 응보적 정의^{retributive justice}다. 분배적 정의는 보상 할당과 관련이 있고, 응보적 정의는 처벌 방법과 관련이 있다. 두 가지 정의 모두 신뢰와 신뢰 회복에 영향을 미친다. **나는 몇몇 연구에서 분배적 정의를 달성하기 위한 시도였다고 범죄를 정당화하면, 신뢰 회복에 도움이 될 수 있다는 사실을 발견했다.**[3] 가령 로빈 후드의 전설처럼 남을 도우려는 의도로 도둑질했다면 물건을 훔치는 행위가 정당화되기도 한다. 하지만 처벌 방법을 결정할 때의 원칙은 보상을 분배할 때 사용되는 원칙과 상당히 다르고, 처벌의 문제는 위반 후에 특히 중요해지는 경향이 있으므로, 이번 장에서는 응보적 정의 문제에 초점을 맞추도록 하겠다.

응보적 정의에 대한 전통적인 시각, 즉 저지른 잘못에 대해 처벌을 받아야 한다는 원칙은 출애굽기 21장 24절 '눈에는 눈'이라는 문구에 잘 표현되어 있다. 독일 철학자 임마누엘 칸트^{Immanuel Kant}는 범법자의 행동이 도덕적으로 얼마나 불쾌감을 주는가에 따라 처벌이 이뤄져야 하며, 처벌의 당위성은 처벌로 인한 미래의 결과에서 나오는 것이 아니라 잘못을 저지른 사람에게 마땅한 대가를 치르게 한다는 보편적인 목표에서 나온다고 주장함으로써 응보적 정의의 전통적인 시각을 가장 잘 표현했다.[4] 이 관점에서 범법자는 끼친 피해에 따라 응당한 벌을 받을 뿐이다. 처벌에 대한 어떠한 정당화도 불필요하며 처벌이 불러오는 미래 결과는 중요하지 않다. 따라서 가해자를 처벌함으로써 어떤 결과가 도출된다고 해도 우리는 그것을 특정한 사회적 목적보다 우주적 공정과 균형이라는 추상적인 개념을 복구하는 문제로 바라볼 수 있다.

이에 반해 영국 철학자 제러미 벤담Jeremy Bentham 같은 공리주의자들은 정의가 사회 전체의 행복을 극대화해야 한다고 생각한다.[5] 그들은 잠재적 위반자가 다른 선택을 내리게 유도하고(억제) 과거의 위반자가 나쁜 행동을 그만둘 만한(교화) 가혹한 처벌을 확실한 위협 수단으로 사용해야 한다고 주장한다. 게다가 잘못을 저지른 사람만 처벌해야 하고 그 처벌은 끼친 피해에 따라 이뤄져야 한다는 전통적인 응보적 관점과 달리, 공리주의적 시각을 지지하는 사람들은 사회적으로 더 나은 결과를 얻을 수만 있다면 무고한 사람을 처벌하거나 죄지은 사람에게 과도하게 가혹한 벌을 내리는 것이 합당할 때도 있다고 주장한다. 극단적인 예를 들자면, 이 관점에서는 과속을 억제해 전체적으로 더 많은 생명을 살리는 효과를 얻을 수 있다면, 속도 위반한 운전자 몇 명을 사형하는 것을 생방송으로 내보내는 일도 합당하다.[6]

신뢰 회복을 위한 좋은 행동과 나쁜 행동의 딜레마

하지만 정의에 대한 올바른 접근법을 둘러싸고 이렇게 장황한 논란이 종종 벌어지는 것과는 별개로, 이 시각 중 어느 쪽이 사람들의 직관적인 판단과 일치하는지는 여전히 불명확한 상태였다. 그래서 심리학자 케빈 칼스미스Kevin Carlsmith는 몇 가지 실험으로 이 궁금증을 해결해보고자 했다. 실험자는 참가자들에게 범죄가 일어났다고 알려주고 그들에게 구형의 책임이 있다고 이야기한 다음, 해당 범죄에 대해 각기 다른 범주의 정보를 알아볼 수 있는 선택권을 주었다. 그것은 각각 억제, 무력화,* 보복과 관련 있는 정보였다.[7] 억제 관련 정보는 처벌의 정도나 이것이 공개적으로 이뤄질 것인지와 연관됐고, 무력화 관련 정보는 범죄자가 폭력을 행사할 가능성과 연관됐으며, 보복 관련 정보는 범죄로 유발된 피해의 양과 연관됐다.

칼스미스의 실험에서 참가자들은 보복 관련 정보에 압도적으로 우선순위를 두었다. 97퍼센트의 참가자들이 보복과 관련된 정보를 먼저 요청했고, 처벌을 공개하는 범위처럼 공리주의적 시각에 해당하는 억제 관련 정보는 다른 유형의 정보를 다 살펴본 후에야 요청했다. 실험 참가자들은 다른 어느 정보보다 보복 관련 정보를 보고 처벌에 대한 확신을 높였다. 칼스미스와 심리학자 존

---

* 위험성이 높은 범죄자를 판별해 선별적으로 장기 수용하는 방법이다.

신뢰의 과학

달리(5장에서 설명한 프린스턴대 신학생들의 도움 행동을 주제로 고전적인 연구를 수행한 학자)는 이 실험과 관련된 연구 결과들을 토대로, 사람들의 직관은 응보적 정의에 대한 공리주의적 관점보다 전통적인 관점과 더 밀접하게 부합한다는 결론을 내렸다.[8] **사회 전체의 행복을 극대화하기 위한 처벌 대신 '눈에는 눈'이라는 생각을 바탕으로 처벌한다는 것이다.**

그렇다고 해서 사람들이 공리주의적 시각을 꼭 거부한다는 뜻은 아니다. 직관적인 사고 대신 좀 더 신중한 형태의 사고를 할 수도 있고, 그런 신중한 사고를 통해 억제와 같은 공리주의적 원칙이 중요하다는 결론을 내릴 때도 있다. 하지만 노벨상을 수상한 심리학자 대니얼 카너먼이 그의 베스트셀러 《생각에 관한 생각》에서 적절히 설명했듯이,[9] 우리의 직관은 훨씬 더 즉각적이고 기계적이다. 신중한 사고가 직관을 능가할 수 있는 것은 특수한 경우로, 이를테면 더 신중하게 사고에 할애할 시간, 정신 자원, 동기, 기회가 있을 때뿐이라는 사실이 수많은 증거를 통해 명확하게 드러났다.

누군가가 범죄를 저질렀을 때 느끼는 도덕적 분노는 잘못된 행동에 대한 즉각적이고 직관적인 반응이다. 그리고 나서 때에 따라 좀 더 신중한 사고를 통해 그 처벌이 가져올 더 광범위한 결과를 생각해봄으로써 처음의 충동적인 반응을 철회할 수 있다. 하지만 그런 종류의 신중한 사고는 시간과 노력이 더 필요하고 그만큼 자주 이루어지지 않기 때문에, 전통적인('눈에는 눈') 형태의 응보적 정의에 기대려는 직관적 경향이 우세할 때가 더 많다.

사고에 대한 이 2단계 접근법은 뇌 영상 연구에서도 명확하게 드러난다. 신경과학자 조슈아 그린Joshua Greene과 공동 연구자들은 실험 참가자들에게 이야기를 한 가지씩 들려주고, 주인공이 마지막에 선택한 행동이 적절했는지 판단해달라고 요청했다.[10, 11] 하나는 폭주하는 기차가 철로에 서 있는 사람 다섯 명을 치려고 하는 찰나, 주인공이 전차를 다른 철로로 틀어 한 사람만 죽도록 스위치를 조작할 것인지 결정해야 하는 이야기다. 또 다른 이야기는 적군 병사들이 마을을 점령하고 남아 있는 민간인을 모두 죽이려는 상태에서 주인공이 마을 사람들 몇 명과 큰 저택의 다락방에 숨어 있으면서 시작된다. 병사들이 귀중품을 수색하러 저택까지 왔을 때 주인공의 아기가 울기 시작했고, 주인공은 아기를 질식시켜 자신과 다른 마을 사람들의 목숨을 구할 것인지 결정해야 한다.

뇌 영상 연구 결과, 이러한 시나리오는 사람들이 사용하는 사고 유형에 따라 뇌에서 완전히 다른 영역을 활성화시켰다. 한 영역은 주어진 피해의 적정성을 재빨리 평가해낼 때 급속도로 활성화됐는데, 이는 곧 감정 및 사회 인지 활동에 관여하는 뇌 부위와

신뢰의 과학

일치했다. 다른 영역은 참가자들이 좀 더 공리주의적 관점에서(더 큰 이익에 보탬이 될 결정인가를 바탕으로) 반응할 때 활성화됐는데, 바로 추상적 사고 중추와 인지 조절에 관여하는 뇌 부위였다. 추상적 사고를 담당하는 이 두 번째 뇌 영역은 진화 과정에서 더 늦게 발달했고, 첫 번째 뇌 영역에서 생성된 직관과 상충하는 반응을 생성해내는 것으로 밝혀졌다. 하지만 그 반응이 최종적으로 직관을 제한하거나 뛰어넘을 가능성은 각각의 뇌 영역이 활성화되는 정도에 달려 있다.

이러한 사실을 보면 우리가 형사 사법에 대해 너무나 자주 모순된 태도를 보이는 적어도 한 가지 이유를 우리 자신에게서 찾을 수 있다. 우리는 전반적으로 어느 하나의 응보적 정의 이론에 반드시 동의하지 않는다. '눈에는 눈'이라는 좀 더 전통적인 관점을 취할 때도 있고, 최대 다수의 최대 행복을 추구하는 공리주의적 접근법을 취할 때도 있다. 우리는 상황(허용된 시간, 동기, 정신 자원, 기회)에 따라 마치 다중인격장애를 앓는 사람처럼 둘 사이를 왔다 갔다 한다.

또한 처벌에 대한 우리의 기본적인 직관은 응보적 정의에 관한 전통적인('눈에는 눈') 관점과 좀 더 일치하는 경향이 있어서 미국 사법 시스템이 마련해둔 법과 자주 충돌한다. 심리학자 칼스미스와 달리는 미국의 사법 시스템이 점점 더 공리주의적 성격을 띠

신뢰 회복을 위한 좋은 행동과 나쁜 행동의 딜레마

는 식으로 변화한다고 보았다.[12] 그리고 이러한 불일치가 법에 대한 경의를 잃게 만든다. 사람들이 사법 시스템을 신뢰하지 않으니, 어떠한 대응이 적절한지 모호한 상황에서 법의 지침에 의존하지 않게 되는 것이다. **사법 시스템과 우리의 직관이 서로 다른 이야기를 할 때 우리는 직감을 더 신뢰하는 경향이 있다.** 적극적인 소통으로 사람들이 법의 공리주의적 근거를 이해하고 직관을 뛰어넘도록 돕는다면 때에 따라 이 갈등을 완화할 수도 있다. 하지만 매번 그렇게 할 수는 없다. 그러다 보니 응보적 정의를 추구하는 과정에서 우리의 직관과 사법 제도 사이에 일정 수준의 갈등이 계속 남아 있을 가능성이 크다.

관용은 '인간적'인가

사회가 응보적 정의에 접근하는 방법이 실망스럽게 느껴지는 이유는 또 한 가지 문제에서 비롯된다. **정의를 궁극적으로 죄와 속죄의 문제를 다루는 방식이라고 볼 때, 지금까지 우리가 살펴본 응보적 정의의 대표적인 접근법들은 속죄에 전혀 관심을 기울이지 않는 모습이기 때문이다.**° 이에 따라 이 문제를 바로잡아야 한다는 대중의 인식이 점점 더 높아졌다. 2016년 4월 전국피해자견해조사National Survey of Victims' Views에서는[13] 전국을 대표하는 3,000명 이상의 응답자 표본 가운데 폭력 또는 재산 피해자 800명의 의견을 조사했다. 그 결과, 범죄 피해자들조차 짧은 징역형을 내려서 교도소에 지출되는 비용을 줄이고 범죄자의 교화에 더 초점을 맞췄으면 좋겠다는 의견을 피력했다. 피해자의 52퍼센트는 감옥이 범죄자들의 재범 가능성을 높인다고 말한 데에 반해, 더 나은 시민으로 교화시키는 데에 도움이 된다고 말한 비율은 19퍼센트에 그쳤다. 즉, 조사 대상 응답자들은 2 대 1이 훨씬 넘는 비율로 형사 사법 시스템이 범죄자들을 처벌하는 것보다 교화하는 데에 주력해야 한다고 생각했다. '가능한 한 오래' 범죄자들을 가둬두는 것보다 짧은 징역형을 선호하는 비율도 이와 비슷했다. 또한 3 대 1의 비율로 감옥 이외의 방법(예: 교화, 정신건강 치료, 약물 치료, 지역 사회 감독, 사회봉사)을 통해 책임을 묻는 방법을 더 선호했다.

○   '눈에는 눈'이라는 전통적인 관점의 응보적 정의를 따르는 경우가 특히 그렇다. 저지른 피해에 따라 범법자를 처벌하는 데에만 신경 쓰고 처벌의 결과는 개의치 않기 때문이다. 그러나 이 점은 공리주의 관점에서도 마찬가지다. 비록 사회 전체의 행복 향상을 추구하지만, 범죄자 교화를 억제 수단의 일종으로 간주해 잘못을 저지른 사람이 두 번 다시 죄를 저지르지 않도록 가혹한 처벌로 단념시키는 데에 주안점을 두기 때문이다.

신뢰 회복을 위한 좋은 행동과 나쁜 행동의 딜레마

이 조사 결과에서 또 하나 눈에 띄는 특징은 이런 의견이 인구 통계와 정치 집단을 초월했다는 점이다. 질문을 던진 방식과 관계없이 민주당원, 공화당원, 무당파층 대부분이 이러한 변화를 지지했다. 이 패턴은 퓨자선기금Pew Charitable Trusts이 2012년 수행한 설문 결과에서도 일관되게 나타났다. 민주당원, 공화당원, 무당파층이 상당수 포함된 84퍼센트의 대중이 비폭력 재소자를 감금하는 것보다, 보호 관찰과 가석방 같은 대안 프로그램을 운영하는 쪽으로 비용 집행을 전환해야 한다는 데에 동의했다.[14]

폭력 범죄 피해자를 포함해 실제 범죄 피해자들을 대상으로 한 2016년 전국피해자견해조사 결과에서 변화를 촉구하는 목소리가 가장 드높았다. 주차장 총격으로 스물네 살 된 아들을 잃은 오하이오주에 사는 여성 주디 마틴은 그 설문에서 이렇게 말했다. "현재 마련되어 있는 형사 사법 시스템에서는 속죄가 허용되지 않습니다. (…) 우리는 심각한 실수를 저질렀더라도 서로를 좀 더 인간적으로 대해야 합니다. 그것이 앞으로 나아가는 유일한 방법이기 때문입니다."

이런 견해는 범죄 행위로 일어난 피해를 복구하는 데에 초점을 맞추는 '회복적 정의restorative justice' 접근법에 관심이 높아지고 있는 것과 맥락을 같이한다.[15] 심리학자 앨버트 이글래시Albert Eg-lash는 1950년대에 재소자들을 데리고 방대한 연구를 진행한 끝에

이 접근법의 개척자가 되었다. 범죄를 법 위반으로만 바라보는 것이 아니라 피해자와 지역 사회, 심지어 범죄자 본인을 해치는 인간관계의 침해로 바라보는 시각이다. 이 접근법은 다음과 같이 묻는다. "누가 상처를 입었는가? 어떻게 하면 가해자와 피해자를 화해시켜 피해를 인정하고 복구할 수 있는가?"[16] **즉, 잘못을 저지른 사람에게 단순히 고통을 주기보다 피해자, 가족, 지역 사회에 대한 책임을 물어 변상하게 하는 데에 주안점을 둔다.**

관련 연구에 따르면 회복적 정의 프로그램들은 전통적인 형사 사법 대응 방법보다 피해자 만족도를 개선하고, 가해자의 책임을 늘리며, 재범을 낮출 수 있는 것으로 보인다. 하지만 이것은 아직 확정적인 데이터가 아니다. 이런 효과 중 얼마만큼이 자기 선택 편향⁕으로 인한 것인지 여전히 명확하지 않다. 그러한 프로그램에 참여하기로 동의한 집단과 참여하지 않기로 한 집단 사이의 내재적 차이점에서 나온 결과일 수도 있다는 뜻이다.[17] 또한 이 장점을 액면 그대로 받아들이더라도, 회복적 정의를 추구하려다 보면 좀 더 전통적인 '응보적' 접근법을 선호하는 우리의 직관에 맞서야 할 때가 여전히 많다.

● 프로그램이나 조사에 자발적으로 참여하고 응답하는 사람들에서 나타나는 편향을 말한다.

스탠퍼드대학교 학부생이자 학교 수영팀 선수였던 브록 터너Brock Turner의 사건을 예로 들어보자. 그는 교내에서 만취 상태의 여성을 성폭행한 세 건의 중죄(의식 없는 사람을 성폭행, 술 취한 사람을 성폭행, 강간을 의도한 성폭행)로 2016년 3월 유죄 판결을 받았다.[18] 피해자의 신원은 나중에 공개됐는데, 스물세 살의 샤넬 밀러Chanel Miller였다. 목격자들은 대형 쓰레기통 뒤에서 의식을 잃은 채 반라의 상태로 누워 있던 피해자의 몸 위에 올라탄 터너를 발견했고 그를 경찰에 넘겼다. 사건을 담당한 검찰은 징역 6년을 구형했다. 하지만 고등법원 판사 에런 퍼스키Aaron Persky는 터너에게 전과가 없고, 극심한 언론 노출로 이미 고통을 당했으며, "징역형이 그에게 심각한 영향을 미칠 것이고, 그가 다른 사람에게 위협이 되지 않을 것"이라는 이유로 터너에게 달랑 징역 6개월과 보호관찰 3년을 처분했다.

그 논리는 2012년 퓨자선기금의 조사나 2016년 전국피해자견해조사에 나타난 응답자들의 의견과 일맥상통하는 것으로 보인다. 처벌보다는 관용과 교화 가능성에 더 중점을 둔다는 점에서다. 또한 브록 터너의 아버지가 발표한 성명 역시 회복적 정의를 옹호하는 사람들이 속죄에 초점을 맞추는 것과 같은 맥락이었다. 그는 아들이 보호관찰 기간을 활용해 "음주와 난잡한 성행위의 위험에 관해" 대학생들을 교육함으로써 "긍정적인 측면이 더 많아지도록 사회에 보답"할 계획이라고 밝혔다.

하지만 판결은 광범위한 공분을 불러일으켰다. 캘리포니아주 샌타클래라 지방검사장 제프 로즌Jeff Rosen은 그 판결이 "죄에 부합하지 않으며" 터너는 책임지거나 뉘우치기를 거부하는 "약탈적 가해자"라는 내용의 성명을 발표했다. 〈새너제이 머큐리 뉴스San Jose Mercury News〉는 그 선고가 "솜방망이 처벌"이며 "교내 강간을 심각하게 받아들이려는 움직임에 역행"한다는 취지의 사설을 게재했다. 급기야 솜방망이 판결을 내린 판사를 해임하라는 목소리가 불거졌고, 결국 2018년 6월 퍼스키는 86년 만에 처음으로 주민소환으로 퇴진한 캘리포니아주 판사가 되었다.[19]

회복적 정의를 옹호하는 사람들은 대중의 이러한 분노가 회복적 정의의 원칙 자체에 문제가 있음을 의미하지 않는다고 합리적으로 주장할 수 있다. 회복적 정의 프로그램들은 피해자가 가해자와 대화를 나눔으로써 회복 과정에서 능동적인 역할을 하고, 가해자가 자신의 행동에 책임을 지도록 독려하는 것이 보통이다. 하지만 이 경우에는 그 무엇도 이뤄지지 않았다. 터너는 술을 마신 것은 시인했지만 합의에 따른 성관계였다고 주장하며 성폭행 자체를 인정하지 않았다. 또한 회복적 정의를 도모하려면 가해자가 어떤 방식으로든 피해자에게 끼친 피해를 바로잡아야 하는데, 이 판결은 피해자의 필요보다 가해자의 필요를 편들어주는 것으로 여겨졌다.

터너가 받은 가벼운 판결 때문에 일어난 반발을 보면 정의를 추구하는 과정에서 우리의 응보적 직관이 계속해서 중요한 역할을 한다는 사실을 분명히 알 수 있다. **관용과 교화의 가치를 신봉하더라도, 이런 종류의 사건이 일어났을 때 즉각적이고 기본적으로 튀어나오는 반응 안에는 처벌하려는 욕구, 즉 '눈에는 눈'을 추구하려는 욕구가 그대로 남아 있다.** 따라서 우리는 잘못을 저지른 사람들을 놓고, 신봉하는 가치와 본능적인 선호 사이에서 일어나는 잠재적 갈등을 어떻게 처리해야 할지 알아야 한다.

진심이 신뢰 회복의 청신호가 되려면

이 문제를 어떻게 헤쳐나가야 할까? 사람들이 일반적으로 품성을 어떻게 평가하는지 떠올려보면 한 가지 실마리를 얻을 수 있다. 발달심리학자 모르데카이 니산Mordecai Nisan은 사람들이 장기간에 걸친 착한 행동과 나쁜 행동의 의미를 마치 은행 계좌처럼 취급하는 경향이 있다고 이야기했다. 착한 행동은 계좌에 적립되고(자산), 반대로 나쁜 행동은 차감되는(부채) 것으로 여긴다는 뜻이다.[20] 이 비유는 누군가가 나쁜 짓을 저지르면 그 사람이 어떤 식으로든 갚아야 할 부채가 발생함을 시사한다. 그 사람이 빚을 갚고 앞으로는 비슷한 부채를 피하리라는 기대가 있어야만 우리는 가해자가 죗값을 치렀고 그 사람을 다시 신뢰해도 괜찮다고 생각할 것이다.

하지만 문제는 우리가 속죄가 이뤄질지 가늠하는 데에 매우 서툴다는 것이다. 가해자의 마음을 들여다볼 방법이 없으니 최선의 추측을 하는 수밖에 없다. 가혹하게 처벌할수록 잘못을 뉘우치는 마음이 커져 속죄에 도움이 되리라 짐작하고, 그 뉘우침을 계기로 가해자가 충분히 잘못을 만회하기를 희망할 뿐이다. 사람들이 종종 사과를 '알맹이 없는 빈말'로 일축하고 잘못을 저지른 이에게 더 실질적인 배상 방안을 요구하는 이유가 여기에 있다.

뉘우침이 있어야 속죄할 수 있다는 인식은 부정확하고 편향될 수 있다. 말로 하는 대응이 의미 있는 차이를 불러올 때도 있기 때문이다. 이를테면 심각한 의료 사고가 발생한 후 사과를 표현한 의사들은 '부인하고 방어하는' 전통적인 접근법을 택한 의사들에 비해 더 적게 소송을 당했고 변호, 합의, 배상 비용도 낮은 것으로 나타났다.[21, 22] 그런가 하면 공직에서 물러나는 결정을 비롯한 좀 더 실질적인 대응이 신뢰 회복에 전혀 도움이 되지 않을 때도 있다. 예를 들어, 2011년 6월, 뉴욕주 하원의원 앤서니 위너^{Anthony Weiner}는 결혼 전과 결혼 생활 도중 몇 명의 여성에게 노골적인 성적 이미지와 메시지를 보낸 사실이 발각됐고, 이 음란 문자 스캔들 이후 사임이라는 뼈아픈 결정을 발표했지만 "그래! 잘 가라, 변태야!"라는 야유만 들었다.[23]

이런 일이 발생하는 이유는 우리의 관심이 범죄자에게 끼칠 실질적인 손해가 아니라 뉘우침을 끌어내는 정도에 있기 때문이다. 내가 동료 연구자들과 함께 진행한 몇 가지 실험에서도 이 사실을 확인할 수 있었다. 실험의 목표는 더 실질적인 신뢰 회복 노력이 어떤 효과를 불러오는지 알아보는 것이었다.[24] 실험 중 하나는 2003년 당시 아메리칸항공의 최고경영자였던 도널드 J. 카티[Donald J. Carty]와 관련된 사건을 바탕으로 했다. 이 항공사는 파산 신청을 피하겠다며 노조로부터 임금과 복지 혜택을 양보받고자 했다. 하지만 노조는 양보안 수용을 위한 표결을 마친 직후, 회사 측이 카티 본인을 포함한 임원 일곱 명에게 2005년 1월까지 근무할 경우 기본급의 두 배에 해당하는 현금 보너스를 주기로 했을 뿐만 아니라, 그보다 많은 수의 임원에게는 총 4,100만 달러의 연금을 약속했다는 사실을 알게 되었다. 이 사실이 알려지자 카티가 곧바로 사과하고 회사는 임원들의 보너스 지급을 취소하기로 했지만(연금 보장은 취소하지 않음), 그나마도 미약했던 노조의 양보안 지지는 무너졌고 양측은 다시 협상 테이블에 앉게 되었다. 그리고 카티는 사임해야만 했다.[25]

동료 연구자들과 나는 이 복잡한 사건을 분석해 신뢰 회복 노력이 사과만으로 이뤄졌을 경우, 금전적 불이익을 감수했을 경우, 다른 형태의 실질적인 대응 방안을 실행하기로 했을 경우(예: 향후 비슷한 위반을 방지할 수 있도록 법규화), 각각 무슨 일이 일어날지 비교해보기로 했다. 연구팀은 로스앤젤레스에 있는 우리 대학교의 입지 조건을 이용했다. 서던캘리포니아대학교 전용 TV 방송국의 도움을 받아 할리우드 배우들을 배역으로 모집하고 이 사건에 관한 보도 내용으로 뉴스 영상을 제작했다. 영상은 여러 버전으로 만들었는데, 각 참가자들에게 이 스캔들을 해결하기 위한 여러 시도 중 한 가지만 보여주기 위함이었다. 참가자들은 최고경영자가 다음 중 하나의 방법으로 대응했다는 보도 내용을 보았다. 1) 혐의가 사실이라고 인정만 함, 2) 사과만 함, 3) 어떤 형태의 금전적 불이익이 포함된 실질적 대응을 내놓음, 4) 그런 일이 다시 일어나지 않도록 막기 위한 구체적인 단계가 포함된 실질적 대응을 내놓음. 우리는 참가자들이 각각의 행동을 취한 최고경영자를 어떻게 바라볼 것인지 궁금했다.

　　실험 결과, 표면적인 차이는 있지만 각각의 신뢰 회복 노력이 작동하는 방식은 똑같았다. 그 효과는 모두 얼마나 깊이 뉘우친 것처럼 비춰지느냐에 달려 있었다. 뉘우침은 도덕성보다 역량 문제와 관련된 위반일 때 더 쉽게 전달됐다. 이것은 도덕성 기반의 위반일수록 해결하기가 훨씬 더 어려울 수 있다는 이 책 앞부분의 내용과 일치했다. 하지만 이러한 결과는 특히 실질적 대응이 불성실하거나 너무 전략적으로 보이는 경우에 진심 어린 사과가 실질적 대응 못지않게 효과적일 수 있는 이유를 설명해주기도 한다.

이 결과는 잘못을 저지른 사람에게 중요한 건 위반자가 감당해야 하는 대가가 아니라 뉘우침의 정도임을 보여준다. 뉘우침이라는 감정은 향후 문제가 시정될 것인지에 대한 판단에 더 직접적인 역할을 하기 때문이다. 최고경영자가 신뢰 위반을 진심으로 미안하게 생각하는 것처럼 보였다면 어떻게 표현됐든 참가자들은 그 제스처를 다시 신뢰해도 좋다는 신호로 받아들일 가능성이 컸다. 하지만 뉘우침을 인식하는 것은 궁극적으로 보는 사람의 마음에 달렸기 때문에, 범죄자의 실제 뉘우침이나 속죄 가능성과는 아무 상관없는 요소들로 신뢰 회복에 대한 인식이 형성될 수 있다. 무엇이 신뢰 회복에 진정으로 도움이 될지 생각하기보다 좀 더 가혹한 처벌에 의지하고 응당한 대가를 요구하기 쉬운 이유가 바로 이 때문이다.

좋은 행동은
적립될 수 있을까

우리는 처벌의 적정선을 판단하는 데에 매우 서툴다. 그렇기 때문에 처벌에 초점을 맞추면 얄궂게도 상황은 더 나빠질 수 있다. 앞서 설명한 은행 계좌 비유의 부수적인 속뜻을 생각하면 그 이유를 쉽게 이해할 수 있다. 그 비유에 따르면 우리는 나쁜 행동을 함으로써 부채를 발생시키지만, 과거에 착한 일을 했다면 가끔 나쁜 짓을 저질러도 빠져나갈 구멍이 생긴다는 의미가 된다. 도덕 은행 계좌의 잔액이 마이너스로 떨어져 '도덕적 파산' 상태에 이르지만 않는다면 나쁜 짓을 조금 하더라도 상관이 없다.

이런 논리를 제시하는 근거는 적어도 두 가지 계열의 실증적 연구 때문이다. 심리학자 브누아 모닌[Benoir Monin]과 데일 밀러[Dale Miller]가 보고한 세 개의 연구에 따르면 사람들에게 **일단 편견 없는 사람이라는 이미지를 쌓도록 행동할 기회를 주면, 이후부터는 편견으로 보일 수 있는 태도를 더 적극적으로 표현하는 것으로 드러났다.**[26] 한 연구에서 실험자들은 참가자에게 대형 컨설팅 회사의 신입직에 지원한 지원자 다섯 명을 소개한 후 사진, 이름, 학점, 전공을 알려주고 그중에서 누구를 채용할지 표시해달라고 했다. 이 중에서 네 번째 지원자가 명문대를 졸업했고, 경제학을 전공했으

신뢰 회복을 위한 좋은 행동과 나쁜 행동의 딜레마

며, 학점도 제일 높은 가장 매력적인 후보로 연출됐다. 실험자들은 이어서 사진과 이름을 이용해 네 번째 지원자의 성별과 인종을 백인 여성, 흑인 남성, 백인 남성 등으로 바꾼 후 선택해보게 했다. 마지막으로 실험자들은 참가자들에게 편견이 드러나도록 설계된 딜레마를 제시했다. 나머지 네 명의 지원자는 모두 백인 남성으로 설정하고, 가장 매력적인 후보인 지원자를 여성(성별 조건) 또는 흑인(인종 조건)으로 설정했다. 회사에 여성이나 흑인 집단의 구성원을 선발하는 것이 어느 정도나 가능할지 가늠해보게 한 것이다. 결과적으로 앞의 과제에서 백인 여성이나 흑인 남성을 선택해 편견 없는 사람이라는 이미지를 쌓은 참가자들은 그렇지 않은 참가자들보다 두 번째 과제에서 백인 남성을 선호할 가능성이 더 큰 것으로 나타났다.

이 도덕적 회계 접근법은 행동경제학자 니나 마자르[Nina Mažar]와 온 아미르[On Amir], 댄 애리얼리[Dan Ariely]가 진행한 일련의 실험에서도 나타난다. 이들은 과제 수행을 허위로 보고하는 참가자에게 금전적 보상을 제공했다.[27] 그들은 실험에서 참가자들에게 각각 12개의 세 자리 숫자가 적힌 매트릭스* 종이 스무 장을 나눠줬다. 그리고 4분 동안 각 매트릭스 안에서 합이 10이 되는 두 개의 숫자를 찾으라고 했다. 그리고 실험 참가자들 중 무작위로 두 명을 선택해 답을 맞힌 매트릭스 문제 하나당 10달러를 주겠다

신뢰의 과학

는 설명도 덧붙였다. 주어진 시간이 다 되었을 때, 실험자는 매트릭스 문제에 적힌 참가자들의 답을 확인해서 정확하게 푼 매트릭스의 개수를 참가자 대신 별도의 답안지에 적어주거나(대조군), 참가자들이 직접 별도의 답안지에 정확하게 푼 매트릭스의 개수를 적은 다음 답안지만 제출하게 했다(실험군). 후자의 경우, 참가자는 정답을 푼 매트릭스와 풀지 못한 매트릭스가 모두 자기 손에 있으니 부정행위를 할 기회가 있었다. 실험 결과, 대조군의 참가자들보다 실험군의 참가자들은 훨씬 더 많은 수의 매트릭스를 풀었다고 보고했다. 기회가 생기자 부정행위를 한 것이다. 그러나 참가자들은 그 부정행위로 인해 자신이 정직한 사람이라는 긍정적인 이미지가 손상되지 않도록 실제 할 수 있는 것보다는 훨씬 적게 부정행위를 했다.

하지만 그런 행동을 목격한 사람은 이를 아주 다른 방식으로 해석할 수 있다는 데에 문제가 있다. 나는 최근 얼리사 한[Alyssa Han]과 알렉산드라 미슬린[Alexandra Mislin], 에세 툰셀[Ece Tuncel]과 함께 진행한 연구를 통해 이 사실을 밝혀냈다.[28] 우리는 참가자들에게 어떤 사람이 할 수 있는 좋은 행동이나 나쁜 행동을 하나씩 떠올려

- 4행 3열로 구성된 총 12개의 빈칸에 9.38, 3.06, 5.15와 같은 식으로 세 자릿수의 숫자를 임의로 적어넣은 행렬표다.

신뢰 회복을 위한 좋은 행동과 나쁜 행동의 딜레마

보고, 두 행동이 일어난 순서를 생각해보라고 했다. 일례로, 한 실험에서 공동 연구자들과 나는 참가자들에게 스티브 잡스와 애플의 공동 창립자인 스티브 워즈니악 Steve Wozniak 사이에 있었던 사건을 각색해 소개했다. 전기 작가 월터 아이작슨이《스티브 잡스》에서도 소개한 일화였다.[29]

애플을 창립하기 전 워즈니악은 휴렛팩커드에서 일했고 잡스는 아타리에서 일했다. 둘은 오랜 친구 사이였다. 잡스가 아타리의 클래식 게임 퐁의 후속작으로 1975년 출시 예정인 '브레이크아웃'이라는 1인용 벽돌 깨기 게임을 개발하는 업무를 맡게 됐는데, 당시 시장에서 더 실력 있는 엔지니어로 알려져 있었던 워즈니악에게 도움을 청했다. 워즈니악은 기회를 준 잡스에게 고마워했지만, 잡스는 그 일에 대해 거짓말을 한 것으로 드러났다.

잡스는 워즈니악에게 개발을 완료할 시간이 나흘밖에 없으며 되도록 적은 칩을 사용해야 한다고 말했다. 하지만 그는 칩을 적게 사용하면 보너스가 있다는 사실을 워즈니악에게 말하지 않았고, 나흘이라는 기한은 잡스가 협동농장에 가서 사과를 수확하려고 임의로 정해준 것이었다. 게다가 이 거짓말 때문에 워즈니악은 회사 일을 하면서 잡스가 부탁한 추가 작업을 하느라 쉴 틈 없이 일해야만 했다. 잡스는 상대적으로 한 일이 없었는데도 워즈니악에게 수고비의 절반만 주고 나머지 절반은 자신이 챙겼으며 보

너스는 전액 독차지했다.[30]

워즈니악은 10년이 지난 후에야 이 사실을 알게 되었다. 두 사람이 애플을 세워 눈부신 성공과 부를 이룬 뒤였음에도, 워즈니악은 그때 일을 생각하면 여전히 마음이 아프다고 시인했다. 워즈니악은 돈이 문제가 아니었다고 말했다. "그 돈이 필요하다고 말했더라면 내가 그냥 줬을 텐데요." 어쨌든 잡스는 그의 친구였고, 워즈니악에게 (아무런 대가 없이도 도전했을 법한) 흥미로운 프로젝트에 참여할 기회를 줬지만 잡스는 친구를 심각한 방식으로 이용했다. 이에 따라 우리 연구팀이 실험을 통해 풀고 싶은 궁금증은 두 가지였다. 첫째, 사람들은 이런 식으로 착한 행동과 나쁜 행동을 하는 사람을 어떻게 인식하는가(예: 잡스가 워즈니악에게 흥미로운 일거리를 준 다음 그에 관해 거짓말을 함). 둘째, 사람들의 인식과 정작 그런 행동을 한 본인이 자기 자신을 인식하는 방식 사이에 어떠한 차이가 있는가.°

실험 결과, 아주 심각한 문제점이 드러났다. 이런 행동을 하는 사람들은 자신이 전에 한 착한 행동이 도덕적 신용으로 남아

° 이 실험의 다른 버전에서는 다른 유형의 착한 행동(예: 경쟁적인 분위기의 직장임에도 동료가 보고서를 완성하도록 도와줌)과 다른 유형의 나쁜 행동(예: 커피숍에서 물건을 훔치거나 은폐 행위에 가담해 무고한 제삼자를 해고당하게 함)을 사용했다.

신뢰 회복을 위한 좋은 행동과 나쁜 행동의 딜레마

서 나중에 저지른 잘못의 영향을 상쇄시켜줄 것이라고 믿는 경향이 있었다. 하지만 그 행동을 관찰한 사람들은 이전의 착한 행동을 되돌아보고 그 행동이 진정 착한 행동이었는지 의문을 품는 식으로 잘못에 반응했다. 관찰자들은 초반의 착한 행동을 도덕적 신용으로 바라보는 게 아니라 위반자가 처음부터 나쁜 행동을 실행에 옮기기 위해 계획한 흉악한 계략으로 바라봤다. 그러한 영향으로 관찰자들은 위반자가 예상하는 수준보다 위반자를 훨씬 도덕성이 낮고 신뢰하기 힘든 사람이라고 생각했다.

이 실험 결과에 의하면 워즈니악은 당연히 잡스가 스스로 생각하는 것보다 잡스를 도덕적이고 믿을 만한 사람으로 바라보기가 훨씬 더 힘들었을 것이다. 반면 잡스는 자신의 행동을 엄청난 성공을 일궈낸 둘의 관계에서 일어난 사소한 마찰 정도로 합리화하는 데에 별 어려움이 없었을 것이다. 잡스가 워즈니악에게 온갖 기회를 주었고, 그 기회로 워즈니악이 엄청난 부를 얻게 됐으니 가볍게 넘길 수 있는 마찰이라고 여겼을 것이다. 하지만 워즈니악의 입장에서 그 속임수는 잡스나 둘의 관계에 근본적인 우려를 불러일으키는 아주 심각한 배신을 의미했다. 적어도 워즈니악은 이 일을 계기로 잡스가 그동안 보여준 착한 행동에도 숨은 동기가 깔려 있을지도 모른다고 의심할 수 있었기 때문이다.

하지만 워즈니악이 신뢰가 깨졌다고 여겨 그 감정을 표현하려고 했더라도, 잡스가 이를 완전히 이해하기는 어려웠을 것이다. 잡스가 이전의 좋은 행동으로 나쁜 행동이 상쇄된다고 믿었다면 이런 일로 배신감을 느끼는 워즈니악이 오히려 너무한다고 생각했을 것이다. 또한 워즈니악이 속마음을 표현했다면 잡스가 관계를 회복하려고 어떤 시도를 하든 소용없었을 것이고, 잡스의 입장에서는 무리한 요구를 하는 워즈니악에게 인내심을 잃었을 가능성이 크다.

이런 인내심과 관련된 문제는 배우자의 외도 상황에서 흔히 발생한다. 상담사들의 보고에 따르면, 바람을 피운 배우자는 결혼생활을 회복하려고 시도하다 짜증이 난 나머지, 상대방에게 그냥 좀 넘어가자고 말하거나 그 이야기는 더 하고 싶지 않다는 식으로 말해버리기도 한다.[31] 자신이 한 행동에 책임을 받아들이기도 하지만, 그동안 관계 속에서 쌓아온 여러 좋은 행동이 불륜을 부분적으로나마 상쇄시킬 수 있다고 생각한다. 그래서 관계를 회복하고 화해를 모색하는 가운데서도 어느 시점에 이르면 자신이 바람피운 일에 대해 충분한 대가를 치렀다고 믿고, 다음 단계로 넘어가지 못하는 배우자를 탓하며 인내심을 잃고 만다. 하지만 이런 문제가 일어나는 이유는 불륜을 저지른 사람이 배우자의 눈을 통해 세상을 바라보지 않기 때문이다. 상대방이 자신에게 다른 비밀이나 또 다른 배신은 없는지, 과거의 좋은 행동에도 사악한 동기가 깔려 있지 않았는지 심각한 의문을 제기할 수 있음을 헤아리지 못한다.

이처럼 관찰자들이 위반자들의 과거 행동을 재해석할 수 있음을 염두에 두지 못할 때 또 하나의 문제가 생긴다. 내 연구 결과, 위반자가 잘못을 저질러 그에 대한 신뢰가 떨어졌을 때(위반자 스스로 합당하다고 생각하는 수준보다 더 떨어짐), 관찰자들의 행동에 그런 감정이 반영된다는 것을 알아냈다. 중요한 직책에 위반자를 추천하거나, 자원을 배분하거나, 중요한 고객들을 상대해야 하는 업무를 맡길 가능성이 위반자들이 예상한 수준보다 낮았다. **더욱 아이러니한 점은 위반자는 관찰자들이 자신을 부당하게 처벌했다고 여기고, 거꾸로 자신을 처벌한 사람들을 신뢰하기 힘들다고 여길 잠재성이 있다는 것이다.**

이 모든 내용을 종합해보면 우리가 그토록 쉽게 보복에 이끌리는 이유를 어느 정도 이해할 수 있다. 대다수의 사람은 자신이 공정하고 일관성 있다고 믿고 싶어 하지만, 연구 결과에 따르면 우리는 자기 자신을 판단할 때와 타인을 판단할 때 몹시 일관적이지 못한 잣대를 들이댄다. 똑같은 행동을 하고서도 남들은 자신보다 덜 도덕적으로 대응했을 것이라고 여기기도 한다. 또한 자신이 잘못을 뉘우칠 때보다 남들이 보여주는 뉘우침의 신호를 깎아내릴 가능성이 훨씬 크다. 이렇게 되면 타인의 도덕 은행 계좌에는

신뢰의 과학

적자가 늘어나고, 그 사람이 신뢰 회복을 모색하고자 해도 우리로서는 오로지 처벌이라는 수단을 통해서만 그가 충분히 반성했다고 느낄 수 있는 난감한 상황이 펼쳐진다.

그렇다면 이번 장 시작 부분에 나온 그레고리 신부가 조직 폭력단 출신들을 사회에 복귀시키려고 노력한 것이 얼마나 중요한 일이었는지, 인권 변호사 브라이언 스티븐슨^{Bryan Stevenson}이 베스트셀러《월터가 나에게 가르쳐준 것》에서 "우리 모두는 우리가 저지른 최악의 행동보다 훨씬 가치 있는 존재"라고 힘주어 말했던 이유가 무엇이었는지 충분히 짐작할 수 있다.[32] 내 연구 결과에 따르면 다른 사람들의 눈에 우리는 그 최악의 행동밖에 안 되는 사람으로 비춰질 때가 많다. 관찰자들은 아무렇지도 않게 그 최악의 행동이 범죄자의 인품을 가장 솔직하게 말해주는 신호라 여기고, 그 순간을 빌미로 범죄자의 다른 좋은 행동들을 다시 생각해보며, 그 결과 그를 훨씬 가혹하게 처벌하려고 한다. 이것은 우리가 도덕적 판단을 내리는 방식에서 일어나는 근본적인 문제다. 이 문제를 해결하기 전까지 우리는 다시 한 번 기회를 얻어 마땅한 사람들이 속죄를 향해 나아갈 수 있는 현실적인 경로를 계속 차단하게 될 것이다.

7장

리더와 신뢰의
상관관계

미국의 심각한 공중보건 위기인 오피오이드● 사태에 책임이 있는 모든 사람 중에서 새클러 가문만큼 질책 받아 마땅한 대상은 없다. 기자인 패트릭 라든 키프Patrick Radden Keefe 가 〈뉴요커〉 기사에서 자세히 설명했듯이,[1] 새클러 가문의 회사인 퍼듀제약Purdue Pharma 은 1990년대에 강력한 마약성 진통제를 훨씬 더 광범위하게 처방해야 한다고 미국 의료계를 설득하는 데에 앞장섰고, 그 약물의 중독적 속성을 우려하는 의사들의 말을 무시했다. 퍼듀 측은 1995년 옥시콘틴OxyContin 을 출시할 당시, 전례 없는 마케팅 캠페인을 개진해 엄청나게 다양한 종류의 질환에 이 강력한 마약성 진통제를 사

● opioid, 강력한 진통 효과를 나타내지만 심각한 중독성이 있는 마약성 성분이다.

리더와 신뢰의 상관관계

용하도록 촉구하는 한편, 이 약이 중독으로 이어지는 비율은 환자의 "1퍼센트 미만"이라고 주장했다.

하지만 그 주장은 참담하게도 거짓으로 판명됐다. 옥시콘틴과 이 약을 따라 다른 제약 회사들이 시장에 내놓은 경쟁 제품들로 인해 수많은 미국인이 주기적으로 마약성 진통제를 사용해야만 하는 덫에 빠졌고 오남용으로 인한 사망도 급속도로 증가했다. 오피오이드 사태로 1999년부터 최소 45만 명이 사망했고, 주마다 이 문제에 힘겹게 대응하느라 미국 경제에 적어도 2조 1,500억 달러의 비용부담이 발생했다.[2] 하지만 옥시콘틴 덕분에 퍼듀는 2020년까지 약 300억 달러의 수익을 챙겼고 새클러 가문은 미국에서 가장 부유한 집안의 대열에 올랐다. 더구나 새클러 가문은 이 약으로 미국인들의 삶을 파탄 냈으면서도 재무적, 법적 책략을 동원해 부의 상당 부분을 유지할 수 있었다. 심판의 날이 올 것에 대비해 퍼듀의 자금 대부분을 미 당국의 영향력이 닿지 않는 해외 은행 계좌로 빼돌린 것이다. 퍼듀가 결국 파산 보호를 신청하고 2022년 수정된 합의안에 도달했을 때 남은 건 빈껍데기뿐이었다. 미 법무부뿐만 아니라 많은 주가 이 회사와 새클러 가문을 너무 가볍게 풀어줬다며 판결을 비난했다.[3]

신뢰의 과학

우리는 리더를
믿고 싶어 한다

이것은 너무도 친숙한 이야기다. 우리 대부분은 권력자가 쉽게 위기에서 빠져나오는 사례를 익히 알고 있다. 막대한 자금과 연줄이 있는 권력자들은 비싼 변호사, PR 전문가, 위기관리 컨설턴트를 고용해서 법의 구멍을 파악하고, 자신에게 유리한 미디어 캠페인을 벌이고, 앞길을 막는 사람은 누구든 힘으로 억누르거나 돈으로 매수한다. 그러다 보니 많은 사람이 권력자들을 의심의 눈초리로 바라보고 범죄를 저지른 권력자에게 책임을 추궁하려 하는 것은 놀라운 일이 아니다.

하지만 우리는 이 동전의 다른 면도 들여다볼 필요가 있다. 새클러 가문이 엄청난 피해를 초래한 것은 사실이지만, 썩 괜찮은 사람들도 권력의 자리에 오를 수 있음을 인식해야 한다. 그리고 **때로는 우리가 매우 존경하는 사람들도 잘못된 행동을 할 수 있음을 깨달아야 한다.**

예를 들어, 20세기에 찾아온 두 차례의 큰 위기(대공황과 제2차 세계대전) 중 미국을 이끈 대통령 프랭클린 D. 루스벨트Franklin D. Roosevelt가 제2차 세계대전 중 정당한 법적 절차 없이 약 12만 명의 선량한 일본계 미국인(3분의 2 이상은 미국에서 태어난 시민권자들

　　　　　리더와 신뢰의 상관관계

이었음)을 수용소에 감금하고 몇 년간 억류했다는 사실을 어떻게 받아들여야 할까? 오스트리아와 합스부르크 왕가의 넓은 영토를 다스린 유일한 여성 통치자로서 재정 상태와 정부 운영 모두 엉망이던 국가의 지배권을 이어받아 경제를 되돌려놓고, 군대를 강화하고, 소년 소녀 모두에게 의무 공교육을 제도화한 마리아 테레지아Maria Theresa가 여러 차례 유대인을 추방하면서 "이 인종보다 더 큰 재앙을 본 적이 없다. (…) 유대인은 멀리하고 내쫓아야 할 대상이다"라고 썼다는 사실을 어떻게 보아야 할까?[4] 그리고 2027년까지 봉인된 FBI 오디오 테이프의 검증된 요약본에 따르면 시민권을 위해 싸운 마틴 루서 킹 주니어Martin Luther King Jr.가 40명 이상의 여성과 바람을 피웠다는 사실을 어떻게 이해해야 할까?[5]

합리적인 사람들도 이러한 과거사를 이해하는 방법에 의견을 달리할 수 있고, 각 사건의 세부 사항에 따라 해석에 큰 차이가 생길 수도 있다. **하지만 우리는 이 역사 속 위대한 지도자들의 온갖 좋은 점과 나쁜 점, 사악한 면모, 변명할 수 없는 행동을 저울질할 때 권력이 우리의 판단에 미칠 수 있는 영향을 생각해볼 필요가 있다.**

권력이 주는 우위는 명백하다. 사회과학자들은 권력을 대개 저항에도 불구하고 자신의 의지를 관철할 수 있는 능력으로 정의했다.[6] 권력은 다른 세력의 방해를 받더라도 원하는 바를 달성할

신뢰의 과학

수 있는 상태를 말한다. 아울러 사람들은 대부분 자신에게 이익이 되는 것을 원하는 경향이 있으므로, 권력자들이 대개 남보다 경제적으로 더 잘 사는 것은 새삼스러운 일이 아니다. 조직심리학자 앨리슨 프라게일Alison Fragale 과 내가 진행한 연구에서 상대방보다 권한이 큰 협상자는 계약에서 훨씬 더 큰 몫의 이익을 얻을 수 있는 것으로 나타났다.[7]

이런 종류의 우위는 새클러 가문이 오피오이드 소송 합의에서 유리한 조건을 얻어낼 수 있었던 이유를 설명해준다. 그들은 퍼듀제약의 자금 대부분을 미 당국의 힘이 닿지 않는 해외 은행 계좌로 이미 빼돌려둔 상태였다. 따라서 미국의 주들이 오피오이드 사태에 대응하기 위해 절실하게 필요했던 자금 통제력은 여전히 새클러 가문에게 있었고, 이는 자연스럽게 엄청난 압력으로 작용했다. 많은 주가 뭔가 더 얻어낼 수 있다는 명확한 전망 없이 합의에 반대하기보다 부족하나마 금전적 합의를 받아들이는 결정을 마지못해 내리게 만들었을 것이다.

아울러 우리는 가까운 인간관계를 지키고 싶어 하는 것과 마찬가지로 힘 있는 사람들과의 관계를 보존하는 데에 의욕적일 수 있다. 물론 항상 그런 것은 아니다. 사람들은 남을 처벌하는 능력을 포함해 다양한 이유로 권력을 잡을 수 있으며, 그런 권력자가 파트너로서 반드시 매력적이라는 법은 없다. 하지만 다른 데서 얼

리더와 신뢰의 상관관계

기 힘든 것들을 가져다주는 능력으로 얻은 권력이라면 그 사람과의 관계나 그 관계가 주는 혜택을 유지하고 싶어지는 것이 당연하다. 그 과정에서 그 사람이 저지른 잘못을 합리화하거나, 에누리하여 듣거나, 심지어 부정하게 될 수도 있다. 그 권력자가 개인이든, 집단이든, 기관이든, 기업이든 모두 마찬가지다.

페이스북을 예로 들어보겠다. 이 소셜미디어 플랫폼은 수많은 잘못을 저지르고 그런 행동으로 신뢰를 잃었음에도 여전히 건재하다. 이 책의 앞부분에서 언급한 스캔들이 벌어지기 전에도, 여론조사기관 퓨리서치센터가 2019년 10월과 11월에 벌인 설문에 따르면 성인의 59퍼센트는 정치와 선거 뉴스의 정보원으로서 이 플랫폼을 불신한다고 말했고, 15퍼센트만이 신뢰한다고 응답했다.[8] 하지만 퓨리서치센터의 다른 데이터에서는 2016년부터 2021년 초까지 이 플랫폼을 사용한 성인의 비율(69퍼센트)이 통계적으로 유의미하게 달라지지 않은 것으로 드러났다.[9] 페이스북은 유튜브를 제외한 그 어느 플랫폼보다도 훨씬 더 많은 사용자 점유율로 소셜미디어 환경을 장악해왔다. 네트워크의 규모에서 발생하는 이점 때문에 그 네트워크에 남아 있고 싶은 욕구가 생길 수 있다는 점을 생각해보면 이해가 되는 일면이 있다.

마찬가지로 마틴 루서 킹 주니어의 불륜을 둘러싼 일각의 반응에서도 권력자와의 관계를 유지하고 싶어 하는 욕구를 엿볼 수

신뢰의 과학

있다.[10] 워싱턴터코마대학교에서 시민권 역사를 가르치는 마이클 허니 Michael Honey 교수는 킹 목사가 여러 차례 불륜을 저질렀다는 것은 널리 알려진 사실임을 인정했다. 하지만 허니의 학생들이 킹 목사의 불륜에 환멸을 느끼려고 할 때, 그는 킹 목사가 1년에 300일을 이동하며 보냈고, 부인을 가끔씩만 볼 수 있었으며, 부부싸움과 스트레스에 시달렸다는 점을 지적하곤 했다. 그는 학생들에게 이렇게 말했다. "자, 잠깐 생각해보세요. 보통 사람들은 이럴 때 어떻게 하나요? 성관계를 갖죠."

킹 목사의 불륜을 이런 식으로 정당화하려는 허니 교수의 시도에 모두가 찬성하지는 않을 것이다. 외도가 잘못된 행동임은 누구나 어렵지 않게 인정할 테니 말이다. 하지만 킹 목사가 저지른 외도의 의미를 축소하려는 시도는 시민권을 위해 힘쓴 그의 업적과 공로를 지키고 싶은 동기에서 비롯된 일종의 현실 부정이라고 이해할 수 있겠다.

리더의 신뢰 회복이 어려운 이유

관찰 결과, 우리는 잘못을 저지른 권력자가 적어도 두 가지 특별한 우위를 누린다는 사실을 알았다. 권력자는 분쟁 해결 방식에 큰 영향력을 발휘할 수 있기에 상황을 자기 뜻대로 끌고 갈 수 있다. 또한 어떤 잘못이 발생한 후에도 그 권력자에게 의지하는 사람들이 (그 잘못의 의미를 축소하거나 완전히 부인해서라도) 관계를 지켜나가도록 동기 부여할 수 있다. 하지만 권력이 일방적으로 도움만 되는 것은 아니다. 권력은 궁극적으로 신뢰 회복을 더 어렵게 만들기도 한다.

권력 때문에 신뢰 위반이라는 문제 해결이 더 어려워지는 여러 가지 이유 중 하나는, **우리가 대개 권력자의 상황 통제 능력을 실제보다 과대평가하기 때문이다.** 9장에서 더 자세히 살펴보겠지만 우리는 권력자뿐만 아니라 다른 사람들에 대해서도 이렇게 생각하는 경향이 있다. 하지만 조직 연구자 제임스 마인들James Meindl 과 샌퍼드 에를리히Sanford Ehrlich, 재닛 듀크리치Janet Dukerich 가 기록 연구와 실험 연구를 병행해 알아낸 바와 같이, 이 경향은 리더를 대할 때 더 두드러지게 나타난다.[11] 연구팀은 사회가 리더십을 실제보다 훨씬 더 미화할 가치가 있는 특성으로 바라보도록 낭만화된 리더십 관점을 발전시키고 키워왔다고 주장했다. 그러다 보니 우리는 리더가 할 수 있는 일이나 달성할 수 있는 성과, 우리 삶에 끼치는 영향력에 대해 비현실적인 믿음을 드러내면서 리더의 실제 영향력과 관계없이 성공이나 실패의 원인을 리더에게 돌려버린다.

　또한 리더에게는 무슨 일이든 통제할 힘이 있다고 보는 이 시각 때문에 **우리는 리더의 행동에 의도성을 더 많이 부여하게 된다.** 조직심리학자 제니퍼 오버베크Jennifer Overbeck 와 라리사 티덴스Lrissa Tiedens, 세바스티안 브리언Sebastien Brion 의 연구에서 이 사실을 확인할 수 있다. 연구팀은 실험 참가자들에게 권한이 큰 사람과 적은 사람의 행동에 관해 읽고 그렇게 행동한 이유가 무엇인지 해석해보게 했다. 예를 들어, 한 직원이 토요일에 출근한 상황을 제시하면서 그 사람이 관리자라고 밝혔을 때 응답자들은 개인적 동기 때문에 출근했다고 생각한 반면, 그 사람이 말단 직원이라고 밝혔을 때 응답자들은 외부 영향력 때문에 출근했다고 생각했다.[12] 연구팀은 또한 이러한 반응이 적어도 부분적으로는 권력자에게 가해지는 상황적 제약을 과소평가하고, 힘없는 사람에게 가해지는 상황적 제약을 과대평가하는 관찰자들의 편향된 인식에서 비롯됐다는 사실을 발견했다.

　이 연구 결과는 권력이 중요한 우위를 부여해줄 수 있지만 신뢰가 위반됐을 때 심각한 부담이 뒤따를 수도 있음을 시사한다. 우리는 권한이 없는 사람보다 권한이 더 큰 사람의 잘못과 책임이 더 크다고 생각하고, 그 잘못을 더 의도적이라고 여긴다. 게다가 앞서 살펴본 것처럼 권력자의 잘못에 더 큰 고의성을 부여하는 경향 때문에 그들이 잘못을 저질렀을 때 사과 혹은 그보다 실질적인 대응으로 신뢰 회복을 위해 노력하더라도 효과를 볼 가능성이 훨씬 더 낮다.

2020년 8월 20일, 이런 사례가 나와 아주 가까운 곳에서 일어났고 그 일은 잠시 전국 뉴스에 오르기도 했다. 코너 프리더스도르프 Conor Friedersdorf 기자가 〈디 애틀랜틱 The Atlantic〉지에 보도한 내용이다.[13] 나와 같은 대학교에서 근무하는 그레그 패튼 Greg Patton 교수는 커뮤니케이션에 관한 온라인 수업을 진행하면서 '음(um)' 또는 '어(er)'와 같은 채움말*의 중요성을 다뤘다. 그 과정에서 다양한 국적의 학생들을 배려해 채움말의 또 다른 사례를 제시했다. "중국어에서는 '니거(內个)—니거, 니거, 니거'라고 할 수 있겠네요. 이렇게 나라마다 각기 다른 단어가 있습니다"라고 그는 말했다.

하지만 몇몇 학생들은 이 중국어 낱말이 N-워드**와 너무 비슷하게 들린다고 생각했다. 그들은 학교 당국에 항의 편지를 보내거나 직접 찾아와 불만을 터뜨렸다. 이러한 불평이 접수되자 패튼 교수는 일어난 일에 곧바로 사과했지만 학생들의 분노를 가라앉히기엔 역부족이었다. 대신에 정식 조사가 시작됐고, 패튼 교수

●   filler words, 특별한 의미는 없지만 대화의 공백을 메워주는 추임새를 뜻한다.
●●   negro, nigger 등 흑인 비하 용어를 완곡하게 총칭하는 말이다.

는 이 수업의 강사직을 내려놓기에 이르렀다.

학생들이 제출한 항의 편지를 살펴보면 이 사건의 자세한 경위를 이해할 수 있다. 편지에서 학생들은 패튼 교수가 문제의 그 중국어 낱말을 학생들에게 해를 끼치는 방식으로 잘못 발음했을 뿐만 아니라, 각 수업 세션에서 "그 단어를 말하기 직전에 자기 마음대로 줌^{Zoom} 녹화를 중단했다가 말하고 나서 녹화를 다시 시작했다"라면서, 이것을 보면 "그의 행동이 계산된 것"이었음이 틀림없다고 주장했다. 즉, 학생들은 그 잘못을 고의적인 행동으로 즉각 규정해버린 상태였다. 앞서 살펴봤듯이, 도덕성 기반의 위반 후 사과는 신뢰 회복의 효과를 훨씬 떨어뜨린다.

패튼이 그 불쾌한 단어를 말하기 직전에 줌 녹화를 중단했다는 의혹은 그 단어를 말하는 패튼의 수업 녹화본이 신속하게 온라인에 올라오면서 거짓으로 판명됐다. 하지만 이 증거물도 패튼이 일부러 해를 가했다는 주장을 막지는 못했다. 그 이유는 패튼이 명색이 커뮤니케이션 전공 교수로서 이 수업을 수년 동안 가르쳐왔으며, (학생들이 보기에) 경험과 전문 지식은 물론 궁극적으로 권력이 더 높은 사람이라는 점에서 찾을 수 있다. 이 모든 정황상 패튼은 자신이 무슨 행동을 하는 건지 알았고 그 중국어 낱말이 불러일으킬 피해를 인지하고 있었다고 쉽게 추론할 수 있었다.

하지만 다른 교수들은 이 상황을 다르게 해석했다(많은 대중과 이 사건을 정식으로 조사한 대학 관계자들도 마찬가지였다). 2020년 코로나 위기가 터지면서 어쩔 수 없이 온라인으로 수업을 진행하게 된 교수들이 깊이 깨닫게 된 사실 중 하나는 온라인 수업에서는 학생들의 신체 언어와 분위기를 파악하기가 훨씬 더 어렵다는 것이었다. 또한 뛰어난 교수들조차도 자신의 수업을 진행 중인 작업으로 여기는 경향이 있다. 끊임없이 조정하고, 실험하고, 개선하면서 수업의 품질을 점차 높여나간다는 뜻이다. 그러다 보니 수업이 효과적일지 확신이 서지 않거나, 일단 한번 수업을 해보고 나서 수정해야 할 부분을 기억해야 하는 순간이 자주 찾아온다. 취향, 감수성, 주의 집중력이 저마다 다른 폭넓고 다양한 학생들을 대상으로 수업을 진행하다 보면 이러한 노력에 한층 더 어려움이 따를 수 있다.

그런 상황에 직면하면 아무리 경험 많고 유능한 교수라 할지라도 자신의 말이 어떻게 받아들여질지 모든 가능성을 예측하기가 힘들다. 교수도 사람이다. 수업 도중 몇 명일지언정 학생들의 기분을 상하게 했다면 우리가 할 수 있는 일은 뒤이은 말과 행동으로 잘못을 바로잡는 것뿐이다. 그래서 나는 패튼이 경영대학원 대학원학생회 앞으로 보낸 편지에서 일부 학생들이 기분 나빠했다는 사실을 알게 됐을 때 "심장이 내려앉는 듯했고 그 후로 줄곧 참담한 기분이 들었다"라고 쓴 대목을 읽고 그가 진심으로 뉘우

신뢰의 과학

쳤다는 인상을 받았다.

하지만 내가 미국, 네덜란드, 이스라엘 출신의 연구자들로 구성된 국제적인 연구팀과 함께 진행한 몇 가지 실험 결과를 참고할 때, 그 일로 마음이 상한 학생들은 이러한 시각에 공감하지 못했을 가능성이 크다. 내가 패튼의 뉘우침을 인정할 수 있는 것은 강의실에서 벌어지는 수많은 위기, 난관, 함정을 헤쳐나간 개인적인 경험을 바탕으로 동료의 처지에 충분히 공감할 수 있었기 때문이다. 이에 반해 학생들은 패튼의 권력이 자신들보다 큰 탓에 그의 뉘우침을 상당히 다르게 해석했을 것이다.

나는 공동 연구자들과 함께 이 가능성을 연구해봤다. 우리는 실험 참가자들에게 높은 직급 혹은 낮은 직급의 사람들이 어떤 위반으로 비난받는 상황에서 몇 가지 감정 중 하나(슬픔, 분노, 두려움, 기쁨 또는 완전히 중립적인 표정)를 표현하는 모습을 관찰하고, 그 감정 표현과 이후 그 사람에 대한 신뢰도를 평가해달라고 요청했다.[14] 일부 실험에서는 감정을 표현하는 사람들의 사진을 사용했고, 다른 실험에서는 우리가 만들거나 편집한 영상 녹화본을 사용했다. 가상의 금융 범죄나 법률 위반부터 실제 사례까지 저지른 잘못의 종류는 다양했다. 실제 사례 중에는 2010년 도요타 아메리카의 최고경영자가 자사 차량의 급가속 사고로 일어난 사망 및 부상과 관련해 의회에서 증언하는 모습이 있었다. 또 다른 사례는

리더와 신뢰의 상관관계

2013년 룰루레몬의 최고경영자가 자사의 요가 바지가 너무 비친다는 불만에 일부 여성들의 신체는 운동복을 착용하기에 부적합하다고 주장하며 책임을 전가하려고 한 스캔들 이후 슬픔을 표현하는 모습이었다. 각 사례에서 우리는 참가자들에게 정확히 똑같은 사진이나 동영상을 보여줬고, 그 사람이 최고경영자 혹은 직급이 낮은 부하 직원이라고만 바꿔서 말해줬다.

참가자들이 본 감정 표현은 똑같았다. 하지만 결과적으로 참가자들은 그 사람의 권력이 상대적으로 높다고 생각했을 때 진정성이 훨씬 떨어진다고 인식했다. 이런 현상이 일어나는 이유는 **직책이 높은 사람들은 자신의 감정을 훨씬 더 잘 조절하며, 이로 인해 자신의 감정을 전략적으로 표현할 가능성이 크다고 믿기 때문이다.** 그래서 사람들은 권력자가 잘못에 대해 표현하는 감정의 진정성을 깎아내리고 이후에도 그들을 신뢰하려 들지 않는다.

성공의 지표가 진정성을 인식하지 못하게 방해하고 잘못에 대한 사람들의 반응에 부정적인 영향을 끼치는 것은 다른 분야에서도 마찬가지인 것으로 드러났다. 스탠드업 코미디 무대에서 코미디언이 일상적으로 직면하는 위험 중 하나인 농담 표절의 잠재성에 대해 생각해보자. 사회학자 패트릭 라일리 Patrick Reilly 는 로스앤젤레스 스탠드업 코미디계에서 참가자 겸 관찰자로서 정성적 연구를 수행했다. 그 결과, 누군가가 농담 표절로 고발당하는 것은 농담의 유사성과 아무런 상관이 없다는 사실을 발견했다. 오히려 그것은 다른 코미디언들이 보기에 잠재적 농담 도둑이 코미디계를 얼마나 진정성 있게 대하는가에 훨씬 더 크게 좌우됐다.[15] 특히 그런 의혹에 가장 노출되기 쉬운 코미디언은 동료들을 존중하는 마음이 적으면서 상업적 성공을 거둔 사람들이었다. 사람들은 그를 동료로서 존경하지 않았고, 따라서 농담 표절을 봐주려는 의향이 적었다. 내 연구와 마찬가지로, 이 후속 연구의 결과는 성공의 외적 형태가 양날의 검이 될 수 있음을 잘 보여준다.

성공은 권력을 비롯한 여러 혜택을 가져다준다. 그러나 패튼이 모욕적인 단어를 사용한 일에 사과하려 했을 때 경험했듯이, 바로 그 성공 때문에 그 사람의 잘못이 더 고의적이고 더 넘어서기 어려운 것처럼 비춰질 수도 있다. 곧바로 뉘우침을 표현하더라도 진정성이 없는 것처럼 보이기 때문이다.

리더의 우상화를 경계하라

나는 권력자가 표현하는 감정의 진정성을 깎아내리려는 이 경향이 드러나지 않는 예외적인 경우도 발견했다. 전략적으로 이익이 따르지 않는 상황에서 감정을 표현했거나 권력자가 감정 관리에 서툴다는 전력이 있을 때였다.

한 실험에서 우리는 참가자들에게 슬픔을 표현하는 어떤 사람의 사진을 보여주면서 그 사람이 최고경영자(높은 권력) 또는 말단 직원(낮은 권력)이라고 말해줬다. 그리고 회사 회의 도중 감정 표현을 목격했거나(공식적인 자리), 사무실에 혼자 앉아 있는 이 사람의 모습을 우연히 본 것이라고(개인적인 자리) 설명했다. 실험 결과, 참가자들이 받은 배경 정보의 유형에 따라 감정 표현을 바라보는 시선이 뚜렷하게 달라졌다. 참가자들은 표정 관리를 해야 할 전략적인 동기가 있는 공식 석상에서 감정 표현이 이뤄진 경우, 그 사람의 권력이 낮을 때보다 높을 때 감정의 진정성이 훨씬 떨어진다고 인식했다. 하지만 감정 표현이 사석에서 이뤄진 경우에는 이러한 권력의 영향이 사라졌다.

또 다른 실험에서는 표정을 짓는 사람의 감정 조절력이 다르게 인지되도록 배경 정보를 바꿔봤다. 이를 위해 우리는 "비언어적 표정을 노련하게 관리한다는 평판"이 있는 사람(높은 감정 조절력)이라고 설명하거나, "감정이 얼굴에 그대로 드러난다는 평판"이 있는 사람(낮은 감정 조절력)이라고 설명했다. 그 결과, 표정을 지은 사람의 감정 조절력이 뛰어나다고 설명한 경우, 그 사람의 권력이 낮을 때보다 높을 때 진정성이 떨어진다고 받아들였다. 하지만 표정을 지은 사람의 감정 조절력이 낮다고 설명한 경우, 그 사람의 권력은 감정이 얼마나 진정성 있게 인지되는가에 아무런 영향을 끼치지 않았다.

요컨대, 권력자의 감정 표현이 솔직하지 않다고 여기는 경향은 1) 그들이 감정 조절에 능숙하고, 2) 감정을 전략적으로 표현할 가능성이 크다는 믿음에서 비롯되므로, 어느 쪽이든 이 인과관계의 연결고리를 끊으면 문제를 회피할 수 있다. 미국의 전 대통령 도널드 트럼프를 바라보는 지지층의 시각만큼 이 현상을 잘 보여주는 사례도 없다. 대통령이 될 만한 자질이 부족하다는 평가를 받아왔고,[16] 러시아가 자신의 대통령 당선을 도왔다고 인정했다가 불과 20분 뒤 부인할 만큼[17] 전략적으로 어처구니없는 행동을 일삼는 사람인지라, 트럼프의 돌발 행동은 그의 정신세계를 투명하게 보여준다고 추론할 수 있다.* 지지자들이 보기에 트럼프는 때때로 자기 무덤을 파는 사람이지만 그들은 그의 진정성을 추호도 의심하지 않는다.** 그래서 오히려 잘 다듬어진 (그래서 진정성 없는) 기성 정치인들보다 그를 신뢰하려는 경향이 훨씬 더 강하다.

---

* 감정 조절에 능숙하지 않음을 보여준다는 뜻이다.

** 감정을 전략적으로 표현하지 않음을 설명한 것이다.

리더와 신뢰의 상관관계

하지만 주목해야 할 사실은 권력자들이 전반적으로 감정 조절에 능숙할 뿐만 아니라[18] 진정성도 더 높은 경향이 있음이 다른 연구들을 통해 드러났다는 것이다.[19] 권력자가 그렇게 진정성을 보일 수 있는 이유는 그만큼 원하는 대로 할 자유도가 크기 때문이다. 문제는 우리 대부분이 권력자에게 이러한 감정적 역량이 있음을 알고, 그들의 감정 표현을 지나치게 깎아내리려고 한다는 데에 있다. 따라서 **신뢰의 여러 다른 측면과 마찬가지로, 감정의 진정성에 대한 이러한 믿음이 정당한지 아닌지는 궁극적으로 인식과 현실 사이에서 균형 감각을 유지하면서 판단해야 한다.**

이상의 연구 결과는 권력자를 바라보는 우리의 시선에 여러 가지 힘이 은밀하게 작용함을 분명히 보여준다. 어떤 힘은 관계에 따르는 혜택 때문에 그 사람과의 관계를 유지하고 싶은 동기를 부여하기도 하지만, 어떤 힘은 권력자가 벌어지는 일에 대해 실제보다 더 큰 통제력을 갖고 있다고 믿게 해 심각하게 책임을 추궁하는 요인이 되기도 한다. 이에 따라, 예전에 문제시되는 행동을 한 리더들을 평가하다 보면 자연스럽게 매우 다른 의견이 나오게 된다. 그러한 감정을 종합적으로 집계해 판단을 내리는 것은 결국 우리 각자의 몫이다.

그래도 그런 접근법을 통해 얻을 수 있는 통찰은 있다. 역사가 바버라 랜스비 Barbara Ransby 는 오랫동안 마틴 루서 킹 주니어 곁에서 일한 엘라 베이커Ella Baker 의 말을 인용해 리더 개인을 추앙하는 행위의 위험성에 대해 경고했다.[20] "그들은 우리와 똑같은 인간이다. 교훈을 얻되 우러러볼 대상을 찾지만 않는다면 우리는 그들의 결점을 비판하면서도 그 업적을 여전히 가치 있게 여길 수 있다"라고 랜스비는 썼다.

이 경고는 6장에서 살펴본 도덕 은행 계좌의 문제를 떠올리게 한다. 누군가 일부러 잘못을 저질렀다고 믿을 때 우리는 그 사람이 한 모든 선행에 의문을 품기 시작한다. 그 착한 행동을 더는 있는 그대로 받아들이지 않는다. 도덕성 위반의 영향으로 그 착한 행동에 어떤 사악한 동기가 깔려 있을지 의구심이 들기 시작하는 것이다. 이런 종류의 의구심은 일반적인 타인을 평가할 때도 일어나지만, 평가 대상이 리더라면 더욱 문제시된다. 리더에게는 원하는 대로 할 권력이 있으므로, 그가 저지른 잘못은 좀 더 의도적이라고 믿는 경향이 있기 때문이다. 그 결과, 리더가 단 한 번이라도 나쁜 행동을 저지르면 그 사람이 남긴 선행의 유산 전체가 지워질수도 있다. 리더가 어떠한 모습이어야 한다는 비현실적으로 낭만화된 시각과 현실이 상충한다는 사실을 깨닫고, 어차피 우리를 이끌기에 부적합한 사람이었다는 결론을 내리는 것이다.

그런 상황에 직면해 자신의 영웅에 대한 믿음을 지키고 싶은 사람들은 종종 그들이 저지른 잘못 자체를 부인하는 방법을 선택

리더와 신뢰의 상관관계

하기도 한다. 대수롭지 않은 일이라고 위반의 의미를 깎아내리거나, 그런 일이 일어났을 가능성 자체를 부인하려고 최선을 다한다. 그러한 죄 때문에 그 사람이 여태까지 했던 좋은 일이 모두 사라진다는 식으로 생각한다면 이해할 만한 반응이다. 하지만 이는 랜스비를 비롯한 사람들이 암묵적으로나마 전달하려고 했던 지혜와 모순된다. 그들은 우리가 우러러볼 대상을 찾지 않고 리더도 사람임을 인정한다면 리더의 결점을 비판하면서도 그 업적에서 가치를 찾을 수 있다고 주장했다.

그 주장의 요지는 어떤 사람이 저지른 잘못으로 그 사람이 한 좋은 행동까지 모두 지워버려서는 안 된다는 것이다. 그렇게 하면 애당초 그 잘못을 부정하려고 애쓸 필요가 없어진다. 부정은 리더가 절대 잘못을 저지를 리 없는 영웅이라는 비현실적으로 낭만화된 시각을 고집할 때에만 필요하다. 하지만 그 리더들도 우리처럼 좋은 행동과 나쁜 행동을 모두 할 수 있음을 받아들인다면 각각의 행동이 함축하는 의미에 좀 더 솔직해질 수 있다.

이것은 수많은 역사 속 인물의 여러 가지 추악한 면면이 폭로되고 있는 오늘날 특히 중요한 부분이다. 우리는 조지 워싱턴George Washington이 노예를 소유하고 팔았다는 사실을 알게 됐다. 역사가 메리 V. 톰슨Mary V. Thompson이 그의 저서 《유일하게 불가피한 후회의 대상The Only Unavoidable Subject of Regret》에서 자세히 서술한 바와 같이 남성 노예가 잔디밭을 걸었다는 이유로 매질을 지시하고, 달아난 노예들을 적극적으로 추격했으며, 자신의 노예들이 자유주®를 방문하는 동안 자유인의 신분을 얻지 못하게 조처했다는 기록까지 나왔다.[21] 우리는 독립전쟁 기간과 미국의 첫 대통령 재임 시절 그가 보여준 탁월한 리더십을 인정하는 한편, 그가 남긴 발자취의 그런 면도 인정할 수 있어야 한다. 두 가지 모두 사실이기 때문이다.

프랭클린 D. 루스벨트도 마찬가지다. 나는 20세기의 가장 어두운 시기에 가난하고, 소외되고, 취약한 사람들에게 희망의 불빛을 비춰준 그를 영원히 존경할 것이다. 하지만 그가 행정명령 9066호를 발동해 선량한 일본계 미국인을 수용소에 감금함으로써 아시아계 미국인들은 동등하게 시민권을 누릴 자격이 부족하다는 생각을 했다는 사실도 기억할 것이다. 우리가 이 나라를 얼마나 오래 고향으로 삼고 살아왔든 그가 여전히 우리를 '타인'으로 여겼다는 사실이 그의 행동에서 드러난다.

그리고 마틴 루서 킹 주니어의 경우, 킹 목사의 발자취를 다룬 〈타임〉지 특집 기사에도 나와 있듯이[22] "킹은 아주 어릴 때부터 자살을 생각할 만큼 병적인 신경과민 증상을 앓아" 열세 살 이

● 노예 제도를 금지했거나 이미 폐지한 주를 말한다.

리더와 신뢰의 상관관계

전에 두 차례의 자살 시도를 했고 부인 몰래 무수히 바람을 피웠다.[23] 그렇다고 해서 그가 역사의 부름 앞에 분연히 일어섰고, 언변과 비전으로 나라 전체에 영감을 불어넣었으며, 두고두고 기억될 큰 업적을 남겼다는 사실이 축소돼서는 안 된다.

좋은 점과 나쁜 점을 모두 인정한다고 해서 중립을 지킬 필요는 없다. 필요하다면 이 모든 사실을 평가해보고 종합적인 판단을 내리면 된다. 물론 새클러 가문의 경우처럼 해악이 압도적인 경우도 무수히 많다. 하지만 일단 장부의 양쪽을 고려해보지 않으면, "모든 선 안에는 악의 가능성이 있고, 모든 악 안에는 선의 가능성이 있다"[24]라는 기본 전제를 부인한다면, 우리가 내리는 판단의 근거는 한계와 결점이 있는 진짜 인간이 아니라 왜곡된 캐리커처에 불과할 것이다.

권력자에 대한 신뢰가 그토록 극단적으로 흐르는 핵심적인 이유는 이렇게 캐리커처에 의존하기 때문일 수도 있다. 이는 너무나 많은 리더가 극적인 상승과 몰락을 겪는 이유이기도 하다. 우리는 리더에게 비현실적인 믿음을 보여주는 경향이 있다. 그러다가 무시할 수 없는 어떤 사건으로 그 환상이 깨지면 리더들의 신뢰 회복은 거의 불가능해진다. 그 잘못이 의도적이었고, 진심으로 후회하지 않는다고 믿을 가능성이 크기 때문이다. 그럴 때 우리가 주로 택하는 방법은 그 사람이 리더로서 부적합한 사람이라는 결론을 내리고, 가능하다면 그를 버리고 그 영웅적 틀에 더 잘 맞을 듯한 다른 사람을 그 자리에 채우는 것이다. 이런 의미에서 **리더에 대한 신뢰가 급격히 달라질 때 일부 책임은 우리에게 있을 수 있다.** 리더가 어떻게 해야 하는지에 대해 그 누구도 충족시킬 수 없을 만큼 낭만화된 시각을 키운 데서 비롯된 결과이기 때문이다.

리더와 신뢰의 상관관계

8장

다른 집단의 사람을 믿는다는 것

2017년 8월 11일 금요일 저녁, 한 무리의 젊은 백인 남성들이 샬러츠빌의 버지니아대학교 기념체육관 뒤 운동장을 가로질러 걷기 시작했다. 그들은 등유를 채운 토치에 불을 붙이고 빠른 걸음으로 행진해 이 학교 설립자 토머스 제퍼슨^{Thomas Jefferson} •의 동상 앞으로 집결했다. 간간이 "피와 땅!", •• "너희는 우리를 대체하지 못한다!", "유대인은 우리를 대체하지 못한다!"와 같은 구호를 외치기도 했다. 거기서 그들은 백인과 비백인으로 이뤄진 약 서른 명의 버지니아대학교 학생들과 대치했다. 서로 팔을 엇걸고 동상을 둘

• 　미국의 제3대 대통령이자 독립선언서의 기초자다.
•• 　나치 독일의 이상을 표현하는 민족주의 슬로건 'Blut und Boden'에서 유래했다.

러싼 학생들은 횃불을 든 수백 명의 시위대에 맞섰다. 행진하던 무리는 이 학생들을 빙 둘러쌌고, 몇 명이 이 인종차별 반대 시위대를 향해 원숭이 소리를 흉내 내며 야유를 보내는가 싶더니 "백인의 생명도 소중하다!"라고 외치기 시작했다. 곧이어 양측이 서로 밀치고, 주먹질하고, 페퍼 스프레이 따위의 화학 자극제를 분사하는 대혼란이 벌어졌다.

충돌은 다음 날 오전 한층 더 심각해졌다. 스스로 대안우파, 신남부연합주의자, 네오파시스트, 백인 민족주의자, 네오나치, KKK단*이라고 자칭하는 사람들과 다양한 우익 민병대들이 민족주의 깃발을 들고 무리 지어 도착했다. 그중 많은 사람이 방패, 곤봉, 총을 들고 있었다. 같은 날 아침 일찍 지역 주민, 교회 단체 회원, 인권 지도자, 구경꾼들이 반대 시위대에 합류했고, 그들 중에도 몇몇은 막대기와 방패를 손에 들고 있었다. 횃불 행진이 시작된 지 24시간이 채 지나지 않아 통합우파집회Unite the Right가 끝났을 때는 세 명이 사망하고 최소 서른세 명이 다친 상태였다. 사망자 한 명과 부상자 열아홉 명은 차량을 몰고 반대 시위자들을 향해 돌진한 차량 테러범 때문에 발생했다.[1]

이러한 종류의 충돌은 이제 우리에게 너무 친숙해졌다. 이 사

---

* Ku Klux Klan, 남북전쟁 이후 백인우월주의자들이 만든 비밀 테러 조직이다.

건이 일어나기 전과 그 이후에도 비슷한 충돌은 수도 없이 일어났다. 시위 단체끼리는 물론, 시위대와 경찰 사이에서도 충돌이 벌어졌다. 구체적인 사건에 대해서는 이미 수많은 해설과 논평이 나와 있는 상태이므로 나까지 설명을 보태지 않아도 될 듯하다. 하지만 우리는 이 집회의 불씨가 된 집단 갈등의 더 깊은 원인을 살펴봄으로써, 그것이 신뢰와 신뢰 회복에 던질 수 있는 문제가 무엇인지 짚고 넘어갈 필요가 있다.

집단 간에 신뢰 문제가 생기는 이유

우리는 수십 년간의 사회과학 연구 결과를 토대로 집단 갈등을 이해할 수 있었다. 이러한 연구 결과는 샬러츠빌에서와 같은 폭력 사태가 어떻게 일어날 수 있는지 중대한 통찰을 제시한다. 이를테면 **사람들은 눈동자 색깔이나 심지어 추상미술을 좋아하는 취향처럼 임의의 차이점을 바탕으로 자신을 재빨리 특정 그룹으로 분류하고 '우리'와 '그들'을 구분하는 경향이 있다.** 또한 이런 구분을 통해 자신이 속한 집단의 구성원을 편애하고 그 테두리 바깥의 사람들을 희생시킨다.[2] 이것은 우리가 자원과 기타 혜택을 할당하는 방

다른 집단의 사람을 믿는다는 것

식뿐만이 아니라 세상을 지각하는 방식에도 영향을 미친다. 이는 똑같은 대립 상황을 보고도 상대편에게 책임이 있다고 굳게 믿도록 만들기도 한다.[3]

이러한 경향 때문에 서로 다른 그룹 사이에서 신뢰를 쌓는 것보다 그룹 안에서 신뢰를 쌓기가 훨씬 수월하고, 신뢰가 깨진 후 회복하려 할 때도 같은 현상이 일어난다. 몇 년 전, 나는 어느 경영대학원 컨퍼런스에서 연구 결과를 발표한 적이 있다. 그 자리에는 전국 각지에서 모인 최고경영자들과 고위 간부들이 앉아 있었다. 청중으로 참석한 그 경영대학원의 학장이 내 연구 결과를 듣더니 자신의 경험담을 이야기했다. 그분은 자신의 경험담을 말하며 벌어진 일에 사과하고 전적으로 책임지는 것이 위기에 대응하는 가장 좋은 방법이라는 견해가 압도적이었다고 이야기했다. 하지만 우리는 앞의 내용을 통해 이런 식의 '천편일률적인' 접근법으로 신뢰 위반에 대응했다가는 돌이킬 수 없을 정도로 나쁜 상황을 만들 가능성이 있다는 사실을 이미 알고 있다. 나는 그러한 연구 결과를 보여주며 접근법을 다시 한 번 생각해보도록 학장과 나머지 청중 모두를 설득했다. 하지만 경영자들이 그 연구 결과에 거부감을 느꼈을 만한 이유는 따로 있다. 바로 그룹의 속성 때문이다.

잘못에 대처할 가장 좋은 방법을 논의하는 자리에 참석한 고위 간부들의 유사성이 너무 높다는 데에 문제가 있었다. 그들은

신뢰의 과학

대기업의 리더이자 역량을 쌓기 위한 평생 교육에 공통 관심사가 있는 비슷한 부류의 사람들이었다. 그러다 보니 자연스럽게 동료 집단 구성원들을 호의적으로 바라봤고, 그중 누군가가 잘못을 저질렀다면 분명히 실수였을 것이라고 유추할 가능성이 컸다. 이미 살펴봤듯이 역량 기반의 위반을 해결하는 데에는 사과가 효과적일 수 있다. 하지만 잘못을 평가할 사람 대부분은 이 선별된 그룹의 일원이 아니다. 그들은 직원, 고객, 언론, 대중이며, 이 경영자들이 자신과 완전히 다른 부류라고 생각할 가능성이 크다. **명백한 증거에 따르면 우리는 나와 다른 사람들에게 훨씬 덜 호의적이다.** 따라서 그룹 외부의 사람들은 경영자들의 생각보다 그 잘못이 고의적이었다고 추론할 의지가 훨씬 더 강하다. 그렇다면 사건에 대해 사과하고 전적인 책임을 인정하려는 노력은 도움이 되지 않으며, 오히려 상황을 더 악화시킬 수도 있다. 잘못을 저지른 사람에게 도덕성이 없다는 확증으로만 받아들일 것이기 때문이다.

이러한 경향으로 인해 7장에서 자세히 설명한 권력의 효과가 한층 더 복잡해질 수 있다. 위반자에게 더 큰 권력이 있을 뿐만 아니라 그 위반자가 다른 집단을 대표한다면, 위반이 의도적이었다고 믿을 가능성이 더욱 커진다. 따라서 이 경영자들의 경우처럼 위반자가 두 가지 범주를 모두 충족하는 한, 위반을 평가하는 사람들이 관점을 바꾸는 데에 성공할 가능성은 아주 희박하다.

선량한 내집단과
사악한 외집단

외집단$^{out-group}$보다 내집단$^{in-group}$을 선호하는 성향으로 인해 생기는 또 하나의 복잡한 문제가 있다. 심리학자들은 이것을 집단 간 편향$^{intergroup\ bias}$이라고 일컫는데, 그 편향은 외집단이 위협으로 인지될 때 더 커진다. 집단 간 편향의 역학은 여러 형태를 띨 수 있으며, 그중 일부는 비교적 무해하다. 예를 들어, 매년 우리 대학교 캠퍼스에서는 나름의 작은 전쟁이 치러진다. 시내 반대편에 있는 이웃 대학교 UCLA와의 풋볼 경기가 열리기 때문이다. 이것은 각 캠퍼스의 애교심을 자극하는 흥미로운 이벤트로, 자신의 팀을 응원하며 비교적 악의 없는 경쟁에서 나오는 동지애를 서로 나눈다는 점에서 확실히 기분 좋은 경험이다.

하지만 역사적으로 보면 **과거에 중요하지 않았던 구별이 점점 더 중요한 의미를 띠면서, 그 구성원들이 서로에게 극도의 잔학 행위를 서슴지 않는 일도 쉽게 벌어진다.** 1947년 8월, 영국이 마침내 인도 식민 지배를 끝냈을 때 일어난 일을 생각해보자. 마하트마 간디$^{Mahatma\ Gandhi}$는 영국의 식민 통치가 인도를 괴롭히는 커다란 악의 하나라고 여겼고, 이에 반대하기 위해 수십 년에 걸쳐 비폭력 운동을 이끌었다. 하지만 1947년 8월 15일 인도의 독립이 이루어지면서 영국의 식민 통치라는 공동의 적이 없어지자, 인도 내 힌두교도와 무슬림교도들은 재빨리 서로에게 등을 돌렸다. 끔찍한 약탈, 강간, 살인이 자행됐고, 수많은 사람이 고향을 떠나 국경을 넘었다. 결국 인도는 힌두교가 다수인 인도와 새로운 이슬람교 국가인 파키스탄으로 분리됐다.

니시드 하자리 Nisid Hajari 는 저서 《한밤의 분노 Midnight's Furies》에서 이렇게 썼다. "살인자 집단이 온 마을을 불태웠다. 남자와 아이들, 노인을 난도질해 죽이고 젊은 여성들을 끌어가 강간했다. (…) 임신한 여자들의 젖가슴을 자르고 배 속의 아기를 도려냈다. 영아들은 말 그대로 꼬챙이에 끼워져 불에 탄 채로 발견됐다."⁴ 나치의 죽음의 수용소를 목격한 몇몇 영국 군인과 기자들은 당시 인도에서 본 만행이 더 잔인했다고 증언했다. 역사가 윌리엄 달림플 William Dalrymple 은 인도 분할 시기에 관해 쓴 〈뉴요커〉 기사에서 그 판단에 동감했다.⁵ "죽음의 수용소에 빗대는 것이 생각보다 무리는 아니다. 홀로코스트가 유대인의 정체성인 것처럼 분할은 현대 인도 아대륙의 정체성을 상징한다. 상상조차 힘든 폭력의 기억이 지역민의 의식에 고통스럽게 각인되어 있다."

달림플은 또한 힌두교도와 무슬림교도 사이의 적대감이 불과 지난 20년 사이에 자리 잡은 것임을 지적했다. 그 전까지 인도에서 두 종교는 "거의 하나로 녹아든 상태"였다는 것이다. 19세기에

다른 집단의 사람을 믿는다는 것

"인도는 종교 집단보다 전통, 언어, 문화가 우선하는 곳이었고 사람들은 종교적 신념으로 자신을 정의하지 않았다"라고 그는 설명했다.

영국은 인도의 종교(및 카스트) 분열을 심화시키는 정책으로 이런 융합 상태를 서서히 무너뜨려 인도에 대한 통제력을 유지했다. 종교적 정체성으로 공동체를 정의하기 시작했고, 각 종교가 자체 정치인에게 투표하도록 별개의 선거인단이 있는 지방 정부를 수립했다.[6] 물론 모든 역사가가 영국이 인도의 종교 집단이 일치단결해 자신들에게 맞서지 않도록 일부러 이런 조치를 써서 내분을 불러일으켰다는 견해를 가진 것은 아니다.[7] 하지만 그 조치는 더 큰 권력의 집중을 막아 통제하기 쉽도록 조각내는 대영제국의 '분할 통치divide and rule' 정책과 궁극적으로 일맥상통하고,[8] 이들 종교 집단이 정치적 힘을 놓고 다투기 시작하면서 예전에는 비교적 중요하지 않았던 종교의 차이가 큰 의미를 얻는 결과로 이어졌다. 따라서 힌두교도와 무슬림교도가 단결해 맞설 수 있는 공동의 적이었던 영국의 억압 통치가 사라지자, 이들 종교 집단이 서로를 새롭게 부상한 위협으로 인식한 것이다.

집단을 활성화하고 결속력을 다지기에 외부자를 괴물로 묘사하는 것보다 더 좋은 방법은 없다. 그들이 우리의 소중한 가치(예: 종교적 신념, 권리, 이념)를 해치려 한다고 생각하든, 경쟁을 통해 우리의 소중한 것(예: 자산, 특권, 정치적 힘)을 빼앗아간다고 생각하든 똑같은 곤경에 처한 사람들은 그 위협에 맞서 함께 싸워야 할 이유를 얻고 공통된 대의를 통해 자부심과 동지 의식, 명분을 찾게 된다. 하지만 그러려면 저들이 우리 편이 될 수 없는 이유를 분명히 밝히고, 우리와 외부자 사이에 있을 수도 있는 공통점을 축소하며, 우리가 더 합당하다는 확신을 얻기 위해 상대방을 폄훼하는 대가를 치러야 한다.

이러한 집단 간 편향으로 인해 또 생각해봐야 할 문제가 발생한다. 집단 내의 신뢰 회복에 도움이 될 수 있는 똑같은 기본 메커니즘이 집단 사이의 불신을 악화시킬 수도 있다는 점이다. 이것은 우리가 내집단 구성원의 잘못을 외집단 구성원의 잘못보다 더 호의적으로 해석하기 때문이기도 하지만, 내집단 구성원은 같은 집단이기에 우리를 더 호의적으로 대해줄 것이라고 기대하기 때문이다. 사람들이 집단과 자신을 동일시하고, 구성원들끼리의 상호의존성이 더 높아지면, 집단 내에서 서로 뒤를 봐주고 집단의 이익에 도움이 되는 일을 하는 행동 규범이 생겨날 수 있다. 그리고 이로 인해 부패의 온상이 만들어지기도 한다.

조직심리학자 프리얀카 조시Priyanka Joshi, 너새니얼 패스트Nathaniel Fast와 나는 몇 가지 연구를 통해 어떻게 이런 일이 일어날 수 있는지 살펴봤다. 우리는 전미대학체육협회National Collegiate Athletic

Association(NCAA) 의 문헌 데이터를 분석했다. 그 결과, 상호 의존의 문화가 강한 대학교일수록 체육 프로그램에 대한 감시 활동이 적어 결국 NCAA 규정을 더 자주, 더 심하게 위반한다는 사실을 발견했다. 추가 연구를 통해 우리는 그룹 구성원들이 느끼는 상호 의존성으로 인해 이러한 영향이 나타났음을 확인할 수 있었다. 누군가 잘못을 저지른 이유는 집단의 이익을 도모하기 위함이었을 것이라고 믿으면서 서로를 두둔했다는 뜻이다. 하지만 그 논리의 문제점은 해당 집단 바깥의 사람들은 그런 행동을 당연하다고 여길 가능성이 훨씬 적다는 데에 있다. 오히려 대단히 옳지 못한 행동이라 생각하고, 그 집단의 모든 구성원이 부패했다는 증거로 여길 가능성이 크다.[9]

조지 플로이드 사건과 경찰의 '썩은 사과' 전략

집단 차원의 영향이 특별히 문제시된 사례가 있다. 2020년 발생한 브리오나 테일러와 조지 플로이드의 사망을 둘러싸고 대중과 경찰노조가 서로 다른 반응을 보인 것이다. 두 사건 모두 아프리카계 미국인이 경찰관의 손에 어처구니없는 죽음을 맞이한 일이었다.

대중은 두 사건에 격분했고, 책임자 처벌을 요구했으며, 경찰 개혁과 경찰 예산 삭감까지 촉구했다. 아프리카계 미국인 공동체에 대한 경찰 폭력은 이번이 처음이 아니었고, 특별히 극악무도한 이런 사태 앞에서 뭔가 중대한 조치를 하지 않으면 경찰 시스템은 무너진 것이나 다름없다고 생각하는 사람이 많았다.

하지만 경찰노조는 이 사건을 매우 다르게 바라봤다. 루이빌 광역권 경찰을 대표하는 경찰공제조합 지부장 라이언 니콜스^{Ryan Nichols}는 〈CBS 오늘 아침^{This Morning}〉의 진행자 게일 킹^{Gayle King}과 브리오나 테일러의 사망에 관한 화상 인터뷰를 하면서 "이 경찰관들의 대응 사격은 분명히 정당한 것이었다"라고 말했다. 경찰이 아파트로 서른두 발의 총을 쏜 것을 어떻게 정당화할 수 있느냐는 킹의 질문에, 니콜스는 그런 고강도의 스트레스 상황에서는 "다른 사람이 몇 발이나 발포하고 있는지, 몇 명의 다른 경찰관이 발포하고 있는지 알아차리지 못할 수 있다. 아마 자신이 쏜 총알이 몇 개인지도 정확히 셀 수 없을 것이다"라고 대답했다. 이뿐만 아니라 누가 보아도 사실이 아닌데 사건 보고서에 어떻게 아파트 안으로 강제 진입이 없었다고 주장할 수 있었는지, 그것이 사건의 은폐를 의미하는 것은 아닌지 물었을 때, 니콜스는 "어떤 일에도 절대 실수가 없었다고 단언할 수 있는가? 물론 그렇지 않다. 하지만 나는 어떤 종류의 은폐가 있었다고 생각하지는 않는다"라고 대답했다.[10]

대중과 경찰노조 모두 브리오나 테일러의 죽음을 비극으로 여겼지만, 사건을 해석하는 방식은 완전히 달랐다. 많은 대중은 이 죽음이 노골적이고 정당화될 수 없는 공권력 남용이며 경찰관들이 이를 의도적으로 은폐하려 했다고 생각한 데에 반해, 경찰노조 대표들은 고강도의 스트레스 상황과 실수에 직면한 경찰관들의 자연스러운 한계로 그 원인을 돌렸다. 즉, 도덕성의 문제가 아닌 역량의 문제라는 것이다. 경찰노조 대표는 더 나아가 "어떤 불법 행위도 일어나지 않았고" 자신의 동료 경찰관들은 "시민들이 어떠한 종류든 폭력의 두려움 속에 살아가길 원치 않으며" 변화와 관련해 노조는 치안 향상을 위한 공정하고 균형 잡힌 개혁에 언제나 관심을 두고 있다고 강조했다. 그가 보기에 경찰관들은 아주 힘든 상황에서도 최선을 다하는 근본적으로 선한 사람들이었다. 그래서 그는 이번 사건으로 경찰 조직의 사기가 떨어졌다고 생각했고 대중의 격분을 "매우 당혹스럽게" 느꼈다.

나의 목표는 두 관점 중 어느 쪽이 옳은지 따지자는 것이 아니다. 다만 어떤 잘못을 해석할 때 악한 사람이 저지른 의도적인 행동으로 보느냐 아니면 선의를 품은 사람이 범한 본의 아닌 실수로 보느냐는, 자신이 속한 집단 안의 사람들과 그 집단 밖의 사람들을 바라보는 시각 차이에서 나타나는 자연스러운 결과임을 강조하려는 것이다. **우리가 이런 종류의 사건을 인지하는 방식은 집**

단 소속 여부에 따라 또 다른 방향으로 왜곡될 수 있다. 이 점은 브리오나 테일러 사망 사건과 동영상으로 녹화된 조지 플로이드 사망 장면에 대해 사람들이 보인 반응을 비교해보면 잘 드러난다.

브리오나 테일러를 살해한 루이빌 경찰관들에게 경찰노조가 보여준 대응과 달리, 미니애폴리스 경찰연맹은 조지 플로이드의 동영상이 공개되자 가해 경찰관 데릭 쇼빈 Derek Chauvin 의 행동을 옹호하지 않는 쪽을 선택했다. 동영상에는 경찰관이 플로이드의 목을 약 9분 동안 무릎으로 찍어눌렀고, 피해자가 어머니를 부르고, 몸이 축 늘어지고, 지켜보던 사람들이 경찰관들에게 여러 차례 그만두라고 소리치는 장면이 그대로 담겨 있었다.[11] 누구도 이걸 고의적인 살인이 아니라고 주장하기 어려웠다. 그래서 쇼빈이 복직을 희망하고 살인과 과실 치사 혐의에 무죄 판결을 받더라도 연맹은 최종적으로 그의 복직에 힘쓰지 않기로 했다.[12]

대신에 연맹은 다른 방법을 동원했다. 경찰연맹 회장과 나란히 앉은 노조 간부들은 여성 두 명과 흑인 경찰관 한 명이었다. 그들은 한목소리로 쇼빈의 동영상은 끔찍했지만 그것이 경찰 조직 전체를 대표하는 모습은 아니라고 해명했다. 게다가 그것을 인종 문제로 여기지 않는다고 말했다. 실제로 연맹 이사인 애나 헤드버그 Anna Hedberg 경사는 "인종에 관해서라면 백인 경찰관이 있고, 흑인 경찰관이 있고, 아시아인 경찰관이 있듯이 그도 또 한 명의 백

다른 집단의 사람을 믿는다는 것

인 경찰관일 뿐이다"라고 말했다. 플로이드의 죽음은 흑인 남성들을 대하는 경찰의 가혹한 태도를 생생하게 보여주는데도, 헤드버그 경사는 인종 문제를 이 사건의 핵심 요소로 보지 않았다.

연맹의 눈에 쇼빈은 경찰 조직 전체를 대변하는 인물이 아니라 그저 '썩은 사과'*에 불과했다. (사건에 연루된 나머지 세 경찰관은 여전히 노조가 뒤를 봐주고 있었다.) 그래서 그들은 경찰 개혁, 심지어 예산 삭감과 폐지까지 들먹이는 대중의 거센 요구를 부당하다고 여겼다. 그들은 시위대가 미니애폴리스 제3지구 경찰본부에 불을 지르는 바람에 (플로이드의 사망에 관여한 적 없는) 경찰관 54명이 건물이 무너지기 직전 부랴부랴 소지품을 챙겨 대피해야 했을 때, 그리고 이어서 그 경찰관들이 "[시위대를] 내버려둔 무능한 정치인들 때문에 거리에서 추격을 당했을 때" 한층 더 분개했다.[13]

이 같은 노조의 불만과 관련해 주목할 만한 부분은, **그들이 쇼빈의 행동에 대한 대중의 해석 방식을 바꾸려는 대신 차별화 전략을 사용했다는 점이다.** 연맹 측은 플로이드 살해를 두둔하지 않았으며 경찰이 동질적인 집단이 아니라는 점을 분명히 했다. 그들이 보기에 경찰 조직은 다양한 인종의 경찰관들로 이뤄졌고 대

● 썩은 사과 하나가 상자 속 모든 사과를 썩게 하듯, 나쁜 사람 하나가 조직 전체를 망친다는 비유에서 나온 표현이다.

다수는 플로이드 살해와 아무런 관련이 없었다. 즉, 그들은 구성원 한 명의 행동 때문에 경찰 전체가 처벌을 받는 것은 상당히 부당하다고 생각했지만, 다수의 대중은 이 사건이 더 광범위한 경찰 집단을 반영한다고 보는 경향이 있었다.

이런 견해차는 집단에 뿌리 깊이 박혀 있는 또 다른 현상을 잘 보여준다. 오래전 연구를 통해 명확히 드러난 바와 같이 사람들은 자신이 속한 집단 내의 차이점을 인식하고 높이 평가하는 경향이 있는 데에 반해, 다른 집단의 구성원은 개성 없이 균일하게 바라보는 경향이 있다. 예를 들어, 심리학자 버너뎃 파크 Bernadette Park 와 마이런 로스바트 Myron Rothbart 는 한 연구에서 세 곳의 대학교 여학생 클럽 회원 90명에게 자신이 속한 집단과 다른 두 여학생 클럽의 집단 내 유사성 정도를 판단해달라고 했다. 그 결과, 참가자들은 다른 집단의 구성원들이 인지하는 수준보다 자신이 속한 집단의 구성원들이 서로 다른 점이 훨씬 더 많다고 평가했다.[14] 이와 마찬가지로 경찰연맹은 대중이 썩은 사과 하나의 행동 때문에 경찰 전체를 악당화하려 한다며 아쉬움을 표하는 동시에, 경찰관들을 옹호하려고 더 애쓰지 않는 '정치인들'을 획일적인 집단으로 싸잡아 불만을 제기했다. 이 사례가 잘 보여주듯이, 자신의 집단 내에서는 차별화를 꾀하지만 다른 집단은 동질적으로 취급하려는 기본적인 경향은 너무나 은밀하고 만연해서 동시에 두 가지

다른 집단의 사람을 믿는다는 것

행동을 다 하면서도 그 사실을 깨닫지 못할 때가 많다.

집단 획일화의
위험성

자신이 속한 집단보다 다른 집단을 더 동질적으로 바라보는 이 경향으로 인해 각 상황마다 적절하다고 생각하는 대처 방법이 달라질 수 있다. **가령 자신이 속한 집단 내에서 신뢰 위반이 일어난 경우, 사람들은 좀 더 세밀한 대책을 실행하는 것이 합리적이라고 생각하고 집단 전체에 피해를 주는 포괄적인 개입 방법을 사용하려고 하면 매우 부당하다고 느낀다**(예: 집단 내의 동료들 다수는 해당 사건에 관여하지 않았고 아마도 가해자보다 피해자와 더 공통점이 많을 것이기 때문에). 하지만 이와 동시에 다른 집단에 대해서는 좀 더 포괄적인 대책을 선호할 가능성이 크다. 그 잘못이 구성원 전체의 잘못이라 여기는 경향이 있고, 해당 집단 구성원 중 누구도 진정으로 무고하다고 생각할 가능성이 낮기 때문이다. 이러다 보니 양측은 잘못이 발생했다는 데에 동의하고 그 잘못을 똑같은 방식으로 해석하더라도, 거기에 대한 대응 방법에는 여전히 동의하지 못할 수도 있다. 이런 일은 또 다른 갈등의 원인이 된다.

내가 근무하는 대학교에서 적절한 사례를 찾을 수 있다. 서던캘리포니아대학교(이하 USC)는 그동안 여러 가지 떠들썩한 추문의 여파로 고전해왔다. 저널리스트 제이슨 맥거헌Jason McGahan 이 〈로스앤젤레스매거진Los Angeles Magazine 〉에 보도한 바와 같이[15] USC는 앞서 이야기한 바시티 블루스 대입 비리 사건에 다른 어느 대학교보다 더 깊이 관여했다는 달갑지 않은 영예를 안았다. 다른 학교들을 모두 합친 것보다 두 배 많은 가짜 체육 특기생을 입학시킨 것이다.

이뿐만이 아니라 2017년 7월, 폴 프링글Paul Pringle 기자와 그의 수사팀은 USC의 켁 의과대학교Keck School of Medicine 학장 카먼 A. 풀리아피토Carmen A. Puliafito 가 "범죄자 및 마약 중독자들과 교류해왔으며, 메스암페타민*을 비롯한 약물을 그들과 함께 사용"했다는 증언을 확보해 이를 자세히 보도했다.[16] 풀리아피토는 2016년 3월 4일 한 호텔 방에서 함께 마약을 하던 21세의 성매매 여성이 약물 과다 복용으로 쓰러지자 911에 도움을 청한 적도 있었다. 그런가 하면 2017년 말에 미 연방수사국FBI 이 발표한 대규모 대학 농구 비리 수사 결과, USC의 남자 농구팀 조감독 토니 블랜드Tony Bland 가 스포츠 에이전트에게 수천 달러의 뇌물을 받았다가

● 필로폰이다.

다른 집단의 사람을 믿는다는 것

적발된 사실이 알려졌다.[17] 곧이어 가장 충격적인 추문이 터졌다. 2018년 5월 16일 해리엇 라이언Harriet Ryan과 동료 기자들은 〈로스앤젤레스타임스〉에 이 학교의 부인과 전문의 조지 틴들George Tyndall이 지난 30년 넘게 수백 명의 젊은 환자를 성추행해왔다는 사실을 폭로했다. 이 의사에 대한 불만은 최근의 피해자들 다수가 태어나지도 않은 1990년대부터 제기됐음에도 추행이 계속 이어진 것이었다.[18]

말도 안 되는 일인 듯하지만, 이것은 2018년 가을 USC 맥스 니키아스Max Nikias 총장을 결국 사임하게 만든 여러 사건 중 극히 일부에 불과하다. 실제로 취재 기자 제이슨 맥거헌은 지난 2년 동안 벌어진 이러한 사건들의 범위와 주기가 "미국 고등교육 역사상 전례 없는 일"이라고 서술했다.[19] 이 스캔들을 다룬 〈로스앤젤레스매거진〉 기사에서 맥거헌은 재앙적 위기관리와 기업의 지배 구조를 전문 분야로 하는 펜실베이니아대학교 와튼스쿨의 경영학 교수 마이클 유심Michael Useem을 인터뷰했는데, 유심 교수는 "이와 비슷한 사례가 전혀 떠오르지 않는다. (…) 한 대학에서 여러 다른 부분이 거의 동시다발적으로 스캔들에 노출되는 경우는 아주 드물다"라고 말했다.

하지만 거기서 끝이 아니었다. 캐럴 폴트Carol Folt를 총장으로, 찰스 '칩' 주코스키Charles 'Chip' Zukoski를 교무처장으로 새로운 경영진을 꾸린 후에도 추문은 계속 이어졌다. 2021년 10월 13일, USC 의 사회복지학부 전 학장과 로스앤젤레스 시의원 마크 리들리-토머스Mark Ridley-Thomas는 리들리-토머스의 아들에게 장학금을 지급하고 강사직을 주면 대학 측에 수백만 달러 규모의 계약 수주권을 몰아주기로 공모한 뇌물 혐의로 기소됐다.[20] 그리고 10월 21일 발표된 USC 공공안전국의 기록에 따르면 그해 9월 27일부터 10월 20일 사이 시그마 누Sigma Nu 남학생 클럽 파티에 참석한 여학생들이 마약을 복용했다는 여섯 건의 신고가 접수됐고(그 가운데 한 건은 성폭력 사건), 대학 측은 공공안전국의 기록이 공개되기 전날 밤에야 해당 남학생 클럽의 활동을 잠정 중단시켰다.

이 마지막 사건을 계기로 보다 못한 USC의 걱정하는 교수들Concerned Faculty of USC이라는 단체의 회장은 〈로스앤젤레스타임스〉에 논평을 한 편 기고했다. 본래는 잇따른 추문 이후 전 총장 맥스 니키아스의 퇴진을 촉구하기 위해 조직된 단체였다.[21] 논평의 필자는 일련의 사건이 일으킨 "여파를 쉬쉬하고 부인하는" 행태를 지적하면서 해로운 문화를 그대로 답습하는 새 경영진을 거세게 비난했다. 투명성 결여는 줄곧 논란의 대상이었다. 그래서 신임 총장 폴트는 지난 2년 동안 몇 개의 온라인 웹사이트를 통해 의혹에 신속히 대처하면서 투명성에 대한 우려를 불식하고자 했다.[22, 23] 여기서 그 잘잘못을 구체적으로 따져보려는 것은 아니다. 내가 좀 더 탐구하고 싶은 것은 "이번 경영진이 투명한 공개보다 은폐에 계속 힘쓰고 있다"라고 주장한 대목이다.

이 논평의 필자는 대학 경영진이 2년 동안 "그 유명한 윤리 전문가 맥킨지앤드컴퍼니McKinsey & Co."의 도움을 받아 신임 총장에게 USC의 문화 개선 방안을 조언했지만 정작 이 컨설팅 업체는 "오피오이드 사태와 이민자 구금 시설, 엔론 사건"에 개입한 전력이 있다고 비꼬았다. 실제로 맥킨지는 여러 제약 회사를 상대로 경영 자문을 해왔으며, 그 가운데서도 퍼듀제약이 중독성 있는 진통제인 옥시콘틴을 시장에 출시하도록 조언했다(최종적으로 그 역할을 인정하고 미 당국에 5억 7,400만 달러의 합의금을 내기로 동의했다).[24] 그런가 하면 미 이민세관단속국U.S. Immigration and Customs Enforcement(ICE)과 협력해 억류자를 위한 식료품비와 의료비를 줄이는 등 기관 내부 직원들조차 이민자에게 너무 가혹하다고 여길 만한 조치들을 써서 구금 시설의 비용 절감을 끌어냈다.[25] 맥킨지는 또한 에너지 거래 회사 엔론의 대규모 분식 회계와 2001년 파산의 핵심 요인이 된 부외 회계 관행을 칭찬한 적도 있었다.[26]

논평의 메시지는 간단했다. 그렇게 윤리적으로 문제 있는 컨설턴트에 의존한다면 어떻게 경영진이 유독한 문화를 타파하기 바랄 수 있겠는가? 간단히 말해, 계속 이런 식이라면 USC가 어떻게 신뢰를 다시 쌓을 수 있겠는가? USC의 많은 관계자가 이 질문에 대한 답을 쉽게 떠올릴 수 있었다. 맥킨지와의 모든 관계를 끊어야 한다는 것이었다. 한 교수는 나와 주고받은 이메일에서 다음과 같이 그러한 견해를 정당화했다. "사과 한 알이 썩으면 썩은 것일 뿐, 어느 부분이 썩었는지는 중요하지 않다고 생각한다. 한 기업의 가치와 문화는 그 기업이 하는 모든 일에 반영되고, 분권화된 조직에서 한쪽의 나쁜 선택이 나머지 선택과 상관이 없다고 주장하는 것은 순진하면서도 위험하다."

　나는 학내의 이러한 여론에 깊은 인상을 받았고, 대학을 더 나은 곳으로 만들고 싶은 진심 어린 열망을 느낄 수 있었다. **하지만 맥킨지에 그런 논리를 적용할 것이라면 USC에도 똑같은 논리를 적용하지 못할 이유가 없다.** 우리 학교의 스캔들로 사과의 한 부분만 썩은 것이 아니라는 점이 드러났다. 교내에 상주하는 의사부터 의과대학교 학장, 다양한 체육 프로그램과 적어도 하나의 전문대학원까지 곳곳이 썩어 있었다. 하지만 이러한 사건들에 분개해 목소리를 내는 교수들 중 그 누구도 자신의 소속 기관을 보이콧해야 한다거나 자신을 포함해 소속 기관과 관련된 사람 모두가 처벌받아야 한다는 이야기는 꺼내지 않았다. 범죄를 저지른 개개인, 전 총장, 그리고 새 경영진처럼 비난의 대상이 좀 더 세밀해야 한다고 생각했다. 자신이 속한 조직이 아니라 남의 조직을 바라볼 때도 이 모순된 태도를 견지했더라면 지극히 합리적으로 비춰졌을 것이다.

　　　　　　　　다른 집단의 사람을 믿는다는 것

강한 집단 결속력은
위선을 낳는다

USC와 맥킨지앤드컴퍼니에서 벌어진 추문을 이유로 두 조직 전체를 싸잡아서 비난하거나, 그 추문이 조직 전체를 대표하지 않는다는 시각을 바탕으로 각 사건에 대해 좀 더 세밀한 대책이 필요하다고 주장하는 것은 논리적 일관성이 있다. 하지만 자신의 소속 기관에 대해서는 세밀한 대책이 적절하다고 여기면서 다른 조직에 대해서는 좀 더 포괄적인 비난이 적절하다고 생각하는 것은 합리적이지 않다. 그렇지만 이런 식의 위선은 생각보다 흔하고, 스스로 완전히 일관성 있다고 자부하는 사람들조차도 비슷한 태도를 보인다. 나는 우리 과 동료 교수인 스콧 윌터무스Scott Wiltermuth 와 박사과정 학생이었던 데이비드 뉴먼David Newman 과 함께 진행한 이론 연구를 통해 위선이 이기적인 동기에서만 비롯되는 것이 아니라, 일반적으로 타인보다 자신에 관한 정보가 더 많아서 발생한다는 것을 확인할 수 있었다.[27]

우리는 앞서 언급한 〈로스앤젤레스타임스〉 논평에서도 이 현상을 확인했다. USC의 걱정하는 교수들이라는 단체의 대표는 다음과 같이 밝혔다. "우리 학생들, 교수들, 동료 교직원들은 내가 아는 한 가장 뛰어나고, 가장 열심히 일하며, 가장 윤리적인 사람들이다. 사실 내가 지난 몇 년 동안 USC의 걱정하는 교수들 회장으로서 대학 경영진의 조치에 적극적으로 항의하면서 얻은 가장 큰 소득은 이 사람들을 더 잘 알게 됐다는 것이다." 따라서 이 대표의 입장에서는 사태의 책임을 추궁하면서 "위에서부터 썩었다"라고 표현한 USC 경영진이나 맥킨지 사람들, 그리고 이 윤리적인 사람들을 구분하는 것이 합당해 보일 수 있다. 그러나 이 대표가 맥킨지앤드컴퍼니의 내부에서 어떤 논의가 오갔는지 내부인처럼 자세하게 알고 있을 가능성은 적다. 그리고 맥킨지라는 조직의 양심적인 구성원들도 이 대표와 비슷한 우려를 표현했을 수 있다. 새로운 USC 경영진의 내부 논의에 대해서도 똑같은 정보의 한계가 적용된다. 그러다 보니 이 대표로서는 타 집단 안의 좋은 사람과 나쁜 사람을 구분할 이유가 없다고 생각하고 전체를 뭉뚱그려서 비난하려고 하는 것이 당연하다.

우리는 주어진 정보를 바탕으로 자신이 속한 집단의 추문과 다른 집단의 추문에 이렇게 일관성 없이 반응하는 것이 정당하다고 굳게 믿는다. 그 정보가 왜곡됐을 가능성이 매우 크다는 사실을 간과하거나 무시하기만 하면 그런 믿음을 계속 유지할 수 있다. 그 단순한 행동 하나로 우리는 자신도 깨닫지 못하는 사이에 위선자처럼 행동하게 된다. 원칙을 '일관되게' 적용한 분야에서도 근본적인 정보 왜곡이 있을 수 있음을 참작하지 않은 채 원칙을

다른 집단의 사람을 믿는다는 것

공정하고 일관성 있게 적용했다고 자부하는 것이다. 그 결과, 잘못을 바로잡고 신뢰를 회복하려는 똑같은 노력이라도 자신이 속한 집단이 아니라 다른 집단이 저지른 죄를 해결하기 위한 노력이면 더 적절하지 못하다고 여길 수 있다.

다른 사람들이 부적절해 보이는 방식으로 잘못에 대처할 때 우리가 보이는 이 부정적인 반응은 소속 집단 내에서 의견을 함께 나눌수록 한층 더 강화된다. 사람들의 의견은 비슷한 관점을 가진 타인과 이야기를 나눌 때 더 과격해질 수 있다는 사실이 또 다른 사회과학 연구 결과로 충분히 입증됐다.[28] 서로 감정을 교환하는 가운데 의견은 점점 극단적으로 변하고, 처음에 보유한 신념은 강화되며 확대된다.

페이스북이나 유튜브 같은 소셜미디어가 위험할 수 있는 가장 큰 이유가 바로 여기에 있다. 사용자는 알고리듬에 따라 자신이 이미 보유한 관점에 계속 노출되고, 근거 없거나 극단적인 관점이라도 서로 지지하게 되므로, 감정이 격앙되는 경우가 많다. 전 세계 수십억 명의 페이스북이나 유튜브 사용자 중에서 아무리 가당찮은 의견이라도 생각이 비슷한 소수가 서로의 의견에 동조하기 시작하면 그들은 더 이상 주변부에 머물지 않고 점점 커져 하나의 세력을 만드는 일원이 된다. 지지하는 주장을 밀어주고, 서로 의견을 교환하고, 살을 덧붙이는 동안 그 주장은 더욱 설득력을 얻는다. 상반된 견해는 무시하거나 폄훼해야 할 대상이므로, 생각이 비슷한 이 선별된 무리의 사용자 가운데는 어느 누구도 반대 집단의 견해를 옹호하려 하지 않는다. **더 나아가 처음에 생각했던 수준보다 훨씬 더 극단적인 의견까지 지지해야 한다는 압박을 받는다.** 그러지 않으면 의리가 없다고 여겨지기 때문이다.

처음의 신념이 무엇이었든 이것은 급진화가 이뤄지기에 안성맞춤인 환경이다. 의도적이었든 소셜미디어 알고리듬의 이끌림이었든 이런 해석의 거품 안에 들어서게 되면 그것은 해당 집단이 세상을 이해하는 주된 수단이 된다. 구성원들의 극단화를 조장하고 거기에 의존하는 자가발전 시스템이 만들어지는 것이다. 그리고 이 장 앞부분에서 살펴봤듯 집단을 활성화하고 결속력을 다지는 데에 집단 밖의 사람들을 괴물로 묘사하는 것보다 더 좋은 방법은 없다. 혐오가 가득한 언어가 늘어나고 피자게이트Pizzagate○와 같은 음모론이 득세하는 미국의 정치 담론에서 이러한 현실을 얼마든지 확인할 수 있다.[29]

나는 사람들이 다양한 종류의 신뢰 회복 노력에 반응할 때 이

○ 2016년 11월, 위키리크스WikiLeaks가 폭로한 이메일에 워싱턴 D.C.의 한 피자 가게에 인신매매와 아동 성매매에 가담한 민주당 고위 인사들의 메시지가 암호화되어 담겨 있다는 터무니없는 주장을 가리킨다.

다른 집단의 사람을 믿는다는 것

런 집단 극화* 현상이 어떤 영향을 미칠지 궁금해졌다. 그래서 공동 연구자들과 함께 한 가지 실험을 설계해 신뢰 회복 노력을 개인이 판단하는 경우와 그룹이 판단하는 경우에 반응이 달라질지, 다르다면 어떻게 다른지 조사하기로 했다.[30]

이 연구에서는 앞서 언급한 채용 면접 모형을 활용했다. 지원자는 역량 또는 도덕성 기반의 범법을 저질렀다는 비난을 받고 거기에 사과 또는 부인으로 대응했다. 그리고 나중에 참가자들에게 지원자를 평가해달라고 할 때는 개인적으로 평가를 부탁하기도 하고 그룹으로 평가를 부탁하기도 했다. 참가자들은 일단 개인적으로 지원자를 평가한 다음 3~6명이 모여서 다시 평가하거나(서로 의견을 나눠 종합적인 판단을 내려달라고 요청했다), 일단 지원자를 그룹 단위로 평가한 다음 개인적으로 다시 평가했다. 2차 평가에서는 원한다면 처음의 의견을 바꿀 수도 있다는 점을 명확하게 전달했다.

이 연구 결과에 따르면 참가자들은 개인적일 때보다 그룹 단위일 때 입사 지원자의 신뢰도를 대체로 더 가혹하게 평가했다. 사람들은 일반적으로 어떠한 것이든 위반으로 고발당한 사람을 신

● group polarization, 집단 토론을 통해 구성원들이 더 극단적인 주장을 지지하게 되는 현상이다

신뢰의 과학

뢰하지 않으려는 경향이 있고, (과거 실험 결과와 일맥상통하게) 그러한 정서는 그룹 안에서 의견을 나눌 때 강화되기 때문이다. 하지만 결과를 더 자세히 들여다보니 특정한 경우에만 이런 현상이 나타난다는 것을 알 수 있었다. 그룹 구성원들이 보기에 위반자가 잘못에 대응하는 방식이 적절한 경우, 그룹이 개인보다 더 가혹한 판단을 내리지 않았다. 그룹의 평가가 상대적으로 가혹해지는 건 지원자가 부적절하다고 여겨지는 방식으로 대응할 때, 구체적으로 말하자면 도덕성 문제와 관련된 위반에 사과하거나 역량 문제와 관련된 위반에 책임을 부인할 때였다.

이런 결과가 나온 까닭은 신뢰 회복을 위한 대응 방법이 잘못됐다고 여겨질 때 참가자들이 그룹이라는 환경 안에서 조금 더 가혹한 판단을 내려도 괜찮다고 서로를 설득하기 때문이다. 그리고 이러한 평가는 순서가 중요했다. 참가자들이 1차 평가를 개인적으로 진행한 후 2차 평가를 그룹 단위로 했을 경우, 지원자에 대한 판단은 더 가혹해졌다. 반대로 그룹 단위로 1차 평가를 진행한 후 개인적으로 2차 평가를 하더라도 지원자에 대한 가혹한 판단은 누그러들지 않았다.

다른 집단의 사람을 믿는다는 것

집단 자체가 아니라
집단을 관리하는 방식이 문제다

어떤 대응이 부적절하다는 느낌은 언어적 요소만으로 결정되지 않는다. 무엇이 적절하고 부적절한지에 관한 보편적인 사회 정서도 영향을 미친다. 에번 맥모리스-산토로 Evan McMorris-Santoro 와 욘 폼렌체 Yom Pomrenze 기자가 CNN에 상세히 보도한 바와 같이 미네소타주 헤이스팅스에 거주하는 켈시와 크리스 웨이츠 부부는 사내아이로 태어난 막내가 여자아이처럼 행동하기 시작하면서 이런 문제에 부딪혔다.[31] 켈시 웨이츠 Kelsey Waits 는 공화당의 젊은 여성 지역 정치인으로 활발한 활동을 펼쳤고, 2017년부터 헤이스팅스 교육위원회에서도 일했으며, 첫 번째 임기가 시작된 지 불과 2년 만인 2020년 1월에 교육위원장으로 선출됐다.

그러다 코로나19가 닥쳤고, 주민들은 학교에서 아이들의 마스크 착용을 찬성하는 쪽과 반대하는 쪽으로 빠르게 갈라섰다. 마스크 반대파 주민들은 '헤이스팅스의 보수적인 학부모들'이라는 페이스북 비공개 그룹을 조직했고, 몇 주 뒤 '헤이스팅스의 걱정하는 학부모들'로 명칭을 바꾼 다음 켈시 위원장 흔들기에 나섰다. 켈시는 그 부분에 대해 괜찮다고 말했다. "그게 정치니까요. 사람들이 저에게 불만을 토로할 수도 있죠. 이해합니다. 아무 문제도 없어요."

하지만 이 그룹은 거기서 멈추지 않았다. 그룹 구성원들이 정보를 나누고 의견을 공유하면서 점점 더 대담해진 것이다. 한 학부모가 켈시와 관련된 여러 가지 문제를 담은 긴 항의 글을 올리자, 또 다른 학부모가 다음과 같이 쓰면서 한 걸음 더 나갔다. "그 여자를 아동학대죄로 가둬야 합니다. (…) 그 집 '딸'은 사실 남자아이거든요." 이어서 다른 학부모들도 웨이츠 부부가 자녀에게 자신들의 관점을 강요한 "깨어 있는* 부모"라며 공격에 가세했다.

이런 글이 올라왔다는 사실을 알게 된 켈시는 그대로 주저앉아 울음을 터뜨렸다. "이건 저에게 가장 중요한 비밀이었어요. 어떻게든 지켜주고 싶었던 것이었고, 정치적으로 이용될까 봐 가장 두려웠던 부분이에요. 저한테 이건 정치가 아니라 제 가족과 제 아이의 문제니까요." 켈시는 지역 신문의 투고란을 이용해 품위에 호소해보려 했다.[32] 그는 칼럼에서 "지역 정치인도 공동체의 일원입니다. (…) 정치적 분열이 끝나는 것을 보고 싶다면 우리부터 시작해야 합니다. 서로를 인간으로서 대하는 것이 그 시작입니다. 넘어서는 안 될 선이 있음을 인식하는 것이 그 시작입니다"라고

---

* 'woke'는 본래 깨어 있다는 의미지만 젠더, 인종, 성 소수자 차별 이슈를 인식하고 관련된 행동을 하는 사람들을 일컬을 때 확장된 의미로 사용된다.

썼다. 하지만 몇몇 '걱정하는 학부모들'은 이 칼럼 덕분에 그룹의 활동이 널리 알려졌다며 오히려 기뻐했다. 혐오는 계속 확대될 뿐이었다.

켈시 웨이츠는 "새로운 사람들을 만날 때마다 내 아이가 안전할지 경계하게 된다"고 말했다. 아이가 준비되기 전에 강제로 커밍아웃이 이뤄질 경우 자살 위험이 커진다는 점도 걱정스러웠다. 그는 "이것은 내 육아 방식에 관한 문제가 아니라 아이들의 인생에 관한 문제"라고 말했다. 켈시는 결국 재선에 실패했지만 이 지역 사회에서의 학대는 그걸로 끝나지 않았다. 켈시의 남편 크리스는 다른 학부모로부터 전해 들은 이야기를 꺼냈다. 선거 다음 날한 학생이 다른 학생에게 다가가더니 "우리 엄마가 그러는데 이제 우리가 이겨서 너 같은 정신병자를 처리할 수 있대"라고 말했다는 것이다. 웨이츠 가족은 결국 사생활이 좀 더 보장되고 안전한 지역을 찾아 떠나기로 했다.

하지만 이렇게 해를 끼쳤음에도 '걱정하는 학부모들'은 아마도 자신들의 행동이 완전히 정당하다고 여겼을 것이다. 자신들이 올바른 쪽에 서서 '상스러움'과 '성 도착'에 맞서 싸우며, 지역 사회와 가족을 생각하고 옳은 일을 하는 건전한 시민들이라고 자부했을 것이다. 대부분은 안정된 직장에 다니고, 제때 세금을 내며, 종교적 신념도 있는 사람들이었을 것이다. 그런데도 이 똑같은 사람들이 여덟 살짜리 아이의 성 정체성이라는 가장 은밀한 비밀을 폭로하고, 혐오의 구호를 외치면서 우리 중 가장 연약한 사람에게 원치 않는 스포트라이트를 들이댔다. 그리고 그런 행동을 정당하고 합당하다고 여겼다. 마녀가 아님을 증명하기 위해 여자의 팔다리를 묶어서 익사시키던 중세의 마녀사냥과 조금도 다를 바가 없다.[33]

분노를 자극하는 시나리오가 있고 생각이 비슷한 사람들과 그 의견을 공유할 수만 있다면 집단이 폭도로 변하는 것은 순식간이다. 자신은 스스로를 의롭다고 생각하지만, 결국에는 독선적인 집단 괴물로 돌변해 인간의 가장 추악한 부분을 크게 드러낸다. 본의 아니게 외부인이 된 다른 인간의 의견과 행복 따위는 중요치 않다고 믿는다. 이것은 정치적 스펙트럼의 어느 위치에 서 있든 상관없이 일어날 수 있는 일이다. 즉, 좌파와 우파 양쪽 모두에서 발생한다.° 편협함이 어떤 형태로 나타나든, 분극화의 이 증폭 효과는 마치 불에다 기름을 끼얹는 것과 비슷하다.

하지만 이 집단 극화 현상 속에서도 우리는 해결의 씨앗을 찾

° 서던캘리포니아대학교 학생들이 N-워드와 너무 비슷하게 들리는 중국어 단어를 사용했다는 이유로 수차례 우수 강의상을 받은 교수를 강의에서 쫓아낸 7장의 사례는 이런 일이 좌파적 감수성을 가진 사람들에게서도 일어날 수 있음을 보여주는 무수한 사례 중 하나에 불과하다.

을 수 있다. **바로 이러한 해석의 거품을 깨고 밖으로 나와서 의견이 다른 사람들과 진짜 대화를 나누는 것이다.** 물론 이것은 말처럼 쉽지 않다. 우리가 사는 세상은 상당 부분 이미 흑백으로 양극화되어 있고, 사람들은 자신의 이데올로기적 신념에서 벗어나 생각하기를 거부한다. 그렇지만 다른 견해를 가진 사람들과 이런 종류의 대화를 나눌 경우, 적어도 기꺼이 참여하고 경청하려는 사람들에게는 변화가 생길 것이라고 믿을 만한 이유가 있다.

나는 조직심리학자 데버라 그룬펠드^{Deborah Gruenfeld}, 멜리사 토머스 헌트^{Melissa Thomas-Hunt}와 함께 진행한 연구를 통해 소속 집단 내에서 다양한 관점에 노출되면, 버스통학 통합학군제*와 같이 논란이 있는 주제에 관한 생각이 어떻게 달라질 수 있는지 살펴봤다.[34] 이를 위해 우리는 참가자 설문을 시행해 이 주제에 관한 처음의 관점을 조사한 후, 그 결과에 따라 만장일치 그룹(버스통학 통합학군제에 모두 찬성하거나 모두 반대), 그리고 이 문제에 찬성하는 쪽과 반대하는 쪽이 뒤섞인 찬반혼합 그룹(찬성 혹은 반대하는 사람이 다수 혹은 소수가 있는 그룹)으로 참가자들을 나눴다. 이어서 그룹 내부적으로 이 주제를 논의하고, 그룹의 최종 결정을 발표한 다음, 버스통학 통합학군제에 관한 개인적인 의견을 사후 근거 자료로 작성해달라고 했다. 이 자료는 비공개로 유지될 수도 있고 공개될 수도 있다고 말해줬다.

이 실험 결과로 드러난 사실은 과거의 연구 결과와 일치했다. 만장일치 그룹뿐만 아니라 찬반혼합 그룹의 소수파는(찬성 혹은 반대 의견이 소수인 혼합 그룹) 어느 한쪽으로 편향된 집단이 그럴 만하듯이 이 문제를 좀 더 단순하고 일차원적으로 생각하는 경향이 있었다. 하지만 반대 의견에 노출된 혼합 그룹의 다수파는 문제에 대해 훨씬 더 정교한 사고방식을 보여줬다. 상대방의 관점을 인식하고 상충하는 의견을 하나로 모아 통합해낼 방법까지 찾아낸 것이다. 찬반혼합 그룹의 다수파는 버스통학 통합학군제에 찬성하든 반대하든, 심리학자들이 이야기하는 통합적 복합성**이 더 높았다. 아울러 찬반혼합 그룹 다수파의 통합적 복합성이 높은 것은 단지 보여주기 위한 목적이 아니었다. 사후 근거 자료로 적어낸 개인적인 의견이 공개되지 않는다고 믿는 상태에서도 똑같은 효과가 나타났기 때문이다. **이는 다른 견해를 가진 사람들과 교류할 기회가 있으면 사고의 방향이 더 나은 쪽으로 달라질 수 있음을 시사한다.**

이러한 연구 결과를 보면 집단 자체가 아니라 집단을 관리하

• school busing. 미국 공립학교에서 사회·경제적 혹은 인종적 다양성을 달성하기 위한 수단으로 소속 학군 밖의 학교까지 학생들을 버스로 통학시키는 정책이다.

•• integrative complexity. 하나의 사안을 다양한 각도에서 바라보고 그것을 하나의 일관된 관점으로 통합시키는 능력을 말한다.

다른 집단의 사람을 믿는다는 것

는 방식이 문제임을 짐작할 수 있다. 우리는 다양한 의견을 반영하고 고려하도록 집단을 구성하는 대신, 같은 견해를 공유하는 사람들을 찾느라 그 다채로움을 걸러낸다. 더 폭넓고 다양한 구성원들이 보유한 풍성한 정보와 관점처럼, 집단을 훌륭하게 만들어줄 잠재력을 모두 차단해 생각을 단순화하고, 자신을 정당화하며, 공동의 목적의식을 추구한다.[35] 이는 자연스러운 경향이며 집단 내부의 신뢰를 강화할 확실한 방법이기도 하다. 하지만 그런 혜택을 얻는 대가로 불신은 더욱 높아지고 집단 밖의 다른 모든 사람과 신뢰를 회복하기는 한층 더 어려워진다.

9장

신뢰 권장하는 사회

녹음이 우거지고 사방이 고요한 도쿄 히비야 공원의 끝자락. 콸콸 흐르는 분수와 잘 꾸며진 정원이 있는 그곳에 중년 남성들이 자주 찾는 4층짜리 벽돌 건물로 지어진 작은 도서관이 하나 있다. 이 남성들은 평소 눈에 잘 띄지 않고 찾아보기도 힘들다. 매일 아침 일찍 일어나 흰 와이셔츠를 갖춰 입고 넥타이를 맨 다음 붐비는 출퇴근 시간을 틈타 자신이 사는 동네에서 자취를 감추기 때문이다. 푸른색 양복에 잘 닦은 검은 구두를 신은 한 남자도 화요일마다 이 도서관을 찾는다. 그는 다른 요일에는 어디로 가는지 밝히지 않으려 했다. 다른 지역을 방문할 수도 있지만 너무 멀리 떠나지는 못한다. 거기까지 갈 돈이 없어서가 아니라 "너무 자주 자리를 비우기 시작하면 이웃들이 의심할 것"이라는 이유에서였다. 그래서

신뢰 권장하는 사회

그는 마치 죄수처럼 판에 박힌 일상에 정착했다. 절대 회복할 수 없을 것 같은 죄를 저질렀으니 적절한 표현인지도 모른다.[1]

다른 중년 남성들과 마찬가지로 그의 죄목은 현대 직장 생활의 탈락자가 된 것이었다. 그들은 직장을 잃었거나 사업이 파산한 사람들이다. 그런 사건을 개인의 실패로 취급하는 사회에서 십중팔구는 재기의 희망을 포기한 지 오래다. 이 중년 남성들이 사는 일본에서는 주로 젊은 노동자를 채용해 대개 평생 고용을 유지한다. 푸른색 양복을 입은 이 남자처럼 어떤 사람들은 정부의 구직 알선 기관에서 새로운 일자리를 찾는 것조차 힘들어한다. 행여 거기서 아는 사람이라도 마주치면 구구절절 사정을 설명하느라 곤란해질까 봐서다. 그러다 보니 많은 사람에게 가장 영예로운 해결 방법은 자살이다.[2] 그렇지 않으면 여생을 감옥에서 보내야 한다. 콘크리트와 강철로 지어진 실제 감옥이나 이 도서관이 아니라, 일말의 존엄을 유지하기 위해 어딘가에 고용된 사람처럼 보여야 한다는 강박의 감옥이다. 말하자면 수치심으로 지어진 감옥이다.

미국에 사는 사람들은 대체로 이러한 곤경에 공감하기 어려울 것이다. 미국인들도 실직과 파산을 겪으며, 실제 비율은 일본보다 훨씬 높다. 하지만 그런 일을 겪더라도 다시 일어서고, 결국 성공한 모습으로 대중 앞에서 스포트라이트를 받을 가능성도 더 높다. 스티브 잡스는 1985년 애플의 창업자 자리에서 쫓겨났지만 1997년 최고경영자로 복귀해 회사를 최고의 자리에 올려놓았다. 오프라 윈프리Oprah Winfrey는 경력 초반에 저녁 뉴스 리포터로 일하다가 "TV 뉴스에 어울리지 않는다"는 이유로 해고됐지만 자신의 이름을 건 유명 토크쇼를 시작하고 미디어 대기업을 일궈냈다. 월트 디즈니Walt Disney는 창의력이 부족하다는 이유로 신문사에서 해고당했지만 결국 전 세계인의 사랑을 듬뿍 받는 만화 캐릭터, 이야기, 테마파크를 만들어냈다.[3] 게다가 월트 디즈니, 헨리 포드Henry Ford, 밀턴 허쉬Milton Hershey를 포함한 산업계의 유명한 거물 중 몇 명은 성공으로 가는 길에 파산한 적도 있었다.[4] 특히 허쉬는 초콜릿 왕국을 세우기 전에 두 번이나 파산했다.[5]

이런 사례들은 미국인들이 실직과 파산을 일본인들처럼 개인적인 실패로 바라본다 하더라도 영구적인 낙인으로 취급하는 경향이 훨씬 적다는 사실을 보여준다. 미국에서 개인과 기업에게 이렇게 새로 시작할 기회가 주어진다는 점은 자본주의 시스템의 장점으로 여겨졌다. 해고를 당해도 새 직장을 찾을 수 있기에 경제에서 생산적인 역할을 유지할 수 있고, 너그러운 파산 제도는 위험을 감수하도록 장려해 기업 활동과 경제 성장을 촉진한다. 두 가지 모두 경제 주체를 활발하고 생산적인 상태로 유지한다는 더 큰 목표에 이바지하며, 일본을 포함한 전 세계의 다른 나라들은 자국의 시장 경제를 활성화하기 위해 이런 점을 모방하려고 노력

신뢰 권장하는 사회

해왔다.[6]

하지만 이번 장 시작 부분의 중년 남성들의 모습에서 볼 수 있듯이, 실직과 파산에 대한 문화적 태도가 뒷받침되지 않으면 미국의 공식적인 제도와 법률을 도입하려는 노력은 아무런 소용이 없다. 정부의 고용지원기관과 미국 스타일의 파산법이 있어도 사람들이 이를 이용하지 않거나 실제로 이용한 사람에게 씻을 수 없는 낙인이 찍힌다면 도움이 되지 않을 것이다.[7] 미국에서도 약속과 기대를 충족하지 못했을 때 대처가 힘든 건 사실이지만, 일본에서 특히 이런 종류의 직장 관련 사고가 발생한 경우에는 상황은 훨씬 더 어려울 수 있다. 이처럼 문화는 사람들이 죄책감 문제에 대처하고 더 넓은 범위의 '잘못'을 속죄하는 방식에 영향을 미친다.

미국과 일본의 사과가 근본적으로 다른 이유

일본에서 실직이나 파산 경험을 극복하기 더 힘든 한 가지 이유는 집단주의 문화에 있다. 수많은 증거에 따르면, 일본과 같은 집단주의 문화의 구성원들은 자신이 타인과 연결되어 있다고 여기면서

신뢰의 과학

개인의 필요와 욕구보다 집단의 필요와 목표에 초점을 맞추는 경향을 나타낸다. 이는 미국처럼 개개인이 타인과 별개라고 여기고, 개성을 바탕으로 자신을 정의하며, 개인의 권리와 목표에 중점을 두는 개인주의 문화와 대비된다.

하지만 문화심리학자들이 처음에 짐작했던 것과 달리(아무래도 북미와 유럽 출신이 대부분이라 그렇게 생각한 면도 있었을 것이다), 집단주의가 강한 문화라고 해서 반드시 신뢰가 높은 것은 아니다.[8] 집단주의자들은 미국인들보다 더 공통된 정체성을 바탕으로 서로를 가족처럼 여기며, 이런 문화는 협력을 더욱 장려할 수 있다. **하지만 그런 생각 때문에 구성원들은 서로에 대한 의무와 책임을 강조하고, 그 규범이 깨지지 않는지 더 경계하며, 규범을 깨는 사람을 심하게 제재한다.**[9] 그런 맥락에서 일본에서는 직장을 잃거나 사업이 망한 사람들은 개인적으로 성공을 거두지 못해서가 아니라 주변 사람들을 실망시킨 죄로 가시방석에 앉는다. 말하자면 사회의 생산적인 경제 주체로 남아 있지 못하고, 운영하던 회사가 진 빚을 갚지 못하고, 가족을 부양하지 못해 결국 집안 망신을 시킨 잘못이다.

실제로 집단주의 문화에서 잘못을 저지르면 위반자 한 사람에게만이 아니라 그 사람이 속한 그룹 전체에 오점이 남을 수 있다. 일례로, 태냐 메넌Tanya Menon 과 동료들은 미국과 일본의 신문사가 똑같은 유명 기업의 비리를 보도할 때 어떠한 논조의 차이를 보이는지 비교해봤다. 그 결과, 미국의 뉴스 기사는 개별 위반자들이 어떻게 그런 잘못을 저질렀는지에 초점을 맞췄지만, 일본의 보도 기사는 광범위한 조직이 어떻게 이런 종류의 사건이 발생하도록 내버려뒀는지에 초점을 맞췄다.[10] 이 결과에 따르면 미국인들은 개별 위반자를 비난할 가능성이 큰 데에 반해, 일본인들은 집단 전체를 비난할 가능성이 컸다. 이는 미국인들은 개인이 자신의 행동을 통제한다고 믿는 경향이 강하지만 일본인들은 (소속 집단의 필요와 목표에 부응해야 한다는 규범과 압박을 포함해) 통제 밖 요인들이 행동에 영향을 끼칠 수 있다는 생각이 더 익숙한 탓에 나온 결과다.

묘하게도 이러한 문화적 차이로 인해 일본인들은 자신이 저지르지도 않은 잘못을 사과하기도 한다. 나는 2011년도에 일본에서 건너온 젊은 여성과 그해 초 일어난 후쿠시마 원전 사고에 관한 이야기를 나눈 적이 있었다. 그 발전소에서 일한 적도 없고, 원자력 산업과 관련된 아무 일도 하지 않았으며, 후쿠시마 근처에 살지도 않았던 사람이었다. 그런데 그분이 대화 막바지에 그런 일이 일어나 죄송하다며 사과해 깜짝 놀라고 말았다.

나에게 사람들에게 죄책감을 느끼게 만드는 숨은 재능이 있었던 걸까? 하지만 그분은 다른 이유로 사과했을 가능성이 더 커

보였다. 특히 자신이 직접 한 행동이 아니라 자신의 집단을 대신해 사과한 것이고, 일본인 모두가 일어난 일에 대해 약간의 책임을 분담해야 한다고 생각한다는 인상을 받았다.

이것은 다수의 미국인에게 이상하고 불필요하게 느껴질 수 있다. 실제로 책임이 있는 사람에게 비난의 초점을 돌리는 편이 더 합리적이지 않을까? 그런 종류의 사고를 해결하고 예방하는 데에 그게 더 도움이 되지 않을까? 하지만 얼핏 합당해 보이는 이 질문들은 근본적으로 결함이 있는 전제에서 나왔다는 데에서 문제가 있다. 바로 개인의 행동은 그 사람이 직면한 사회·환경적 힘보다 일차적으로 개인에게 달려 있다는 전제다.

우리는 앞에서 이 현상을 살짝 다뤘다. 리더들이 벌어지는 일에 실제보다 더 큰 통제력을 갖고 있다고 믿는 현상이었다. 이 경향은 리더들에 대해 특별히 두드러지게 나타나지만, 서구인들은 타인에 대해서도 이와 비슷하게 생각하는 성향이 있다. 미국을 비롯한 서구 세계의 사람들은 개인이 자기 행동을 결정한다는 생각에 과도하게 수긍하는 특징이 있다. 사실 이것은 너무나 잘 알려진 경향이라서 사회심리학자들은 반세기가 훌쩍 넘도록 그 생각이 틀릴 수도 있음을 온갖 방법으로 증명해 보이느라 여념이 없었다. 이에 반해, 여러 동아시아 문화권 사람들은 이러한 오류에 덜 빠지는 것으로 드러났다. 사람들의 행동에 영향을 미치는 상황적

신뢰 권장하는 사회

요소를 더 잘 인지하기 때문이다.[11]

일본 신문사들이 잘못을 저지른 직원 한 명에게 초점을 맞추는 대신, 조직이 어쩌다 그런 위반이 일어나도록 허용했는지 묻는다는 사실은 구체적인 데이터로도 나타난다. 예를 들어, 2016년 말에 처음으로 널리 보도된 웰스파고은행Wells Fargo Bank 회계 부정 기사에서는 이 은행 직원들이 고객의 동의 없이 허위로 수백만 개의 예금 계좌와 당좌 계좌를 만들었다고만 밝혀졌으나, 회사가 어떻게 그러한 행동을 부추겼는지에 관한 보도 자료는 최근에야 나왔다. 〈뉴욕타임스〉의 에밀리 플리터Emily Flitter 기자는 2020년 기사에서 "고위 경영진이 매출 목표를 해마다 높여서 설정하고 그 목표가 비현실적이라는 신호를 무시하는 바람에 낮은 직급의 직원들이 점점 더 압박을 받는 압력솥 같은 은행 환경이 만들어져" 이런 비리가 벌어졌다고 분석했다.[12]

이 비리가 처음 보도됐을 당시에는 경영진의 불합리한 요구보다 지점의 말단 직원들에게만 비난의 화살이 돌아갔다. 미국 대중은 흔히 그렇듯 행동을 저지른 사람들만 비난하는 실수를 저질렀다. 행위에 직접 가담하지 않았더라도, 안 되는 줄 알면서 그런 행동을 하도록 가한 압박과 부추김, 관리 태만은 전부 외면했다. 그 사건이 어떻게 일어났고, 어떻게 하면 예방할 수 있을지 정말로 이해하고 싶다면 일본인들처럼 무엇이 위반을 초래했는지 좀 더 폭넓게 생각하는 것이 바람직하다.

이러한 차이점은 해당 문화 안에서 신뢰에 대한 태도에도 영향을 주는 것으로 밝혀졌다. 우리는 1장에서 1) 뒤따를 위험을 알면서도 취약함을 감수하는 것과 2) 결부된 위험이나 약점이 사라졌기 때문에 취약함을 감수하는 것 사이에 크나큰 차이가 있음을 이미 살펴보았다. 전자(뒤따를 위험을 알면서도 취약함을 감수하는 것)는 신뢰의 표시로 간주할 수 있지만, 후자(결부된 위험이나 약점이 사라졌기 때문에 취약함을 감수하는 것)는 상대방을 전혀 신뢰하지 않더라도 서로 신뢰하는 것처럼 보이게 행동하는 것뿐이다.

이와 관련해 문화 간 신뢰 연구자 토시오 야마기시 Toshio Yamagishi와 미도리 야마기시 Midor Yamagishi가 벌인 국가 간 비교 설문(일본인 1,136명과 미국인 501명의 응답자 포함)에 따르면, 일본인들은 미국인들보다 위험과 약점을 줄이는 후자의 접근법을 더 선호하는 것으로 나타났다.[13] 이러한 이유로 연구진은 일본인이 미국인보다 남을 신뢰하려는 경향이 낮고, 기존의 사회관계망을 쉽게 떠나려 하지 않는다는 사실을 발견했다. 더 나아가 이런 문화적 차이는 미국보다 일본에서 사과가 더 흔해도 의미는 그만큼 깊지 않은 이유를 설명하는 데에 도움이 된다.[14] **집단주의 문화의 구성원은 자신의 위치를 집단의 다른 구성원들과의 관계 속에 놓고 바라보는 경향 때문에 규범 위반에 대한 경계심이 높고 일상 속에서 사과**

311

를 더 자주 한다. 이런 뉘우침의 표현은 '사회적 윤활유'로서 유익한 역할을 한다. 집단 화합에 지장을 줄 수도 있는 잠재적 위반에 자신이 얼마나 민감한지 분명하게 보여주기 때문이다. 하지만 집단주의 문화의 구성원은 사람들의 행동을 주도할 수 있는 사회·환경적 영향 또한 익히 알기 때문에, 사과를 개인의 과실을 깨끗하게 인정하는 행위로 취급하기보다 막연한 후회를 표현하는 행위로 취급하는 경향이 있다.

조직심리학자 윌리엄 매덕스^{William Maddux}와 테츠 오쿠무라^{Tetsu Okumura}, 진 브렛^{Jeanne Brett}과 내가 진행한 문화 간 연구에서 이 논리를 뒷받침하는 증거를 찾을 수 있었다.[15] 우리 연구팀은 우선 일본과 미국의 참가자들을 대상으로 설문을 진행했다. **설문 결과, 일본인은 개인적으로 관여하지 않은 행동에도 사과할 빈도나 가능성이 더 크고, 미국인의 경우 사과를 개인적 책임과 동일시할 빈도나 가능성이 더 크다는 생각이 실증적 증거로 입증됐다.** 이어서 우리는 이 차이가 역량 또는 도덕성 문제와 관련된 위반 후 사과한 사람들에 대한 신뢰에 어떤 영향을 미치는지 알아보기 위해 앞에서 소개한 채용 면접 모형을 사용한 실험을 진행했다.

그 결과, 일본인들은 사과를 잘못의 확정으로 해석할 가능성이 낮기 때문에 도덕성 기반의 위반(중요한 고객을 만족시키려고 일부러 부정확하게 세금을 신고)에 사과할 경우, 미국에서보다 일본에서 신뢰 회복 효과가 더 높은 것으로 드러났다. 하지만 일본인들은 미국인들과 비교했을 때 개인이 자신의 행동을 통제할 힘이 적다고 믿기 때문에 역량 기반의 위반(관련 세법에 대한 지식이 부족해 세금 신고를 제대로 하지 못함)에 사과할 경우, 미국에서보다 그 효과가 떨어졌다. 아마도 일본인들은 사과한 사람이 직접 나서서 그 문제를 바로잡을 수 있으리라고 믿지 않았기 때문이었을 것이다. 이러한 결과는 문화적 관점이 잘못의 원인과 결과를 해석하는 방식뿐만 아니라 이후 신뢰 복구 노력에 대응하는 방식에도 커다란 차이를 불러올 수 있음을 잘 보여준다.

이번 장 초반에 국가 간 문화적 관점이 어떻게 다를 수 있는지 설명했다. 하지만 문화는 한 국가 내의 다양한 하위 그룹 안에서도 다를 수 있음을 인식하는 것이 중요하다. 그 나라의 지역마다, 회사와 조직마다, 심지어 정치 그룹마다 개인주의적 가치와 집단주의적 가치에 두는 비중은 물론이고 그 밖의 가치, 신념, 규범은 제각기 다를 수 있다. 그런 차이점은 얼마나 자주 사과하는지 혹은 어디에 비난을 돌리는지에만 영향을 주는 것이 아니라 **궁극적으로 사람들이 무엇을 도덕성 기반의 잘못으로 간주하는지에도 영향을 미친다.**

신뢰를 결정하는
다섯 가지 도덕 원칙

도덕성 문제는 자신이 용납 가능하다고 느끼는 원칙을 다른 사람들이 지킨다고 생각하는지 아닌지와 관련이 있다. 한 집단에서는 용납 가능한 원칙이 다른 집단에서는 용납되지 않을 수도 있다. 심리학자 제시 그레이엄Jesse Graham, 조너선 하이트Jonathan Haidt 와 동료들은 이러한 판단이 다음 다섯 가지 근본적인 도덕 원칙에 근거해 이뤄진다고 보았다.[16]

① **돌봄**Care : 타인의 고통에 공감하고 타인이 고통받기를 바라지 않는다. 친절함, 상냥함, 양육의 미덕을 포함한다.

② **공정**Fairness : 내가 대접받고 싶은 대로 남을 대접한다는 개념이다. 협동의 가치와 관련되며, 정의와 신뢰의 미덕을 포함한다.

③ **충성**Loyalty : 부족 생활을 하던 인류의 역사와 관련되며, 애국심과 자기희생의 가치를 포함한다.

④ **권위**Authority : 위계질서에 따라 사회적 상호작용을 하던 영장류 역사를 바탕으로 하며, 복종과 경의의 가치를 포함한다.

⑤ **신성**Sanctity : 고귀하고 세속적이지 않으며 기품 있게 살아야 한다는 생각으로 혐오나 오염의 문제와 관련되며, 순결, 경건, 청결의 미

신뢰의 과학

덕을 포함한다.

이 연구에 따라 국가 간은 물론이고 한 국가 내에서도 서로 다른 문화 집단이 이 다섯 가지 도덕 원칙에 상당히 다른 우선순위를 부여한다는 사실이 드러났다. 예를 들어, 동양 문화의 사람들은 서양 문화의 사람들보다 충성과 신성의 원칙을 가치 있게 여길 가능성이 컸다. 마찬가지로 여성은 남성보다 돌봄, 공정, 신성에 더 마음을 쓰는 것으로 드러났다. 또한 미국의 진보와 보수를 비교해보면 진보 성향의 사람들은 돌봄과 공정의 원칙에 우선순위를 두는 데에 반해, 보수 성향의 사람들(특히 종교적 보수주의자)은 충성, 권위, 신성의 원칙에 우선순위를 두는 경향이 있다.[17]

이러한 차이점은 타인의 행동을 바라보는 방식에 극적으로 영향을 미칠 수 있다. 나를 예시로 설명하자면, 나는 내가 정치적으로 진보도 보수도 아니라고 생각한다. 그보다는 데이터에서 얻을 수 있는 정보를 바탕으로 공공 정책에 좀 더 신중하게 접근하는 것을 선호하는 편이니 중도에 가깝다고 봐야 한다. 하지만 어릴 때 미국에 이민 온 사람으로서 미국과 멕시코 국경에서 가족 분리 정책을 시행하는 트럼프 행정부에 분노와 경악을 금치 않을 수 없다. 이 정책이 해당 가족들에게 끼칠 트라우마와 자녀에게 가할 (아마도 영구적인) 피해를 생각하면, 나는 이것이 인간의 기본적인 품위를 고의로 깨뜨리는 행위라고 여기며 그 정책을 옹호하는 사람들을 보면 부도덕하다는 생각부터 든다.

하지만 사회과학자의 입장에 서서 바라보면, 나의 이런 반응은 남에게 해를 가하지 않고 도움이 필요한 사람을 돌봐야 한다는 원칙이 무엇보다 중요하다는 전제에서 나왔으며, 다른 사람들이 내 시각에 반드시 동의하지 않을 수도 있음을 인정한다.

가족 분리 정책을 지지하는 쪽의 사람들은 이렇게 주장할 수도 있다. 이 정책이 끼친 피해는 유감스럽지만, 미국 국민의 이익을 보호하고(충성), 다른 나라가 문제를 스스로 해결하도록 도우며(공정), '범죄자'나 다른 '바람직하지 못한' 요소가 미국을 장악하지 않도록 막고(신성), '선거로 정권을 잡은' 행정부의 의지를 존중(권위)해야 한다는 목표 사이에서 균형을 맞춰야 한다고 말이다. 나는 이 정책의 피해자에게 심각한 해를 가하지 않는 다른 방법들로도 그러한 목표를 달성할 수 있다고 설명하며 그 주장에 대응할 수 있겠지만, 이 논리가 먹힐지는 명확하지 않다. 그들을 설득하려면 이런 문제를 분석하고 토론하는 일을 업으로 삼는 정책전문가의 영역까지 발을 들여야 할 것이고, 내가 그렇게 한다고 해도 보통 사람들은 빠른 속도로 흥미를 잃고 말 것이다.

종합해보면 우리가 고수하는 원칙은 양날의 검이 될 수 있다. 원칙은 옳고 그름을 구별할 수 있는 규칙이나 기준으로 이뤄진다.

그래서 우리는 대개 원칙을 긍정적인 관점으로 바라본다. 다양한 행동의 도덕성, 신뢰성, 적절성을 판단하는 수단으로 여기는 것이다. 하지만 사람들이 미국과 멕시코 국경에서 펼쳐지는 가족 분리 정책에 매우 상반된 반응을 보이듯이, 우리는 원칙 때문에 서로 엇갈리는 이야기를 하고 손가락질하면서 각자 자신이 옳다고 굳게 믿는다. 도로시 세이어즈^{Dorothy Sayers}*의 소설《화려한 밤^{Gaudy Night}》에 등장하는 문장 중 "원칙이 가장 먼저 하는 일은 누군가를 죽이는 것이다"에 그 정서가 기가 막히게 잘 포착되어 있다.[18] 이런 종류의 사회·정치적 분열과 거기서 비롯된 불신의 문제를 해결하고 싶다면, 이렇게 서로 다른 원칙이 불러오는 함의를 이해할 필요가 있다.

옳음과 옳음의 문제가 부딪힐 때

1992년 공화당 전당대회에서 팻 뷰캐넌^{Pat Buchanan}**이 한 연설 내

---

* 20세기 영국을 대표하는 추리 소설 작가다.
** 닉슨과 레이건 행정부에서 공직을 지낸 미국의 극우 보수주의 논객이다.

용을 살펴보자.[19] 그는 미국이 "냉전 자체만큼이나 국가 정체성에 중대한 문화 전쟁"을 벌이고 있다고 선언했다. 1991년 사회학자 제임스 데이비슨 헌터James Davison Hunter가 그의 저서 《문화 전쟁Culture Wars》에서 처음 제기한 이 논제에 불을 지핀[20] 뷰캐넌은 미국의 두 가지 도덕적 비전을 대비시켰다. 한편에는 미국 예외주의,* 전통적인 가족과 제도, 유대-기독교적 성 예의범절의 미덕을 옹호하는 사람들이 있었다. 반대편에는 '자유로운 임신 중단'을 지지하고, 동성애자의 권리를 내세우며, 종교 이념으로 설립된 학교를 차별할 권리, 부모를 고소할 권리, 여성의 입대 권리를 주장하고, '가족, 노동자, 일자리보다 새, 쥐, 곤충 따위를 우선'하려고 시도하는 사람들이 있었다. 뷰캐넌은 그들을 전통적인 제도와 가치를 전복시키려고 작정한 자들로 경멸하듯 규정했다.

뷰캐넌의 연설 이후 수십 년이 흐르는 동안 보수주의와 자유주의의 도덕적 감수성 차이로 나타난 이 문화적 분열은 미국 정치에 더 깊게 뿌리내렸다(헌터는 보수주의와 자유주의 대신 '정통적' 혹은 '진보적' 세계관을 고수하는 사람들이라고 불렀다). 그 구분으로 양진영은 서로 상대편이 용납할 만하다고 생각하는 원칙을 고수하

• American exceptionalism, 미국은 다른 국가와는 차별성을 가지며 특별한 의미를 지니고 탄생한 나라라는 신념을 뜻한다.

　　　　　　　　　신뢰의 과학

지 않으니 도덕성이 부족하다고 생각하기에 이르렀다. 이 상황은 불신을 불러일으키고 갈등을 고조시켰다. 양측은 각자 명백히 합리적이라고 여기는 정책을 옹호했으나 상대편은 그 정책이 잘못됐고 부적절하다고 여겼으니 그럴 수밖에 없었다. 또한 각자 자신의 관점을 지지하기 위해 점점 더 열띤 주장을 펼쳐도 상대편은 그것을 이해할 수 없거나 이해하지 않으려 하기에, 이성과 토론으로 이 대립을 해결하기 위한 노력 역시 수포가 되었다.

이런 일은 상충하는 원칙 앞에서 우리가 내리는 선택이 더 이상 옳고 그름의 문제가 아니라, 옳음과 옳음의 문제일 때 발생한다. 다시 말해, 각각 어느 정도 장점이 있는 대안적인 도덕 기준 사이에서 선택을 내려야 하는 상황이라는 뜻이다. 물론 각자의 입장이 더 우월하다고 상대방을 설득해 의견 차이를 좁히고 싶겠지만, 그것은 도덕적 관념이 형성되는 과정을 제대로 이해하지 못할 때 나오는 접근법이다. 우리는 일반적으로 도덕 원칙이 이성과 논리를 바탕으로 한다고 믿는다. 하지만 6장에서 응보적 정의에 관한 사람들의 관점을 이미 살펴봤듯이, 우리의 도덕 원칙은 생각보다 신중한 형태의 사고에 기반을 두지 않는다.

심리학자 조너선 하이트는 이 점을 명확히 보여주기 위해 독자들에게 다음 시나리오를 읽고 생각해보라고 했다.[21]

줄리와 마크는 남매지간이다. 그들은 대학교 여름방학 때 프랑스를 함께 여행 중이었다. 어느 날 밤 둘은 해변 근처의 오두막집에 단독으로 머물게 됐다. 그들은 둘이서 성관계를 해보면 흥미롭고 재미나겠다고 생각했다. 적어도 각자에게 색다른 경험이 될 것이라고 여겼다. 줄리는 이미 피임약을 복용 중이었지만 마크는 혹시 모르니까 콘돔도 사용했다. 두 사람 모두 성관계를 즐겼지만 다시 하지는 않기로 했다. 둘은 그날 밤의 일을 비밀에 부치기로 했고, 그 때문에 더욱 서로 가까워진 기분이 들었다. 당신은 이 일을 어떻게 생각하는가? 그들이 성관계를 맺어도 괜찮은가?

하이트는 이 시나리오를 읽고 의견을 표명해달라고 요청받은 사람들 대부분이 곧바로 남매가 성관계를 갖는 것은 옳지 않다고 말했지만 그 이유를 찾기는 어려워했다고 밝혔다.

사람들은 근친의 위험을 지적했지만 남매가 두 가지 형태의 피임 방법을 사용했다는 사실을 기억하고는 입을 다물었다. 이 경험으로 남매의 관계가 더 돈독해졌다고 분명히 밝혔음에도 어떤 사람들은 남매가 상처를 받을 수 있다고 주장했다. 또한 남매가 이 일을 비밀로 간직하기로 했다고 밝혔는데도 남들이 사실을 알게 되면 충격을 받을 수 있다는 논리를 펼치기도 했다. 결국 대다수는 "잘 모르겠네요. 설명은 할 수 없지만 그게 잘못된 행동이라

신뢰의 과학

는 건 알겠어요"와 같은 식으로 자신들의 의견을 마무리했다.

이 실험 결과는 도덕적 판단(즉, 지지하기로 선택한 원칙)이 신중한 도덕적 사고의 토대 위에서 내려지는 것이 아님을 암시한다. 그보다는 직관을 바탕으로 일단 판단을 내린 후에 도덕적 사고가 이뤄질 때가 많다. 하이트의 실험에 참여한 사람들은 즉각 도덕적 판단을 내렸지만(누구라도 마찬가지였을 것이다) 이후 자신의 직관을 설명할 그럴듯한 이유를 찾기 힘들어했다. 바꿔 말하자면 사람들이 보유한 도덕 원칙에 이성적으로 이의를 제기하려고 해도 별소용이 없다는 뜻이다. 이성적 논쟁은 도덕적 판단의 원인보다 결과만을 공략하기 때문이다.

요컨대 다른 사람들의 도덕적 감수성이 틀렸다고 주장하는 것은 대체로 도움이 되지 않는다. 도덕적 감수성은 인간의 진화 역사에 의해 새겨지고, 구체적인 양육 환경에 의해 형성된 자동적이고 본능적인 반응에서 비롯된 것이다. 이에 따라 각기 다른 문화 집단은 매우 다른 가치관을 지지하고, 각자 자신의 원칙이 명백히 합리적이라고 느끼며, 남들이 보유한 도덕적 감수성을 깎아내릴 수 있다. 이것은 또한 사람들이 실생활에서 논란이 되는 일에 대처할 때 큰 문제를 일으키기도 한다. 어떤 사람은 (자신의 도덕 원칙을 바탕으로 할 때) 심각한 위반이 의도적으로 저질러졌다고 믿는 데에 반해, 정작 그 잘못을 저지른 당사자는 완벽하게 정당하다고 생각하는 행동으로 인해 부당하게 비난을 받는다고 여길 수 있기 때문이다. 관련자들이 위반이 일어났다는 사실 자체에 동의하지 못하는 이런 상황에서는 신뢰를 회복하기가 매우 어렵다.

이 문제는 8장에서 살펴본 집단 극화 현상 때문에 더 복잡해진다. 개개인이 집단 내 다른 구성원들의 지지를 받아 자신의 관점을 굳혀나감에 따라, 그들이 고수하는 원칙들은 점점 더 극단화되고 정체성을 드러내는 중요한 수단으로 발전한다. 그들은 그 가치를 절대적인 것으로 취급하고 원칙이 침해될 가능성이 보이면 그들만의 도덕적 분노를 표출하면서 점점 더 완고해진다. 그러한 가치를 단순히 중요한 정도가 아니라 신성하다고까지 여기기 시작해 현실적으로 협상이나 타협을 통해 의견 차이를 좁히려 들지 않는다.

각자의 우선순위를 양보할 때 생기는 일

이 문제도 해결의 씨앗은 있다. 도덕 원칙으로 인한 분열이 자주 일어나는 이유는 우리의 가치는 옳고 상대방의 가치는 틀렸다고 전제하기 때문이다. 나와 같은 원칙을 공유하는 사람들은 도덕성이 높으니, 그 원칙을 공유하지 않는 사람들의 도덕성은 틀림없이 낮을 것이라고 가정한다. 하지만 앞서 언급한 바와 같이, 우리가 상충하는 원칙 앞에서 자주 어려움에 직면하는 이유는 옳고 그름을 선택해야 하기 때문이 아니라 옳음과 옳음 사이에서, 다시 말해 각각 어느 정도 장점이 있는 대안적인 도덕 원칙 사이에서 선택을 내려야 하기 때문이다.

우리는 앞서 살펴본 다섯 가지 도덕 원칙, 즉 돌봄, 공정, 충성, 권위, 신성의 원칙에서 이것을 확인할 수 있다. 사람에 따라 이 가운데 한두 가지 원칙이 나머지보다 더 중요하다고 생각할 수 있지만, 다섯 가지 원칙 전체가 아무 의미도 없다고 주장할 사람은 드물다. **우리는 개인·문화적 경험에 따라 이들 원칙에 다른 우선순위를 부여할 뿐이다.** 따라서 이 원칙들 사이에서 명쾌한 선택을 내리기가 만만치 않다는 점을 보여줌으로써 의견 차이를 좁힐 수 있다. 신성하기까지 한 우선적인 원칙을 지키려다 우리가 보유한 또 다른 원칙이 손상될 수도 있음을 염두에 두어야 한다는 뜻이다.

심리학자 필립 테틀록 Philip Tetlock 은 이 접근법으로 사람들이 신성불가침이라 여기는 문제에 관한 태도를 바꿀 수 있다고 설명했는데, 장기 이식을 위해 신체 조직을 사고파는 경우가 사례로 제시됐다.[22] 자유 민주당 지지자와 보수 공화당 지지자를 모두 포함한 대다수는 처음에 이 생각에 경악했다. 하지만 이것이 생명을 살릴 유일한 방법이라고 설득하자 이들의 40퍼센트는 반대 의견을 누그러뜨렸다. 즉, 장기 매매가 허용되면 가난한 사람들이 돈 때문에 장기를 이식받지 못하거나 절박한 상황에서 장기를 팔도록 강요당할 수 있다는 점을 우려해(공정의 원칙) 처음에는 반대했을지라도, 자신이 중요하다고 생각하는 또 다른 도덕적 가치와 맞닥뜨리자 상당수는 장기 매매에 아주 격렬하게 반대하지는 못했다. 장기 매매를 통해 잃을 뻔했던 생명을 살리는 것은 돌봄의 원칙에 부합하기 때문이다.

사람들이 이런 식으로 자신의 견해를 조정한 사례는 간간이 찾아볼 수 있다. 팻 뷰캐넌이 1992년 공화당 전당대회 연설에서 미국 '문화 전쟁'의 핵심이라고 명시한 종류의 이슈와 관련된 경우도 예외가 아니다. 동성결혼에 반대하는 전통적인 보수주의 입장을 생각해보자. 미국의 전 대통령 조지 W. 부시George W. Bush(조지 H.W. 부시의 아들)가 2004년 8월 동성결혼을 금지하기 위한 헌법 개정을 공식 지지하고 나섰을 때, 부통령 딕 체니Dick Cheney는 그의 지지에 거리를 두는 의외의 모습을 보였다.[23] 체니는 미시시피주 선거 유세에서 아내 "린과 나는 동성애자 딸이 있고, 이것은 우리 가족에게 아주 익숙한 문제"라며 동성결혼을 지지하는 이유를 설명했다.

그 후 2013년 그의 다른 딸 리즈 체니Liz Cheney가 미 공화당 상원의원 선거에 출마해 동성결혼에 반대 의사를 피력함으로써 레즈비언 여동생 메리와 공개 설전이 벌어지자, 아버지인 딕 체니는 성명에서 "리즈는 늘 전통적 결혼의 정의를 지지해왔고, 그럼에도 여동생과 그 가족을 사랑과 존경으로 대해왔다"라고 밝혔다.[24] 리즈 체니는 2021년 시사 프로그램 〈식스티 미니츠[60 Minutes]〉 인터뷰에서 자신이 앞서 동성결혼에 반대했던 일에 후회를 표명했다.[25] "제 잘못이에요. 제가 잘못했죠. 저는 여동생을 무척 사랑합니다. 여동생의 가족까지도 사랑해요. (…) 여동생과 저는 그런 대화를 나눴어요."

우리가 이 사례에서 알 수 있는 것은 체니 부녀가 전통적인 가족 가치를 지지하는 보수주의 입장과 가족 구성원에 대한 애정과 연민 사이의 트레이드오프*에 직면했다는 사실이다. 그 상황만으로도 미국 공화당의 2인자는 소속 정당과 자신이 섬기는 대통령의 정통성에 맞서는 이례적인 행보를 보여줬다. 시간이 흐른 뒤 이념적으로 보수적인 그의 딸조차 미국 하원에서 공화당 의원 자리를 차지하고 있었음에도 동성결혼에 대한 종전의 태도를 바꿀 정도로 트레이드오프의 힘은 막강했다.

물론 도덕적 감수성에 이런 식의 변화가 일어나는 일이 흔하거나 쉽다는 의미로 이 사례를 받아들여서는 안 된다. **트레이드오**

---

* 하나를 얻으면 다른 하나를 잃을 수 있는 관계를 의미한다.

프에 직면해야만 하는 압박이 없으면 사람들은 대개 외면하는 쪽을 택하기 때문이다. 그리고 더 편협한 태도를 고수할 수 있게 해주는 말에 쉽게 현혹되기도 한다. 따라서 딕 체니가 가족의 한 사람이 동성애자인 상황에 맞닥뜨리자, 소속 정당의 전통적인 동성결혼 반대 노선에 부정적인 여파가 미칠 위험을 무릅쓰고 동성결혼에 지지를 표명한 것은 주목할 만하다. 동시에, 동성애자 가족이 있는데도 리즈 체니가 이 문제에 대한 공식 입장을 번복하기까지 8년이나 걸렸다는 점도 주목할 만하다.

서로 다른 집단이 지지하는 원칙이 상충할 때 발생하는 갈등을 해결하기 위해서도 이와 비슷한 일련의 조건이 필요하다. 국제관계 연구자 윌리엄 자트먼 I. William Zartman 은 사람들이 갈등을 풀 수 있는 건 그럴 준비가 됐을 때뿐이라고 말했다. 이를테면 "만족스러운 결과를 얻기 위한 다른 일방적인 수단이 막혀" 있고, 그 교착 상태로 인해 불편하고 소모적인 곤경에 처했을 때를 말한다.[26] 그 상황은 이른바 '무르익은 순간'을 만들어낸다. 그 순간이 와야만 갈등의 양 당사자는 진작부터 나와 있던 제안들을 전보다 쉽게 수용하려 든다. 그 제안들이 이제야 비로소 고통스러운 교착 상태에서 빠져나갈 매력적인 돌파구로 보이기 때문이다.

양측이 겪는 고통이 똑같아야 한다거나 그렇게 해서 도달한 합의가 완벽하게 균형 잡힌 상태여야 한다는 뜻은 아니다. 다만 갈등을 키워봤자 상황이 더 나빠질 뿐임이 명백하게 드러나고, 상대편의 관점을 수용해야 할 필요성이 도드라져 보이며, 더 나은 해결책을 찾도록 사람들을 자극할 수 있으면 된다.

상충하는 원칙들이 앞서 살펴본 것과 똑같은 근본적인 도덕 원칙에 근거하는 경우, 교착 상태에 빠진 사람들은 자신이 고수하는 다른 원칙에 대해서까지 원치 않는 대가를 어느 정도 치러야만 한다. 따라서 양측은 이러한 공통 기반을 토대로 도덕성의 개념을 확장할 수 있다. 상충하는 도덕 원칙이 우려된다고 해서 반드시 개인의 도덕성이 낮다는 뜻이 아니라는 사실에 집중하는 것이다. **도덕 원칙이 상충한다는 건 단지 사람들이 똑같은 도덕 원칙에 다른 우선순위를 부여했다는 의미다.** 그리고 어차피 모두가 같은 목표를 공유한다면 수단의 문제로 초점을 옮겨, 나머지 원칙을 지나치게 희생시키지 않는 방식으로 각 원칙을 추구할 방안을 생각하는 편이 현명하다.

하지만 자트먼은 이런 식의 전환이 힘의 균형에 영향을 받을 가능성이 크다고도 설명했다. 어느 한쪽이 합리적인 설득이나 힘을 통해 상대방에게 자신의 도덕적 감수성을 강요할 수 있다고 믿으면 그 방법을 선호할 가능성이 크다. 양측 모두 단계적 절차로 해결할 수 없는 고통스러운 교착 상태에 빠져 있다고 믿을 때만 좀 더 포용적인 접근법을 재고해볼 것이다. 양측은 각자의 판단에 따른 도덕성이 옳다고 말로 설득도 하고, 힘으로 그 견해를 강요하려고 시도하면서 좌절감은 점점 더 커지고 갈등은 오래 지속될 확률이 높다. 또한 좀 더 의미 있는 화해의 분위기가 무르익더라도, 양측이 원래 선호하던 입장으로 돌아가고픈 유혹은 여전히 남아 있기 때문에 그 균형은 언제든 깨질 수 있다. 그것이 얼마나 풀기 힘든 난제인지는 이어지는 장에 명확히 드러난다. 전 세계적으로 일어난 참혹하고 심각한 인권 유린 이후, 그 문제를 해결하기 위해 사람들이 기울인 노력을 비교해보면 알 수 있다.

10장

사회적 트라우마를
치유하는 법

무카카만지의 가족이 살던 집은 집단학살이 시작된 첫 주에 불에 타 무너졌다. 그래서 가족들은 다른 수천 명의 투치족처럼 가트와로 경기장으로 피신했다. 경찰이 신변을 보호해주겠다고 약속한 장소였다. 하지만 그 경기장에서 마주한 현실은 너무나도 뜻밖이었다. "멀리서 총소리가 들렸고, 경기장 밖에서 인테라함웨Interaham-we(과격파 후투족 무장 단체)가 마체테를 휘두르면서 '내일은 너희 순서야'라고 외쳤어요." 무카카만지는 말했다. "그제야 죽음이 우리를 기다리고 있구나 하는 깨달음이 왔죠."[1]

1994년 4월 18일 오후, 인테라함웨는 총, 마체테, 칼, 수류탄으로 경기장에 있는 사람들을 죽이기 시작했다. 무카카만지의 오빠는 바로 사망했고, 아버지와 여동생은 수류탄 파편에 심하게 다

사회적 트라우마를 치유하는 법

쳤다. 또 다른 오빠와 두 조카는 행방불명됐지만 그들 역시 죽었을 가능성이 컸다. 무카카만지는 울면서 어머니에게 간청했다. "어차피 죽을 거예요. (…) 우리라도 운 좋게 살았으니 여길 떠나야 해요." 하지만 신앙심 깊은 어머니는 "좋을 때나 나쁠 때나 아빠 곁을 떠나지 않겠다고" 신 앞에서 맹세했다며 거기에 남겠다고 대답했다.

무카카만지는 다친 아버지와 여동생 옆에서 무릎을 꿇고 기도하는 어머니를 어떻게 놔두고 떠나왔는지 격한 감정을 추스르며 천천히 이야기했다. "저는 어머니에게 말했어요. '안녕히 계세요, 엄마. 우리 천국에서 만나요.'" 인테라함웨는 그날 밤 살육을 끝내러 다시 경기장에 들이닥쳤다. 다음 날 아침까지 경기장으로 피신했던 1만 명이 목숨을 잃었다. 이들은 100일의 르완다 집단 학살 기간 중 극악무도한 살인 행위로 살해된 8만 명 중 일부에 불과하다.[2] 무카카만지는 가족 중 유일한 생존자였다.

그런 잔학 행위를 겪은 사람들은 자기 몸에 새겨진 흔적 때문에 그때의 일을 영원히 잊지 못한다. 가해자들의 칼, 폭발물, 총탄으로 흉터가 남은 사람도 있고, 화상을 입거나 사지가 잘려 신체가 심각하게 손상된 사람도 있다. 정신적 트라우마에 시달리고 악몽 속에서 그때의 공포를 겪고 또 겪는 사람들은 훨씬 더 많다. 그들은 이웃이 사람을 해치는 괴물로 돌변하는 모습을 지켜봤다. 알

신뢰의 과학

고 지냈고 좋아했던 사람들이 무자비하게 공격하고 살육하는 장면을 목격했다. 경찰, 군대, 정부를 포함한 국가 기관이 자신들을 보호해주지 못하며, 그중에서 일부는 오히려 범죄를 조장하거나 가담했다는 사실도 확인했다.

마침내 집단학살이 끝났을 때, 무슨 일이 일어났는지 다 알고 있는 사람으로서는 그 사회가 앞으로 어떻게 회복될 수 있을지 망연자실해지는 것이 당연하다. 어떻게 해야 불의가 만연한 상황을 해소하는 데에 조금이라도 가까이 다가갈 수 있을까? 어떻게 하면 사람들이 깨진 신뢰를 회복하고 의좋게 살면서 다시 공동체다운 모습을 만들어나갈 수 있을까? 이것은 현대 역사에서 아주 끔찍하고 반인륜적인 범죄가 벌어질 때마다 전 세계가 거듭해서 직면했던 질문들이다. 이번 장에서 우리는 이러한 문제를 해결하기 위한 세 가지 유형의 시도를 살펴볼 것이다. 나치 독일, 남아프리카 공화국 아파르트헤이트,* 르완다 집단학살 이후 벌어진 심각한 인권 유린 문제를 해결하기 위한 노력을 비교해봄으로써 그 경험에서 우리가 얻을 수 있는 교훈이 무엇인지 확인할 것이다.

---

* apartheid. 19세기 말부터 시작된 남아프리카 공화국 백인 이민자들의 흑인 차별 정책이다.

법정 정의는
신뢰 회복에 도움이 되는가

우리가 반인륜적인 범죄 해결에 국제적인 표준을 적용하고자 진지하게 노력하기 시작한 것은 제2차 세계대전의 참상과 홀로코스트 중 자행된 잔혹 행위에 전 세계가 다 함께 분노하면서부터였다. 1945년 11월 20일과 1946년 8월 31일 사이 연합군이 나치 지도자들을 법정에 세우기 위한 규칙과 절차를 마련한 1945년 뉘른베르크 헌장도,[3] 1993년 구 유고슬라비아 국제형사재판소 규정*과 1994년 르완다 국제재판소 규정,** 그리고 1998년 국제형사재판소에 관한 로마 규정:*도 모두 해당 범죄를 저지른 개개인을 규명하고, 조사하며, 필요한 경우 재판에 부치기 위한 노력이었다. 즉, 그러한 노력의 기본 원칙은 법정 정의였다. 해당 법정에서는 매우

---

* 1991년 이후 구 유고슬라비아 지역에서 발생한 심각한 국제 인도법 위반에 대한 형사 책임을 추궁하기 위해 유엔 안전보장이사회가 설립한 규정이다.

** 1994년 1월 1일부터 12월 31일까지 르완다에서 발생한 집단학살 및 기타 중대한 국제인도법 위반에 책임이 있는 자들을 처벌하기 위해 유엔 안전보장이사회가 설립한 규정이다.

:* 국제형사재판소의 설립과 관할권을 규정하기 위한 다자조약으로, 1998년 7월 17일 이탈리아 로마에서 채택됐고 2002년 7월 1일 발효됐다. 123개국이 비준했고, 대한민국은 2002년 11월 8일 비준했다.

광범위한 범죄를 다뤘지만 결정해야 할 기본 사항은 절도나 사기 같은 일반 범죄와 크게 다르지 않았다. 이 절차의 핵심은 증거를 바탕으로 누가 어떤 범죄를 저질렀고, 어떻게 처벌해야 하는가를 결정하는 것이었다.

하지만 법정 정의에 초점을 맞추는 이 방식의 한계는 곧 명확해졌다. 현실적으로 이러한 사건과 관련된 범죄의 수가 너무 많아서 국제재판소가 모든 범죄를 조사하고 기소하는 것이 불가능했다. 그래서 대개는 대중의 관심이 가장 높은 소송에만 집중했다. 예를 들어, 뉘른베르크 재판에서는 겨우 24명의 고위급 군, 정계, 산업 지도자만이 기소됐다. 아울러 유럽에서 1,500명 이상의 나치 전범에 대한 추가 재판이 진행됐고,[4] 수백 명의 가해자가 유죄 판결을 받았지만, 이들 재판소는 자국에서 벌어진 전쟁 범죄나 홀로코스트에 공모한 일반 독일인에게는 죄를 묻지 않았다.[5]

법정 정의를 추구할 때 뒤따르는 두 번째 문제점은 재판소 자체의 정당성에 대한 우려에서 비롯된다. 일반적으로 사회의 기존 사법 체계는 대규모 잔학 행위에 대한 범죄를 기소하기에 적합하지 않다. 홀로코스트 기간 중의 독일이나 아파르트헤이트 기간 중의 남아프리카 공화국처럼 법과 법 집행자들이 잔학 행위의 주체인 경우가 많기 때문이다.[6] **또한 제2차 세계대전 이후 뉘른베르크 재판처럼 이 사법적 역할을 다른 법원 시스템에 맡긴다고 해도 그**

사회적 트라우마를 치유하는 법

재판은 '승자의 정의'라는 비판을 받는 경우가 많았다. 패자에 대한 처벌은 과도하고 부당한 데에 반해, 승자에게는 가벼운 처벌을 내리거나 죄를 사면해주는 일이 흔한 탓이었다.

연합군은 피고인들에게 변호인 선택권을 주고 기소된 24명 중 3명을 무혐의로 풀어주는 등 뉘른베르크 재판에 쏟아지는 이러한 비판을 무마하려고 전력을 다했지만[7] 일부 독일인들은 여전히 연합군이 결과를 미리 정해놓고 부당한 재판을 진행했다며 비난했다. 더욱이 승자의 정의라는 비판이 완전히 근거 없는 것은 아니었다. 연합군 또한 전쟁 중 중대한 범죄를 저질렀는데도 그 부분에 대한 기소에는 똑같은 열의를 보이지 않아 절차상으로 뚜렷한 왜곡이 발생했다. 소비에트 검찰이 카틴 숲 학살의 책임을 나치 독일에게 전가하려고 한 일이 한 가지 예였는데, 이것은 1940년 소비에트 군인들이 거의 2만 2,000명에 이르는 폴란드인 공무원과 지식인을 총살한 사건이었다.[8] 즉, 뉘른베르크 재판 덕분에 책임을 추궁하려는 노력 면에서 중요한 진전이 이뤄진 것은 사실이지만(특히 영국 총리 윈스턴 처칠Winston Churchill이 나치 주요 전범들의 즉결 처형을 요청하거나 소비에트 지도자 이오시프 스탈린Joseph Stalin이 훨씬 대규모의 처형을 제안했던 것과 비교해볼 때) 절차상의 왜곡으로 인해 그러한 노력의 정당성은 낮아졌다.

마지막으로 6장에서 이미 살펴본 것처럼, 법정 정의를 통해 책임과 처벌에 집중하는 방식은 화해라는 과제를 대체로 무시한다는 문제점이 있다. **사회가 추악한 과거를 딛고 범죄자들을 받아들여 어떻게든 가해자와 피해자가 다시금 어울려 살아갈 방법을 모색해야 한다는 점을 간과한다.** 독일 역사학자 노르베르트 프라이^{Norbert Frei}가 서술했듯이, 제2차 세계대전 이후 연합군은 나치의 주요 정치·군사 지도자들을 전쟁 범죄로 재판에 회부시켰을 뿐만 아니라 전 나치와 나치 동조자들을 직위에서 해제하거나, 벌금을 부과하거나, 투옥할 수 있는 탈나치화 재판을 열었다.[9] 하지만 그 프로그램은 거의 초반부터 난관에 부닥쳤다.

1949년, 콘라트 아데나워^{Konrad Adenauer} 총리가 서독일의 새로운 연방공화국 정부를 수립하면서, 이 정부는 나치 시대에 심각한 범죄를 저지른 이들 중 상당수를 사면하는 사면법을 신속하게 채택했다. 비밀경찰 게슈타포^{Gestapo}와 무장친위대 바펜^{Waffen-SS}의 대원들을 포함해 연합군이 해고한 수십만 명의 전 나치 동조자들을 다시 받아들이도록 의무화한 배상법을 통과시켰고 예전의 직위로 복직시켰다.

프라이는 수십만 명의 전 나치와 나치 동조자들을 배제하고 나면 새로운 국가에 필요한 인력이 고갈되고, 위험 수위 이상의 불만이 형성될 것이라는 우려 때문에 이런 일이 벌어졌다고 보았다. 실제로 전 나치당원들을 직위 해제할 경우, 자격을 갖춘 의사,

변호사, 판사, 교사, 공무원의 수가 부족하다는 사실이 곧 명백해졌다. 또한 그러한 배제 정책을 쓰면 서독일을 서방 동맹에 통합하려는 아데나워의 노력에 대해 대중의 반발이 일어날 수 있었다. 유죄 판결을 받은 사람들에게 과거를 청산하고 새롭게 시작할 기회를 주는 것은, 새 정부에 대한 충성심을 끌어내고 추진 중인 국제 협약에 대한 지지를 얻을 방법이었다. 프라이는 서독일인 대다수가 나치즘과 관련된 모든 것을 간절히 잊고 싶어 했다는 이유도 덧붙였다. 그래서 정치인과 교회 지도자들도 전쟁 범죄로 유죄 판결을 받은 사람들을 위한 중재에 구태여 나섰고, 정부는 법적 방어 비용까지 부담했다. 그 결과, 1958년까지 전쟁 범죄로 유죄 판결을 받은 초기 뉘른베르크 피고인 중 극소수를 제외하고는 모두 사면을 받고 풀려났다.

진실화해위원회와 가차차 법정

법정 정의의 이런 한계로 말미암아 국제 사회는 좀 더 회복적인 접근 방식 쪽으로 방향을 전환하게 되었다. **가해자와 피해자들을 한 자리에 모아 피해를 인정하고 복구하는 데에 초점을 맞추는 방식**

신뢰의 과학

이었다. 1990년 칠레는 '진실과 화해'를 위한 위원회라고 자칭하는 국가 사문 조직을 처음으로 출범시켰다. 당시 칠레의 신임 대통령 파트리시오 아일윈Patricio Aylwin은 나라의 인권 유린 문제를 해결하고 싶었지만 쉽게 시도할 수 없었다. 그의 전임자인 아우구스토 피노체트Augusto Pinochet는 대통령직에서 물러난 후에도 칠레군 총사령관직을 유지했는데, 자신의 병사들을 재판에 회부시키려는 시도가 일어나면 보복하겠다고 위협했기 때문이었다.[10] 그래서 아일윈은 좀 더 현실적인 경로를 모색했다. 즉, 칠레 진실화해위원회는 범죄를 저지른 사람들의 이름을 언급하지 않았지만, 피해자 명단을 공개하고, 어떻게 살해됐는지 설명하고, 살인범들이 군대의 일원이었음을 명백히 밝히며, 피해자들에게 금전적 보상이 이뤄지도록 했다.[11]

이어서 1995년 아파르트헤이트 체제의 종식과 함께 남아프리카 공화국은 이 접근 방법을 한 단계 더 발전시켰다. 진실을 통해 화해에 이를 수 있다는 생각을 온전히 수용한 위원회를 구성해 전 세계에 모범 사례를 보여준 것이다.[12] 다른 진실화해위원회와 마찬가지로 남아프리카 공화국 진실화해위원회TRC는 인권 위반 사례를 조사하고, 증언을 수집하고, 과거의 기록을 바로 세울 권한이 있었다. 그리고 범죄를 남김없이 공개한 사람에게 사면을 부여할 권한도 있었다. 진실을 대가로 사면을 제안한 것이다. 고故

사회적 트라우마를 치유하는 법

데즈먼드 투투^{Desmond Tutu} 대주교[●]와 남아프리카 공화국의 다른 기독교인들처럼 회복적 정의를 지지하는 사람들은 보복이나 공식적인 사법 시스템과 타협하는 이 방식이 화해에 도움이 된다고 주장했다.[13] 그들은 잘못을 자백한 사람에게 사면의 관용을 베풀면 화해가 수월해질 것이라고 믿었다. **최소한 가해자의 이름이라도 알기를 원하고 그 범죄 내용을 공식 기록에 남기고 싶은 피해자를 위해서만이 아니라, 감옥에 갇히는 대신 용서받음으로써 스스로 존엄성을 지키고 조금이라도 존재 가치를 회복할 수 있다면 가해자에게도 도움이 될 것이라고 생각했다.**

물론 사면의 길이 완전히 공짜는 아니었다. 범죄를 자백한 가해자들은 대부분 혹독한 공개 비판에 노출됐다. 또한 사면은 결코 자동으로 부여되지 않았다. 진실을 전부 말하지 않은 것이 밝혀지면 가해자에 대해 법적 기소가 이어질 가능성은 얼마든지 남아 있었다. 따라서 이 시스템이 보복과 속죄로 얻을 수 있는 사회적 이익과 적절한 균형을 이룬다고 생각할지는 비난이나 배척 같은 비공식적 제재를 어떻게 바라보느냐에 따라 달라질 것이다. 가해자가 징역형을 피하더라도 공동체가 그 사람을 완전히 용서할 것이

● 1984년 인종차별반대운동에 대한 공로로 노벨 평화상을 수상한 남아프리카 공화국 성공회 대주교다. 2021년에 타계했다.

냐 혹은 용서해야 하느냐는 또 다른 문제다.

6장에서 살펴본 것처럼 인간의 직관은 응보적이라는 점을 고려할 때, 적어도 일부 사회가 좀 더 징벌적인 접근 방법을 선호하는 것은 자연스러운 현상이다. 르완다가 그러한 예다. 2001년 르완다 정부는 1994년 집단학살 기간 중 자행된 반인륜적 범죄를 해결하기 위해 자체적인 노력을 개시했을 당시, 남아프리카 공화국이 진실화해위원회를 통해 얻은 성과를 잘 알고 있었다. 하지만 르완다 정부는 다른 경로를 택하기로 했다. 진실을 대가로 죄를 사면한 남아프리카 공화국의 방식에 전통적인 법정 정의를 접목한 방식이었다.

르완다의 공식적인 사법 시스템은 어마어마한 소송 건수로 마비 직전이었고, 교도소는 집단학살 용의자들로 미어터질 지경이었다. 법정에 서는 날까지 몇 년 혹은 몇십 년을 기다려야 할지도 모르는 사람들이었다. 국제인권단체 휴먼라이츠워치^{Human Rights} ^{Watch}는 1998년까지 대략 13만 명의 수감자들이 1만 2,000명을 수용할 수 있는 공간에 갇혀 재판을 기다렸고, 이 비인도적인 환경으로 수천 명이 목숨을 잃었다고 보고했다.[14] 마찬가지로 유엔 안전보장이사회는 1994년 르완다 국제형사재판소를 만들어 집단학살 관련 범죄 혐의가 있는 르완다 정부와 군대의 고위 공무원들을 재판에 회부했지만, 그 재판소는 17년 동안 달랑 93명을 기소

하고 그중 62명에게 형을 내리는 데에 그쳤다.[15]

이에 르완다 정부는 가차차 Gacaca 법정이라는 새로운 공동체 사법 제도를 구축해 재판 진행 속도를 앞당겼다. 키냐르완다어로 '풀밭'이라는 단어에서 유래한(공동체가 모여서 분쟁을 해결하는 공용 공간을 가리킴) 1만 2,000개의 가차차 법정은 평범한 르완다인들에게 재판을 진행하고 화해를 촉진할 권한을 부여함으로써 2005년과 2012년 사이에 약 120만 건의 소송을 처리했다. 물론 대량 살인자, 강간범, 살해를 선동한 지도자처럼 가장 심각한 유형의 범죄와 관련된 재판은 기존 법원에서 진행됐다.[16] **가차차제도 덕분에 각 공동체는 그 밖의 집단학살 관련 범죄 재판을 심리할 지역 판사들을 선출할 수 있었고, 피해자들이 피고인들과 직접 대면할 수 있는 장이 마련됐다.** 재판에 따른 처벌은 사회봉사 활동부터 장기 징역형까지 다양했다. 하지만 이 재판의 주된 목적은 피해자와 목격자에게 자신이 겪은 일을 공개적으로 이야기할 기회를 주고, 가해자가 낮은 형량을 받는 대가로 죄를 자백하고 반성하는 마음을 표현하며 공동체 앞에서 용서를 구하도록 유도해, 피해자가 가족과 친척의 죽음에 관한 진실을 알 방법을 마련해주기 위함이었다.

신뢰의 과학

말하고, 기억하며,
용서를 구해야 하는 이유

뉘른베르크 재판을 비롯한 기타 연합군 전범 재판, 남아프리카 공화국의 진실화해위원회, 르완다 가차차 법정은 전환기 정의[●]를 구현하기 위한 세 가지 유형의 시도를 보여준다. 기존의 사법 시스템으로 적절히 대응할 수 없는 대규모 혹은 구조적인 인권 침해 문제를 해결할 때 국가가 사용할 수 있는 방법들이다.[17] 뉘른베르크 재판과 여타 국제재판소들은 여전히 법정 정의와 처벌에 초점을 맞춘 데에 반해, 남아프리카 공화국 진실화해위원회는 화해에 초점을 맞췄고, 르완다는 두 가지 방법을 혼합한 가차차 법정을 통해 회복적 정의를 도모했다. **그러나 각각 일어난 일의 진실을 확립하고 그것을 대중의 인식과 역사에 기록으로 남기고자 했다는 점에서 유사하다.**

잔혹 행위를 저지른 가해자들은 대개 자신의 행위를 지우고, 묻어버리고, 대중에게 잊히게 함으로써 이익을 얻기 때문에 각 사건의 진실을 밝혀내는 작업이 중요하다. 나치가 아우슈비츠 죽음

●   transitional justice, 책임 규명, 정의 실현, 화해를 보장함으로써 과거 대규모 인권 침해의 유산을 청산하고자 하는 다양한 절차를 말한다.

의 수용소를 철거하고 다이너마이트로 폭파시켜 그곳이 폐기됐을 때 현장에 남은 것이라고는 깨진 벽돌과 콘크리트판, 뒤틀린 금속 조각, 그리고 처형당한 사람들의 신발, 여행 가방, 식기류, 머리카락뿐이었다.[18] 남아프리카 공화국의 경우, 아파르트헤이트 기간 중 납치된 가족의 생사나 유골이 어디에 묻혔는지 모르는 사람이 수천 명에 달했다.[19] 그리고 르완다의 경우, 1994년 집단학살 이후 실종된 가족의 생사를 모르는 사람이 수십만에 이르렀고, 유골이 묻힌 집단 매장지가 방방곡곡에 숨겨져 있었다.[20]

각각의 사례에서 전환기 정의를 추구한 것은 해당 범죄를 낱낱이 드러내는 중대한 역할을 했다. 뉘른베르크와 그 밖의 지역에서 진행된 나치 전범 재판으로 히틀러 정권의 간부들은 자신이 저지른 범죄를 사법적으로 명백히 인정했다. 르완다에서는 가차차 재판에 참석한 가해자, 피해자, 목격자의 증언으로 증거와 정보의 양이 늘어났다. 또한 남아프리카 공화국은 피해자와 가해자 양쪽의 이야기에 귀 기울인 덕분에 부당 행위에 대한 책임 수준이 저마다 다른 가해자들이 골고루 포함되도록 유책성의 그물을 넓힐 수 있었다. 이것은 누구의 죄가 가장 큰지, 누구에게 일부 잘못이 있는지, 그리고 비록 잔혹 행위를 수행한 집단과 시스템에 소속되어 있었지만 누가 무고한지를 차등적으로 설명하는 데에 도움이 됐다.

남아프리카 공화국 TRC와 여기서 영감을 받은 다른 진실화해위원회들은 사실적 혹은 법과학적 진실을 추구하는 데서 그치지 않았다. TRC는 최종 보고서에서 진실을 개인적(서사적) 진실, 사회적(대화적) 진실, 치유적(회복적) 진실 세 가지로 구분했다.[21] 개인적 진실은 피해자와 가해자 모두에게 자신이 본 그대로의 진실을 이야기할 기회를 줌으로써 그에 따른 여러 가지 경험에 의미를 부여하는 작업과 관련이 있었다. 따라서 아파르트헤이트 피해자들은 TRC에서 어떤 증거를 참작할 수 있고 참작할 수 없을지 따지는 적대적 사법 제도의 편협한 규칙에서 벗어나, 자신의 이야기를 자신의 말로 공유할 수 있는 넓은 공간을 얻었다. 남아프리카 공화국 출신의 작가 안치 크로그Antjie Krog는 그의 저서《내 해골의 나라Country of My Skull》에서 이것을 호소력 있게 표현했다. "나에게 진실위원회 마이크에 들어온 작고 빨간 불빛은 전 과정을 궁극적으로 상징했다. 여기서는 소외된 목소리가 대중의 귓가에 말을 건넨다. 말할 수 없었던 이야기가 발설되고 그 내용이 다른 언어로 옮겨진다. 한 사람 한 사람의 가장 깊은 내면에서 나온 개인적인 이야기가 우리를 새롭게 하나의 집단으로 묶어준다."[22]

이에 반해 사회적 진실은 상호작용, 토론, 논의를 통해 확립되는 경험의 진실을 의미한다. 사람들이 각기 다른 개인적 진실을 조합해 무슨 일이 일어났는지 집단적 이해를 형성해나가는 과정에서 드러나는 진실이다. 이와 관련해 윤리학자 도널드 슈라이버 Donald Shriver 는 남아프리카 공화국 TRC가 새로운 국가적 정치문화 형성에 크게 이바지했다고 평가했다. "피해자와 가해자가 대화를 주고받으며 아파르트헤이트 체제가 불러온 악의 증거를 함께 축적"하는 문화가 생겼다는 것이다.[23] 가해자들이 "법의 명령에 따랐을 뿐이다"라고 주장하며 발뺌할지라도, 법과 그 법을 집행하는 기관에 도사린 해악을 고스란히 보여주는 역할을 했다고 그는 지적했다. 국민당*의 정부 고위 관료를 포함한 많은 국민이 책임을 받아들이는 것을 거부했지만, TRC 청문회의 종합적인 성과로 전체 아파르트헤이트 체제의 위해가 만천하에 드러났다. 많은 백인 남아프리카인이 고백하듯이, "TRC 이전에는 '몰랐다'라고 말할 수 있었지만 이제는 몰랐다는 평계를 댈 수 없게 되었다."

마지막으로 TRC는 '치유적 진실'에 대해 사실과 그 사실이 의미하는 바를 인간관계(국민과 국민 사이, 국가와 국민 사이)의 맥락 안에 두는 진실이라고 설명했다. **치유적 진실은 과거에 끼친 피해를 배상하고 향후 이처럼 심각한 피해가 두 번 다시 발생하지 않도록 방지하는 데에 이바지한다.** 이에 따라 TRC는 사실 인정의 역할을 강조했다. 알려져 있거나 알려지게 된 사실을 국가 공공 기록으로 남김으로써, 개인의 고통이 실재하고 주목받을 가치가 있음을 인정했다. TRC는 그것이 피해자 존엄성 회복의 핵심이라고 생각했다.

이 네 종류의 진실(법과학·개인·사회·치유적)은 이 책의 앞부분에서 다뤘듯이 신뢰 위반을 극복하기 위한 노력을 가로막는 몇 가지 걸림돌을 제거하는 데에 도움이 된다. 객관적 사실, 개인적인 이야기, 대안적인 관점을 축적해 통찰을 얻은 상태에서는 좀 더 세밀하게 비난을 돌리거나 의도를 해석할 수 있으므로, 5장에서 살펴본 것처럼 벌어진 상황에 대해 기계적이고 단순하게 원인을 찾는 경향을 어느 정도 상쇄할 수 있다. 일례로, 그렇게 단순화된 이야기를 넘어서려고 노력한 결과, 나치 독일과 홀로코스트는 1919년 베르사유 조약**에 규정된 가혹한 조건을 어쩔 수 없이 수용해야 했던 독일인들의 분노와 적의에서 비롯됐다는 사실이 드러났다. 제1차 세계대전 종료 후 체결된 베르사유 조약은 전쟁을 일으킨 독일을 비난하고 결코 갚지 못할 막대한 규모의 배상금을 책정해 국가 재정에 부담을 주었다.[24] 그러니까 나치 독일과 홀로코스트는 승자의 정의에 대한 반발이었다. 물론 그 점을 인식했다고 해서 나치의 범죄를 눈감아줘야 하는 것은 아니다. 하지만

•   1914년부터 1997년까지 존속했던 남아프리카 공화국의 우익 정당이다.

••   1919년 6월, 31개 연합국과 독일이 맺은 제1차 세계 대전의 평화협정이다. 패전국인 독일에게 영토 할양, 군 병력 감축, 손해 배상 등을 요구하는 징벌적 조항을 담고 있었다.

사회적 트라우마를 치유하는 법

피해자와 가해자 양쪽 모두 이러한 인권 침해가 어떻게 발생했으며, 궁극적으로 이를 어떻게 해결할 수 있을지 더 깊이 이해하는 것이 중요하다.

또 8장에서 살펴보았듯이 **더 많은 진실을 알게 될수록 자신이 속한 집단을 다른 집단보다 호의적으로 바라보고 타 집단 구성원들을 동질적으로 대하는 성향을 완화할 수 있다.** 몇몇은 명백한 잘못이 있고, 다른 사람들은 어느 정도의 잘못이 있으며, 몇몇은 위험을 무릅쓰고 피해자가 될 뻔한 사람들을 보호했다든가 하는 식으로 외집단의 구성원마다 유책성이 다를 수 있음을 깨닫게 된다. 아울러 자신이 속한 집단이 저지른 끔찍한 범죄도 드러날 수 있다. 우리가 지금까지 살펴본 세 가지 심각한 인권 침해 사례에서도 그런 일이 있었다. 일부 연합군은 나치를 상대로 범죄를 저질렀고, 르완다에서 집단학살의 표적이었던 소수민족 투치족의 일부는 과격한 앙갚음에 나섰으며, 아프리카민족회의African National Congress(ANC)의 일부 구성원들은 아파르트헤이트 기간 중 남아프리카 백인을 상대로 복수를 꾀했다.

더 나아가 우리는 그렇게 알게 된 진실을 바탕으로 어쩌면 당연하게 받아들였을 9장의 도덕 원칙을 조금 더 찬찬히 재고해볼 수 있다. 예를 들어, 권위라는 도덕 원칙을 의문의 여지없이 지지할 수 있다. 하지만 자신은 명령을 따랐을 뿐이라고 주장하며 범죄를 정당화하려는 나치 군대의 사형 집행인이나 아파르트헤이트 경찰 고문 기술자들의 거짓말에 직면하는 순간 생각이 복잡해진다.[25, 26] 충성이라는 도덕 원칙을 옹호할 수는 있지만, 이 원칙을 등에 업고 단지 다르다는 이유로 무고한 피해자에게 가해진 상상을 초월하는 잔혹 행위를 목격한다면 이야기가 달라진다. 공정이라는 도덕 원칙에는 논쟁의 여지가 없다고 생각할 수 있지만, 그건 다수의 가해자가 자신의 어처구니없는 행위를 정당화하기 위해 얼마나 쉽게 공정이라는 이기적인 개념을 들이대는지 알기 전까지만이다. 또 돌봄이라는 도덕 원칙이 그 무엇보다 중요하다고 생각할 수 있지만, 연합군이 나치를 상대로 혹은 르완다애국전선Rwandan Patriotic Front(RPF) 이 후투족을 상대로 거둔 군사적 승리 덕분에 과연 잔혹 행위가 말끔히 끝났는지 생각해보면 머릿속이 혼란스러워진다. 그리고 나치 독일과 남아프리카 공화국 아파르트헤이트 이후의 상황처럼 진실 규명을 통해 그간 자행된 잔혹 행위에 사회 전체가 얽혀 있었음이 드러나면 신성이라는 도덕 원칙에 대한 우리의 태도를 재고해봐야 할 수 있다.

도널드 슈라이버가 말한 것처럼 "윤리 원칙은 다양하고 서로 연관되어 있으며 각 원칙 사이의 관계와 처한 상황에 따라 행동의 우선순위가 달라질 수 있다."[27] 즉, 각 원칙의 중요도는 궁극적으로 한 원칙을 추구할 경우, 다른 원칙에 얼마나 위배되는지와 각

사회적 트라우마를 치유하는 법

상황의 세부적인 특징에 따라 달라진다. 그는 이렇게 다양한 상충 관계와 우발적 상황을 고려하고자 노력하면서 "정의의 복잡성을 존중하는 결정을 내릴 때 항상 더 큰 정의가 나온다"라는 결론을 내렸다. 이런 접근 방식은 자신의 도덕 원칙에 의문의 여지가 없다고 생각하는 경향을 누그러뜨리는 데 도움이 된다.

도덕 원칙이 현실의 까다로운 트레이드오프 상황과 마주하게 되면, 너무 편협한 시야에 갇히는 일을 방지할 수 있다. 독단적인 태도가 초래하는 비극적 결과를 간과하거나 망각한 채, 세상이 반드시 내 원칙대로만 돌아가야 한다는 식으로 생각하는 일을 막을 수 있다. 그러면 서로 다른 집단들끼리 어떻게 하면 상대편의 가치 체계를 존중하며 협력하는 방법을 배울지 좀 더 실질적인 대화를 나누는 일이 가능해진다. 그리고 그렇게 함으로써 무엇이 사회의 가장 근본적인 공통 가치를 구성하는지, 다시 말해 사람들을 하나로 묶어주고 함께 나아갈 기반이 되어주는 일련의 기본 원칙이 무엇인지도 그 대화를 통해 명확히 드러날 수 있다.

모두가 원하는 정의는
생각보다 간단하지 않다

심각한 인권 침해가 벌어진 이후 잠자고 있는 진실의 다양한 측면을 인정하고, 기억하고, 통합해야 하는 이유는 또 있다. 이것은 2장에서 살펴본 것처럼 개인 차원의 트라우마가 끼치는 영향에서 유추할 수 있다. 이 주제에 관한 수백 편의 논문에 따르면, 트라우마 기억은 억눌려 있다가 몇 년 혹은 수십 년이 지난 후에도 다시 표출될 수 있다.[28] 또한 평범한 경험과 트라우마 경험을 비교한 연구에서 트라우마 전문가 베셀 반 데어 콜크와 동료들은 사람들이 평범한 경험을 회상할 경우에는 그 이야기의 시작과 중간과 끝이 명확했으며, 사건의 어느 일부분을 잊어버렸다고 밝힌 참가자가 한 명도 없다는 사실을 발견했다. 그러나 트라우마 경험을 회상할 때 기억은 훨씬 무질서했다. 어떤 세부 사항은 너무 명료하게 기억이 났고(예: 강간범의 체취나 죽은 아이의 이마에 난 깊은 상처), 다른 중요한 세부 정보는 전혀 기억이 나지 않았으며(예: 처음으로 도와주러 온 사람이나 어떻게 병원에 도착했는지), 마찬가지로 사건의 순서도 기억에서 사라졌다.[29]

이런 형태의 망각은 굉장히 해롭다. 반 데어 콜크가 서술한 것처럼 기억의 억압으로 인해 트라우마를 의식적으로 인지하지

사회적 트라우마를 치유하는 법

않는 사이에도 그 끔찍한 경험은 마음, 뇌, 몸에 무의식적으로 기록된다. 그래서 해로운 기억의 단편을 떠올리게 하거나, 섬광처럼 번쩍이는 회상으로 심신을 쇠약하게 만들거나, 심각한 정신·생리적 장애를 일으킬 수 있다.[30] 개인 차원의 트라우마를 치유하려는 노력을 통해 우리가 알게 된 사실은, 단순히 경험의 서사를 재구성할 뿐만 아니라 벌어진 사건의 모든 요소를 조화시키려는 적극적인 노력으로 그 충격적인 기억을 받아들이는 것이 중요하다는 점이다. 그래야만 피해자가 당시 상황과 현재 상황의 차이점을 구분할 수 있다.

물론 개인 차원의 트라우마를 치유할 때 따르는 어려움은 사회적으로 벌어진 심각한 인권 침해의 피해를 극복하기 위해 노력할 때 직면하는 어려움과 엄연히 다르다. 이를테면 개인의 트라우마는 각자의 뇌와 신체에 생리적 각인을 남기지만, 이와 동일하거나 비슷한 형태의 생리적 각인이 사회에 남지는 않는다. 하지만 잔혹 행위의 피해를 입은 많은 사람에게 생리적 각인은 틀림없이 나타난다. **오히려 기억의 억압 같은 트라우마의 특정 증상, 즉 해당 범죄의 가해자와 그 사회의 다른 구성원들이 역사의 특정 부분을 억압, 무시, 망각하려고 할 경우에 사회적 수준의 트라우마는 더 심각하게 드러난다.**

독일, 르완다, 남아프리카 공화국에서 벌어진 일의 진상을 규명하고 그것을 대중의 인식과 역사의 기록으로 남기려는 시도가 그토록 중요했던 까닭이 여기에 있다. 선택적으로 기억하는(나머지는 억압하거나 잊어버리는) 경향을 없애고, 잔혹 행위의 전모를 표면으로 끌어내고자 결연히 노력하며, 모든 요소를 논리 정연하게 정리해 전체적인 조화로 이끌 방법을 찾으려고 애써야만 사람들은 사회의 근본을 이루는 신뢰가 어떻게 깨졌는지 공동의 이해에 도달할 수 있다. 2장과 9장에서 살펴본 것처럼, 신뢰 위반이 일어났다는 사실에 관련자들이 동의조차 하지 못한다면 신뢰 회복의 희망은 요원하기만 하다. 따라서 가해자, 목격자, 피해자는 그러한 견해 차이를 좁히는 데 필요한 단계를 밟아야 할 연대 책임이 있다. 이것은 남아프리카 공화국 TRC가 최종 보고서에서 "과거에 관한 고통스러운 진실을 포괄적으로 기억하는 것은 국민 통합을 이뤄내고 과거의 분열을 뛰어넘는 데에 결정적이다"라고 힘주어 말한 이유이기도 하다.[31]

하지만 남아프리카 공화국 TRC를 포함해 우리가 지금까지 살펴본 세 가지 형태의 전환기 정의는 약속과 달리 기껏해야 절반의 성과를 거뒀다는 평가를 받는다. 앞서 설명한 것처럼 뉘른베르크 재판과 기타 연합군 전범 재판으로 제2차 세계대전 중 독일이 저지른 엄청난 수의 범죄를 수사하고 기소한다는 것은 현실적으로 불가능했다. 뉘른베르크 재판에서는 24명의 고위급 지도자가

　　　　　　　　　　　사회적 트라우마를 치유하는 법

기소됐고, 나머지 연합군 재판에서는 1,500명의 나치 전범이 기소됐다. 하지만 2005년까지 추가로 진행된 나치 전범 재판을 포함하더라도, 나치 시대 가해자 20만 명 이상 중 극히 일부분에 불과한 6,656명만이 유죄를 선고받았다고 독일사 교수 메리 풀브루크 Mary Fulbrook 는 기록했다.[32]

이에 반해 르완다의 가차차 법정은 약 120만 건의 재판을 진행한 것으로 보고된다. 비록 모든 진실이 밝혀지지는 않았더라도 1994년 집단학살 중 자신의 지역 사회 내에서 무슨 일이 일어났는지 가차차 법정의 도움으로 명백히 알게 됐다고 생각하는 르완다인이 많다. 어떤 가족들은 가차차 법정 덕분에 살해된 친척의 시신을 찾아 존엄하게 장례를 치를 수 있었고, 몇몇 르완다인들은 가차차 법정이 지역 사회 내에서 화해가 시작되는 계기로 작용했다고 이야기한다.

하지만 가차차 법정 시스템을 도입하는 대신 전통적인 법정 절차, 특히 피고인이 공정한 재판을 받을 권리를 양보해야 했기 때문에 여러 가지 단점과 실패가 뒤따랐다. 국제형사개혁위원회 Penal Reform International(PRI) 의 보고에 따르면 공정한 재판을 받을 기본 권리가 침해되고, 피고인이 자신을 효과적으로 변호할 능력이 제한됐으며, 증인 협박과 비리 사건이 수없이 발생하고, 복잡한 사건을 처리해야 할 일반인 판사에 대한 교육이 적절히 이뤄지지 않은 탓에 잘못된 의사결정이 내려지는 등의 문제가 있었다.[33] 또한 르완다애국전선[RPF]이 무수한 즉결 처형과 학살에서 민간인을 살해했다는 보고가 여러 차례 있었음에도, 가차차 법정이 이 범죄에 대한 재판을 허용하지 않았다는 점도 눈여겨볼 만하다.[34, 35] **이것은 잔혹 행위를 자연스럽게 일방적인 관점에서만 설명하는 결과로 이어졌고, 뉘른베르크 재판이 승자의 정의라고 비판받았던 것과 유사한 상황을 불러왔다.** 진정한 화해에 이르는 데에 필요한 진실의 범위와 복잡성이 현저히 축소된 것이다.

저널리스트 자라 몰루[Zahra Moloo]의 지적처럼 "RPF가 후투족 살인마들로부터 투치족 피해자를 구조했다고 주장하는 집단학살의 공식 서사가 수십 년 동안 이어지면서, 한쪽의 이야기를 계속 가시화하고 공식적으로 기념하는 한편, 다른 쪽의 기억과 이야기를 적극적으로 침묵시키는 결과를 가져왔다."[36] 가차차 법정의 일방적인 기소로 뒷받침된 이 서사는 RPF의 전 지휘관 폴 카가메[Paul Kagame]의 집권에 확실히 도움을 주었다. 그는 집단학살 이후 르완다의 실질적인 지도자가 되었고, 2000년 4월 대통령에 취임했다.[37] 카가메는 상과 칭송, 수억 달러의 원조금을 받았으며 여러 유명 인사의 확고한 지지를 얻었다. 하지만 진정한 화해를 모색하는 쪽에서는 "결론적으로 과정이 왜곡되고 사람들이 더 이상 그 가치를 믿지 않을 위험이 있다"라는 우려를 제기했다. 국제형

사회적 트라우마를 치유하는 법

사개혁위원회^{PRI} 역시 가차차 절차가 마무리되기 전부터 가차차 법정의 여러 가지 단점과 실패를 지적한 바 있었다.[38]

남아프리카 공화국 TRC는 진실에 대한 이 일방적인 접근법을 피할 수 있었다. 하지만 거기서도 결과는 장담했던 바와 달랐다. TRC의 사면 조항으로 인해 집권 여당인 아프리카민족회의^{ANC} 당원들 사이에서 논란이 일어난 것이다. 그들은 ANC 운동이 어떤 식으로든 아파르트헤이트 운동과 비슷하게 도덕적 위반으로 비난받는 상황에 분개했다.[39] 주지사 겸 ANC의 법률 자문인 매슈스 포사^{Mathews Phosa}는 아파르트헤이트에 맞선 전쟁은 정당했기 때문에 ANC 당원들이 사면을 청할 필요가 없다고 주장했으며, TRC 보고서는 하마터면 출판되지 못할 뻔했다. 이러한 반발에 작가 안치 크로그는 다음과 같은 질문을 던졌다. "진실위원회가 '진실이 우리를 자유롭게 할 것이다'라고 이야기하는데, ANC는 '우리가 결정한 진실'이라는 단서를 덧붙이고 있는 것인가?"[40] 결국 TRC 위원장인 데즈먼드 투투 대주교가 직접 나서서 만약 ANC가 잘못을 스스로 사면할 경우 자신은 직책을 내려놓겠다고 공표했고, 진실위원회 앞에서 동등한 대우를 받아들이지 않으려는 정당에 농락당하지 않겠다는 뜻을 확고히 한 후에야 TRC는 좀 더 공정한 접근 방법을 유지할 수 있었다.

하지만 남아프리카 공화국 TRC는 범위와 성과 면에서 궁극적으로 한계를 남겼다. 일부 가해자들은 사면 받기 위해 증언했지만 나머지는 침묵을 지켰다. 그들은 형사법원의 기소와 처벌을 감수하는 쪽을 택했고, 결국 버티기에 성공했다. 사망자 유족에게 진실과 정의를 보여주라는 압박이 커지고 있었음에도, 수십 년 뒤까지 살해와 고문을 포함한 아파르트헤이트 범죄 수백 건이 기소되지 않은 상태로 남았다.[41] TRC는 '심각한 인권 침해'를 조사할 권한을 받았지만, 남아프리카 흑인들을 정치 체제에서 배제하기 위해 남아프리카 공화국 시민권을 박탈하고 이른바 홈랜드[home-lands], 즉 반투스탄•의 시민으로 규정한 조직적 강탈 행위에는 관심을 기울이지 않았다.[42]

　TRC는 이미 확립된 재산권도 문제 삼지 않았다. 그래서 아파르트헤이트 기간 중에 땅을 훔친 남아프리카 백인들은 그 땅을 그대로 소유할 수 있었다.[43] 또한 TRC는 최종 보고서에 "공공과 민간 부문에서의 경제적 정의 구현에 최우선순위를 부여하지 않고는 의미 있는 인권 문화를 조성하기가 불가능할 것"이라고 명백히 밝히면서[44] 자원의 재분배를 촉진할 방법으로 부자들에게 '일회성 부유세'를 부과하자고 제안했지만 무시당했다.[45] 마지막으로

●　Bantustan, 남아프리카 공화국이 자치라는 명목 하에 흑인들의 분리 거주 지역으로 지정한 영토를 가리키는 말이다.

　사회적 트라우마를 치유하는 법

TRC가 자신의 경험을 증언한 생존자에게 지급하도록 권고한 배상액 역시 중앙 정부의 전적인 지지를 얻지 못해, 권고 액수보다 훨씬 적은 인당 3,900달러를 지급하는 데에 그쳤다.[46]

이처럼 남아프리카 공화국 TRC의 업적은 남아프리카 밖에서 칭송이 자자했고 수많은 국가가 이를 모방했음에도, 내부적으로는 성공에 대한 평가가 저조한 편이다. **TRC는 아파르트헤이트 체제에서 다수결 체제로 넘어가는 동안 대규모 폭력을 방지하는 데에 도움을 줬지만, 아파르트헤이트를 통해 쌓인 경제·정치적 영향력이 계속 이어지는 문제를 해결하지 못했다.** 그 결과, 이후 수년간 소득 불균형이 커지고 부패가 끊이지 않았다. 2016년에도 대다수 흑인은 여전히 남아프리카의 부유한 도시 외곽에 있는 판자촌에 거주했다. 케이프타운 거주자 370만 명의 3분의 1이 상수도, 전기, 화장실처럼 기본적인 편의 시설이 제한된 환경에서 생활하고 있었다.[47] 남아프리카 공화국 TRC가 역사의 심판을 내리는 데에 실패했다는 역사학자 조앤 월랙 스콧Joan Wallach Scott의 결론은 이 중대한 맥락에서 나온 것이다.[48] 정부가 위원회의 업무를 "수치스러울 만큼 내팽개쳐뒀다"는 투투 대주교의 지적도 이러한 이유 때문이었다.[49]

화해에는
사회적 정의가 필요하다

전환기 정의에 대한 세 가지 접근법은 진실과 화해를 모색하려는 노력이 권력에 의해 얼마나 틀어질 수 있는지 잘 보여준다. 나치 재판이 승자의 정의를 추구했다는 비난을 받고,[50] 르완다 가차차 법정이 르완다애국전선에 의해 자행된 잔혹 행위를 열외로 하고,[51] 아프리카민족의회가 자국 진실위원회의 노력을 방해하려고 시도한[52, 53] 사례를 볼 때 사람들이 전환기 정의 절차를 자기편에 유리한 쪽으로 기울이려고 한다는 사실을 알 수 있다.

또한 남아프리카 공화국 TRC의 경험은 이러한 군사적 승리 이후의 전환기 정의만이 아니라 그 후로 다른 나라에서 열린 수많은 진실화해위원회를 포함해 모든 형태의 전환기 정의에 권력이 영향을 미칠 수 있음을 보여준다. 이 모든 노력에서 사람들은 새로운 역사 기록에 누구의 진실이 포함되어야 하는지 합의해야만 한다. 하지만 이 합의는 달성하기 어려울 때가 많다. 관련자들은 누가 무엇에 사과할지의 결정권이 누구에게 있는지를 가지고도 서로 논쟁을 벌일 수 있다. 그럴 경우, **결국 권력을 가진 사람들이 끝내 더 큰 영향력을 행사할 때가 많으며, 화해가 아니라 나머지 사람들의 양가감정과 적의를 불러올 가능성이 크다.** 이 모든 상황은

사회적 트라우마를 치유하는 법

무슨 일이 벌어졌고 어떻게 하면 신뢰를 회복할 수 있는지 공동의 이해를 확립하려는 노력에 방해가 된다.

미국에서 처음으로 진행된 진실화해위원회의 결과를 생각해 보자. 노스캐롤라이나주 그린즈버러시는 1979년 11월 3일 지역 공공주택단지에서 벌어진 반클랜 시위[*] 도중 백인우월주의자들이 좌익 시위자 다섯 명을 살해한 사건을 조사하기 위해 2004년 이 위원회를 조직했다. 저널리스트 피터 키팅Peter Keating과 숀 애사엘Shaun Assael이 전문가답게 잘 요약한 것처럼[54] 그린즈버러 학살은 10년 만에 남부에서 일어난 최악의 폭력 사건이었지만 누구도 유죄 선고를 받지 않았으며, 두 건의 형사 재판은 무죄 방면으로 매듭지어졌다. 경찰은 일찌감치 집회 신고를 받고도 그 자리에 출동하지 않아, 좌익 시위대를 매복 장소로 유인해 일부러 사망에 이르게 한 것이 아닌가 하는 찜찜한 의문을 남겼다. 그린즈버러 TRC는 이 사건 때문에 도시 전체를 휩쓴 '불신과 회의의 깊은 골'을 좁히겠다는 명목으로 조직됐다.

위원회는 100명 이상의 목격자로부터 확보한 증언으로 학살의 진상을 철저하게 재구성한 210쪽 분량의 보고서를 작성했다. 하지만 그 후 위원회는 목소리 큰 소수가 사과를 요구하도록 부추

[*] 극우 백인우월주의 단체 큐클럭스클랜Ku Klux Klan에 반대하는 시위다.

신뢰의 과학

졌고 치유하고자 했던 분열을 오히려 더 깊어지게 했다고 비난받는 처지에 놓였다. 그린즈버러 생존자들은 스스로 TRC의 모범 절차를 마련했다고 생각했으나, 노스캐롤라이나대학교 사회의학과 교수 제프리 소니스Jeffrey Sonis가 무작위 추출한 1,500명 이상의 주민을 대상으로 벌인 설문 결과, 이 TRC는 화해나 사회적 신뢰를 향한 태도에 아무런 변화를 가져오지 못한 것으로 나타났다.

하지만 그린즈버러 생존자들이 그대로 낙담해 자기 방식대로의 '화해'를 모색하려는 노력을 관둔 것은 아니었다. 그들은 2008년 시 인권위원회 공무원들을 압박해 행진을 제대로 통제하지 못해 학살로 이어졌다는 사실에 유감을 표명하게 했다. 이어서 2017년 버지니아주 샬러츠빌에서 극우 집회 '유나이트 더 라이트'의 폭력 사태가 발생한 후에는 참회 요구 수위가 더 높아졌다. '그날 관련된 모든 사람'을 포함한 그린즈버러의 모든 주민을 상대로 시 당국이 시의 모든 기관을 대표해 '덮어놓고 사과'해야 한다는 것이었다. 그리고 2019년에는 시 당국 대신 경찰에 대한 사과 요구로 이어졌다. 결국 "경찰이 현장에 있었더라면 그 사람들이 목숨을 잃지 않았을 것이고 학살도 없었을 것"이라는 내용을 명시한 사과문 초안이 작성됐다.[55]

이 모든 노력의 최종 결과, 그린즈버러 TRC로 도움을 받은 것은 애당초 TRC를 만든 학살 생존자들뿐이었다. 오랜 반전운동

사회적 트라우마를 치유하는 법

가로 초창기 위원회를 지지했던 존 영^{John Young}과 같은 사람들은 TRC의 활동이 균형을 잃기 시작하자 어쩐지 따돌림을 당하는 기분이 들었다. "슬프게도 TRC는 약간 일차원적으로 변질됐습니다. 청문회를 통해 저는 [1979년의] 그날 일어난 일을 좀 더 완전한 버전으로 이해하고 싶었거든요."[56] 위원회는 그 욕구를 채워주지 못했고 궁극적으로 촉진하고자 했던 화해도 거의 달성하지 못했다. 이 결론은 세인트루이스 워싱턴대학교의 진실위원회 연구자 제임스 깁슨^{James Gibson}의 종합적인 견해와 일치한다. 그는 "많은 위원회가 사회적 변화에 거의 영향을 끼치지 못하는 듯하다"라고 지적한 바 있다.[57] **이것은 사람들이 좀 더 의미 있는 화해보다 자신이 속한 집단의 목표를 우선시하려고 권력을 사용하기 때문이다.**

그럼에도 TRC는 여전히 진실을 더 드러내는 귀중한 역할을 할 수 있다. 미국의 철학자 엘리자베스 키스^{Elizabeth Kiss}가 말했듯이 최고의 TRC는 다양한 도덕 원칙을 존중하고 매우 미묘한 도덕적 목적들을 달성하겠다는 결단 하에 포괄적 진실을 얻고자 노력한다.[58] 그 진실은 인식의 구성 요소가 될 수 있고, 재판의 증거로 사용될 수 있으며, 캐나다의 역사학자이자 정치가 겸 작가인 마이클 이그나티에프^{Michael Ignatieff}가 1996년에 일찍이 말했듯 "공공 담론에서 근거 없이 떠도는 거짓말의 수를 줄일" 수 있다.[59] 그런 상태에서는 신뢰가 어떻게 위반됐고 그 신뢰를 어떻게 회복할 수 있을

지 공동의 이해에 더 쉽게 도달할 수 있다. 하지만 화해를 추구하는 가운데서도 자신이 속한 집단의 목표를 우선하기 위해 권력을 사용하려는 사람들을 보면, 진실의 양이 늘어난다고 해서 곧장 사회가 변할 것이라고 기대해서는 안 된다는 점도 알 수 있다.

종합해보면 어떤 형태의 전환기 정의를 통해 빠르게 화해를 달성하겠다고 기대하는 것은 현실적이지 못하다. 역사학자 조앤 월랙 스콧의 논평처럼, 나치 범죄에 대한 집단의 정치적 책임이 널리 인정받게 된 것은 뉘른베르크 재판 이후 여러 해가 지난 뒤였지만, 그것은 그 재판과 연합군이 진행한 다른 재판들로 반박할 수 없는 범죄의 증거가 드러난 덕분에 가능한 일이었다.[60] 같은 맥락에서 남아프리카 공화국 TRC는 최종 보고서에서 화해에는 용서 그 이상이 필요함을 강조했다. 1899년부터 1902년 사이에 벌어진 제2차 보어전쟁/남아프리카전쟁의 폐허 이후 아프리카너*와 영어를 쓰는 남아프리카 백인이 겪은 힘들었던 화해의 역사를 언급하면서, "전쟁 후 정치 체제에서 영어를 쓰는 남아프리카인들과의 공존과 참여가 이뤄졌음에도, 관계를 다시 쌓고 자원을 재분배하기까지는 수십 년이 걸렸다. 이 과정은 도시와 농촌, 계층, 언어를 비롯한 다양한 장벽으로 인해 한층 더 복잡해졌다"라고 설명했다.

●　　아프리칸스어를 쓰는 네덜란드계 백인을 뜻한다.

이를 보면 화해에는 개인적 정의뿐만 아니라 사회적 정의가 필요함을 알 수 있다. 피해가 두 번 다시 되풀이되지 않고 이미 가해진 피해를 최대한 복구하도록 실질적인 단계를 밟아야 한다는 뜻이다. 그렇지 않고서는 피터 키팅과 숀 애사엘의 말처럼 '화해'는 또 다른 형태의 강요된 망각에 지나지 않으며 "과거의 망령이 돌아오는 건 단지 시간문제일 뿐이다."[61]

전환기 정의를 실현하기가 이토록 어렵다는 사실은, 바꿔 말하자면 사람들이 이러한 시도에 품는 열망이 그만큼 이례적이라는 뜻이다. 단지 부적절한 집단, 즉 다른 집단에 속했다는 이유로 친구, 가족, 이웃을 일부러 잔인하게 다루고 살해하는 동료 시민들의 모습을 목격했거나 자신이 직접 그런 잔혹 행위에 가담한 후에도, 어떻게든 더불어 살아갈 방법을 터득하고 더 나아가 다시금 서로 신뢰할 수 있으리라 기대하는 것은 엄청난 열망이다. 그 열망은 너무 원대해서 단기간에 완전히 충족하기 어렵다. 하지만 가치 있는 목표가 다 그렇듯이 그 열망을 포기해야 한다는 뜻은 아니다. 개인 차원의 트라우마를 치유하기까지 종종 길고 험난한 길을 거쳐야 하듯이, 우리는 전환기 정의를 위한 이러한 노력이 사회의 신뢰 회복을 위한 진정한 여정이 시작되는 첫 단계일 뿐이라고 생각해야 한다.

11장

인생에서 신뢰가
얼마나 중요한지 묻는다면

여기까지 읽었다면 한 가지 사실을 털어놓을 때가 된 듯하다. 나는 궁극적으로 실용주의자다. 신뢰 회복이 항상 가능하다거나 제일 좋은 선택이라고 생각하지 않는다. 오히려 누군가가 신뢰를 위반했을 때 벌어진 일의 원인과 결과를 먼저 살펴보지 않고 그 신뢰를 회복하려고 애쓰는 것은 화를 부르는 지름길이라고 생각한다. 이것은 일종의 '강요된 망각'에 해당한다. 그러면 피해가 계속 이어지거나 언제든 다시 일어날 가능성이 있고, 피해자는 더욱 강력하게 해결을 요구하게 될 것이다.

따라서 위반자가 잘못을 뉘우치지 않고 또 다른 죄를 저지를 가능성이 크며 실제로 피해를 줄 위험이 있다면, 신뢰하지 않기를 선택함으로써 자신을 피해 가능성에 덜 노출시키는 편이 더 합리적일 것이다. 어쨌거나 양이 늑대를 신뢰하길 기대할 수는 없는 노릇이다. 근본적인 역량 부족 문제를 어쩔 수 없다는 이유로 혹은 본인의 이익 외에 타인의 이익을 고려할 양심이나 의지가 없다는 이유로 또 다른 위반이 확실시될 때도 마찬가지다. 그들이 반드시 나쁜 사람은 아닐 수도 있다. 하지만 인생은 짧고, 더 나은 선택이 있다면 그대로 지나치는 편이 더 합리적이다. 누군가를 신뢰해도 바라던 결과로 이어지지 않을 것이 틀림없는 경우는 너무나도 많다. 주어진 상황에서 그 점이 확실하다면 굳이 자진해서 순교자가 될 필요는 없다.

하지만 꼭 되살려야 할 중요한 관계에서 신뢰를 회복하지 않는다면 신뢰한 사람이나 신뢰를 받은 사람, 그리고 사회 전체가 많은 것을 잃게 된다는 점 또한 분명하다. 게다가 여태까지 보여준 연구 결과에 따르면 **우리는 신뢰를 회복할 만한 가치가 있는지 없는지 제대로 따져보지 않고 성급히 결정을 내리는 경우가 너무나 많다.** 이 사실은 이 책의 핵심 주제와 연결된다. 인생에서 신뢰가 얼마나 중요한지 묻는다면 누구나 매우 중요하다고 대답할 것이다. 하지만 우리가 신뢰와 관련된 판단에 매우 서툴다는 사실은 연구 결과를 통해 몇 번이고 반복해서 명백히 밝혀졌다. 잘못의 객관적인 본질은 같더라도 단지 표현의 차이로 인해 똑같은 신뢰 회복 노력에 대한 우리의 반응은 극적으로 달라진다. 또한 그러한

신뢰의 과학

노력에 대한 우리의 반응 때문에 신뢰를 회복하고 싶어 하는 상대방이 사과든, 전적인 책임 수용이든 아니면 좀 더 실질적인 대응이든 우리가 가장 원할 만한 행동을 주저하는 결과로 이어질 수도 있다.

이는 우리가 때때로 자기 무덤을 파기도 하며, 전개되는 상황에서 각자 자기 몫의 책임이 있음을 보여준다. 따라서 이러한 종류의 사건에 반응하기에 앞서, 죄의 본질과 속죄의 가능성을 더 깊이 있게 이해할 필요가 있다. 궁극적으로 이것은 우리가 더 큰 책임감을 가지고 신뢰 회복 과정의 세 가지 핵심 요소, 즉 원인 추론, 도덕적 판단, 징벌에 임해야 한다는 뜻이다.

신뢰 회복과 위기 대처 능력

원인 추론에 따라 사람들이 신뢰 위반에 반응하는 방식이 어떻게 달라지는지 생각해보면 좀 더 신중하게 원인을 찾고 그 파급력을 고려할 필요성을 확실히 이해할 수 있다. 초면에 기꺼이 남을 신뢰하려는 경향이 개인의 성격에서 나왔을 수도 있고 소속 집단과 고정관념을 바탕으로 한 인지 단서에서 비롯됐을 수도 있다. 이와 마찬가지로 잘못을 역량 문제나 도덕성 문제로 바라보려는 경향 또한 다양한 전제의 영향을 받는다. 그 전제에 따라 사건이 일어난 이유를 왜곡해서 받아들이기도 한다. 우리는 깊은 생각이나 성찰 없이 기계적으로 원인을 찾을 때가 많다. 심지어 시간을 할애해 좀 더 신중하게 사고하더라도, 실제로 일어난 일보다는 생각하고 싶은 방향에 따라 숙고의 결과가 달라지기도 한다. 예를 들어, 사랑하는 이의 잘못이 고의가 아니었다고 판단(역량 문제)하는 것은 사과를 받고 관계를 회복하고 싶은 마음 때문일 수 있다. 혹은 적이나 외집단 구성원의 잘못이 의도적이었다고 판단(도덕성 문제)해 그 사람을 신뢰해서는 안 된다는 확증으로 사과를 해석할 수도 있다.

하지만 **신뢰의 파수꾼 역할을 더욱 잘해내고 싶고 누가 신뢰할 만한 사람인지 더 효과적으로 평가하고 싶다면, 세상을 살면서 누군가의 잘못을 마주할 때 그 잘못이 왜 일어났는지 더욱 사려 깊게 생각해보고 반응해야 한다.** 사실 역량 문제에서 도덕성 문제로, 혹은 도덕성 문제에서 역량 문제로 행동의 원인을 바꿈으로써 엄청난 차이가 생기는 경우가 많다.

1956년 미국의사협회 American Medical Association 가 알코올 의존증을 병으로 규정한 이후, 알코올 의존증에 관한 사회의 태도가 도덕적 결함의 문제에서 질병 문제로 바뀌었다.[1] 아직 확실한 치료법을 찾지는 못했으나, 이 원인 추론의 변화로 많은 피해자와 그들의 친구와 가족에게 긍정적인 변화가 생겼고, 그들이 사회에 보탬이 될 가능성도 커졌다는 데에는 의문의 여지가 없다. 마찬가지로 동성애에 대한 사회의 태도가 오랜 기간에 걸쳐 좀 더 포용적으로 달라진 것을 생각해보자. 북남미와 서유럽뿐만 아니라 남아프리카 공화국, 케냐, 인도, 한국, 일본 같은 나라에도 해당하는 이야기로,[2] 사회적 담론에서 동성애를 표현하는 방식이 도덕적 도착증에서 선택의 여지가 주어지지 않은 지남력*으로 전환된 데에 따른 결과다. 의도적인 도덕적 일탈(즉, 도덕성 문제)로 바라보던 이전의 시각은 많은 가족을 분열시켰고, 성 소수자에 대한 적대감, 차별, 폭력을 조장했다. 그런가 하면 '범죄 엄벌주의'에 입각해 더 많은 청소년 범죄자를 성인 재판에 회부하려고 하는 미국의 움직임을 생각해보자. 청소년과 성인 사이에는 의사결정, 충동 조절, 또래에 대한 민감성에 영향을 미칠 만한 현저한 발달상의 차이가 존재한다는 과학적 증거를 고려할 때,[3] 나는 청소년 범죄에 대한 시각을 바꾸려는 이러한 노력(역량 문제가 아닌 도덕성 문제로 취급)이 상황을 전반적으로 더 나빠지게 만들었다고 보는 쪽이다.

아울러 우리는 신뢰 위반의 원인이 그리 단순하지 않다는 점

* 현재 자신이 놓여 있는 상황을 올바르게 인식하는 능력이다.

인생에서 신뢰가 얼마나 중요한지 묻는다면

을 인식해야 한다. 신뢰 위반은 복합적인 이유에서 발생하므로, 좀 더 신중하게 숙고해 대응 방법을 결정해야 한다. 위반자의 지식 부족으로 발생한 문제지만, 위반자가 애초에 필요한 지식을 쌓으려고 노력조차 하지 않았다면 어떻게 대응해야 할까? 또는 위반자가 의도적으로 잘못을 저지르긴 했지만, 얼마나 큰 피해가 생길지 모르고 그랬다면 어떻게 해야 할까? '판단의 오류'로 잘못을 저질렀다는 주장(역량 부족으로 인한 의도적인 행위)에는 어떻게 대응해야 할까? 그리고 위반자의 권력이나 거주 지역, 나이, 성별, 소득 및 교육 수준 등을 포함한 인구통계적 특성에 따라 반응이 달라져야 할까? 게다가 참작할 만한 정황이 있을 때 위반자를 비난하지 말아야 한다고 생각한다면, 또래나 동료들의 압박 같은 외적 요인으로 위반이 발생했는지가 중요할까 아니면 심각한 마약 또는 도박 중독처럼 내적 요인으로 위반이 발생했는지가 중요할까?

이처럼 고려해야 할 사항이 많다 보니 신뢰 회복 과정을 이해하기가 한층 더 어렵고, 위 질문들에 관한 과학적 연구도 아직 이뤄지지 않은 상태다. 이 연구 분야는 아직 발생기에 머물러 있어서 빈칸을 채우려면 앞으로 더 많은 시간이 필요하다. 하지만 **우리 모두가 깨달아야 할 분명한 사실은 이런 종류의 사건에 대처하는 능력을 키우고 싶다면 이를 어떻게 이해할지 더 깊이 생각해봐야 한다는 점이다.**

신뢰의 과학

도덕적 판단에도
조율이 필요하다

신뢰 위반의 원인 추론 문제는 사람들이 도덕적 판단을 내리는 방식을 더 깊이 이해하는 것이 얼마나 중요한지 보여준다. 9장에서 살펴본 바와 같이, 사람들은 똑같은 근본적인 도덕 원칙에 매우 다른 우선순위를 부여하며, 우선순위를 부여하는 방식이 달라서 종종 갈등을 빚기도 한다. 이 때문에 **나의 도덕 기준이 올바르고 남의 도덕 기준은 잘못됐을 것이라고 여기는 함정에 쉽사리 빠질 수 있다.** 우리는 자기 자신을 영웅시하고 같은 시각을 공유하지 않는 모든 사람을 부패했다고 생각한다. 자신의 편협한 도덕관념만 중요하다는 망상 때문에 생기는 일이다.

마찬가지로 사람들은 똑같은 도덕관념에 동조하면서도 서로 다른 도덕적 판단을 내릴 수 있다. 이것은 잘못을 저지른 사람들이 나쁜 행동(그 행동을 목격한 다른 사람들은 하지 않으려는 행동)을 하고서도 스스로를 착한 사람으로 여기고 싶어서 자신의 행동을 합리화하기 때문이기도 하지만, 8장에서 살펴본 것처럼 사람마다 사건에 관해 얻은 정보가 다르기 때문이다. 예를 들어, 최고경영자가 회사의 파산을 막고 직원들의 고용 상태를 유지하기 위해 일시적으로 회계장부를 조작했고, 그러한 이유로 저지른 위반은 정당하다고 생각할 수 있다. 하지만 나중에 이 회계 조작을 발견한 사람들은 위반을 통해 달성하고자 했던 선한 목적을 모르고,[4] 그렇게 정당화하려는 위반자의 노력을 이기적인 것으로 일축하며,[5] 궁극적으로 그 행동을 비윤리적이라고 간주할 수 있다. 이것은 전 세계의 유명한 진실 위원회들이 개인적 진실을 더 많이 듣고자 한 이유이기도 한데, 사람들의 개인적 진실이 다를 때가 많기 때문이다.

중요한 것은 도덕적 판단을 내리는 방식에 나타나는 이러한 차이점을 어떻게든 조율해야 한다는 점이다. 그러려면 자신의 관점이 보편타당하다는 과신이 커지지 않도록 해석의 거품에서 벗어나려는 노력이 필요하다. 또한 함께 대화를 나눔으로써 상충하는 관점을 드러내고 타협의 근거를 마련해야 한다. 9장에서 살펴본 것처럼 사람들은 각자의 도덕적 입장으로 인해 빚어지는 까다로운 트레이드오프에 직면함으로써, 다양한 도덕 원칙을 인지하고 상황에 따라 원칙의 우선순위가 달라진다는 것을 이해할 필요가 있다. 그래야만 단순히 옳고 그름의 문제를 뛰어넘어 옳음과 옳음 사이에서 어려운 선택을 내릴 수 있다. 그렇게 함으로써 모두가 공통으로 지지하는 원칙을 가장 우선시하는, 더 중대한 도전에 나서는 것이 가능하다.

하지만 문제는 현대 사회의 여러 가지 흐름이 이런 식으로 문제를 해결하기엔 역행하고 있다는 점이다. 끊김 없이 이어지는 미디어 스트림에 쉽게 정신을 빼앗기고, 그러한 미디어의 사업 모델은 여러 가지 관점의 장단점을 검토하도록 자극하기보다 기존의 사고방식을 강화하도록 구성되어 있다. 사람들은 자연스럽게 재산, 인종, 교육, 정치 성향 면에서 자신과 비슷한 이들에게 호감을 느낀다. 또한 선거구를 재조정하려고 노력한 덕분에 정치인들은 폭넓고 다양한 의견을 통합하기보다 전략적으로 선별된 선거구의 일차원적인 관점에 부응할 수 있게 되었고, 부응하지 않을 수 없게 되었다. 그 결과, 대화보다 지배, 즉 자신의 도덕적 견해를 타인에게 강요하는 상호작용 방식이 우세해졌다. 신뢰의 파수꾼 역할을 더욱 잘해내고 싶다면 궁극적으로 이 패턴을 깨고 서로 다른 가치를 조화시킬 방법에 관해 더 의미 있는 대화를 나눠야 할 것이다.

처벌만이 해결 방법일까

신뢰 회복의 핵심은 죄와 속죄의 문제를 어떻게 저울질하느냐다. 아무 죄 없이 거짓 고발을 당한 경우처럼 속죄가 불필요할 때도 있다. 그런 경우가 아니라면, 관찰자들은 위반자가 더 나은 방향으로 변할 수 있다고 믿는 경향이 있기 때문에(예: 역량 기반의 위반을 저지른 후) 속죄는 꼭 필요하며 신뢰 회복의 가능성이 있다. 하지만 나머지 경우에는 속죄의 신호가 무시될 가능성이 크기 때문에(예: 도덕성 기반의 위반을 저지른 후) 속죄와 별개로 신뢰 회복은 거의 불가능하다.

우리는 궁극적으로 이런 점을 고려해 징벌을 더 세밀하게 조정할 필요가 있다. 물론 위반자에게 더 깊은 뉘우침을 요구하면서 그 목적에 부합하게 더욱 가혹한 처벌을 내릴 수도 있다. 하지만 불이익이 너무 가혹하고 배상 요구가 감당할 수 없는 수준이어서 위반자가 도리어 잘못을 부인하고, 자신의 행동을 정당화하거나 합리화하려 하고, 과도한 요구에 분개한다면 그것은 바람직하다고 할 수 없다. 설상가상으로 이러한 접근 방식은 자기실현적 예언을 만들어내기도 한다. **처벌받는 사람이 신뢰 회복이 요원하다고 생각하거나, 영구적인 낙인이 찍혀 정상적인 삶에서 영원히 배제될 것이라고 예상하거나, 앞으로 다른 범죄를 저질러도 잃을 게 없다는 결론을 내리게 되는 경우, 정말로 그런 일이 일어날 수 있다.**

그렇다고 무조건 더 관대해져야 한다는 뜻은 아니다. 신뢰 위반을 그냥 보아 넘기는 것이 상책은 아니다. 처벌은 중요한 억제 수단이 될 수 있으며, 옳고 그름에 대한 우리의 태도를 명확히 밝히는 방법이기도 하다. 하지만 미국의 경우를 보면 사법 제도에 심각한 결점도 분명히 존재한다. 연구 결과에 따르면 어떤 종류의 처벌(예: 징역형의 기간)을 늘린다고 해서 억제 효과가 반드시 높아지는 것은 아니며,[6] 가난하고 소외된 사람들이 상대적으로 더 가혹하게 처벌받는 것으로 나타났다.[7] 또한 미성년자를 성인으로 취급해 재판하는 것처럼 일부 소송은 속죄 가능성을 떨어뜨릴 뿐만 아니라 피해를 바로잡는 데에도 별다른 도움이 되지 않을 때가 많다.

이러한 요소들을 고려하면 앞으로는 조금 더 현명한 경로를 따를 필요가 있다. 이 책은 사법 제도에 관한 책은 아니지만, 처벌과 억제 시스템에 좀 더 세심한 관심을 기울여야 하는 이유가 무엇인지 잘 보여준다. 미국 인구는 전 세계 인구의 5퍼센트에 불과하다. 하지만 전 세계 수감자의 4분의 1이 미국에 있다. 미국의 교도소에는 주립 병원보다 열 배 많은 정신 질환자가 수용되어 있다.[8] 전체 흑인 인구 대비 수감된 흑인 비율은 아파르트헤이트 시절 남아프리카 공화국의 교도소보다도 훨씬 높다.[9] 게다가 매년 석방된 수감자의 3분의 2 가까이가 다시 교도소로 돌아온다.[10] 여러 이유 중 하나는 극심한 고용 차별로 인해 합법적인 일자리를 찾기가 굉장히 힘들기 때문이다. 물론 여러 가지 사회적 차이점

을 이유로 처벌보다 교화에 집중하고 미국보다 투옥률과 범죄율
이 훨씬 낮은 스웨덴식 사법 제도를 당장 채택하기에는 무리가 있
다.[11] 하지만 가능한 대안을 탐색해보기 시작하는 것이 중요하다.
징벌은 그만큼 심각한 문제고, 이 흐름을 바꿀 방법을 찾아야 하
기 때문이다.

겸손과
관용이라는 노력

이 책에 담긴 연구 결과는 개인적인 관계에서 신뢰를 유지하고 회
복하는 방법에 관해서도 여러 가지 통찰을 제시한다. 시작할 때 언
급했듯이, 나는 그런 부분에 관해 수박 겉핥기식 조언을 건네고 싶
지는 않다. 이 책은 나쁜 짓을 하고 무사히 빠져나가는 법을 알려
주는 단계별 안내서가 아니며 어설픈 임시방편에만 관심 있는 사
람들을 대상으로 하지도 않는다. 연구를 통해 밝혀진 내용 중 너
무나 많은 부분이 악용될 우려가 있을뿐더러, 그 미묘한 의미를 이
해하는 시간을 들이지 않고 이 책에 소개된 연구 결과를 응용하면
쉽게 역효과가 날 수 있어 그런 접근법은 일부러 피했다.
　이 책은 어려운 숙제를 먼저 끝낼 준비가 된 사람들을 염두에

두고 기획했다. **말하자면 신뢰 문제의 복잡성을 이해할 필요성을 인식하고, 세심하게 이 문제에 접근할 의지가 있는 사람들을 위한 책이다.** 그런 점에서 시간을 할애해 마지막 장까지 나와 함께해준 당신은 이 기준에 부합하는 사람이다. 이미 여기까지 읽었고, 이 책에서 다룬 내용을 각자의 삶에서 활용하는 방법과 관련해 조금 더 도움을 받고 싶다면 지금부터 주목하기 바란다. 그 목적에 부합하는 방식으로 핵심적인 교훈 중 몇 가지를 추려보도록 하겠다.

이 책의 각 장은 대인관계부터 집단, 문화, 심지어 국가에 이르기까지 뒷부분으로 가면서 점점 더 범위가 확장되도록 연속성 있게 구성했다. 하지만 더 광범위한 차원의 분석은 기본적으로 개인의 신뢰에 관한 분석에 미묘한 뉘앙스를 덧붙인 결과임을 명심하는 것이 중요하다. 국가 차원에서 신뢰에 관해 이야기할 때조차, 국가는 개개인의 집합이므로 우리 각자에게 잠재해 있는 사회 인식의 특징이 똑같은 영향력을 발휘한다. 역량에 대한 부정적인 정보보다 긍정적인 정보에 더 무게를 두거나, 도덕성에 관한 긍정적인 정보보다 부정적인 정보에 더 무게를 두고, 중요한 관계를 지키기 위해 정보를 걸러서 받아들이며, 외부인을 폄훼하거나, 양극화된 의견을 갖고, 전혀 그렇지 않을 때도 자신이 공정하고 윤리적이라고 여기는 우리의 성향이 똑같이 적용된다.

각 장은 이러한 특징을 밝혀내고, 그것이 신뢰에 어떤 영향을 끼치는지 보여주며, 어떻게 하면 신뢰 유지와 회복이라는 과제에 대처할 수 있을지 통찰을 제시하는 과정이다. 이 책에 소개된 아주 난감한 문제 하나를 생각해보자. 사람들은 일반적으로 도덕성 문제에 대해서 긍정적인 정보보다 부정적인 정보에 더 무게를 두는 경향이 있어서, 신뢰를 위반했을 때 아무리 진심을 다해 속죄의 마음을 전하려 해도 소용이 없었고, 위반자는 차라리 잘못을 부인하는 편이 더 낫겠다고 생각할 빌미를 얻었다. 내가 이 연구를 통해 밝혀내고자 했던 것은 양측이 이 난감한 문제를 해결하기 위해 어떤 노력을 할지였다.

위반자들의 경우에는 잘못이 있는데도 잘못을 부인하거나, 벌어진 일의 본질을 흐리거나, 무시하려고 해서 생기는 문제가 많았다. 잘못의 증거가 있고 위반 사실이 사람들의 근본적인 우려를 건드릴 때, 이는 의미 있는 방식으로 해결되어야 한다. 하지만 살펴본 바와 같이 그렇게 하려면 단순히 더 큰 후회를 표현하거나 더 가혹한 처벌을 받아들이는 것 이상이 필요하다. 그런 방법만으로 신뢰를 회복하기에 충분치 않을 때가 많기 때문이다. **이 문제는 위반 자체를 바라보는 시각을 바꾸려는 노력으로 달라질 수도 있다.** 하지만 위반자들은 이 점을 간과하거나 어설픈 방식으로 접근해 관찰자들이 의구심을 품게 하는 경향이 있다. 이 부분에 좀 더 개선의 여지가 남아 있다. 즉, 위반자는 신뢰 회복에 도움이 될 만한 방식으로 벌어진 상황을 사람들에게 이해시켜야 한다. 항상 가능한 것은 아니지만(특히 상대방이 경청하려 하지 않을 때) 정직하고 세심하게 일을 바로잡으려는 진정한 열망을 품고 노력을 기울인다면 나는 상황이 달라질 수 있다고 믿는다.

이런 점을 고려하면 관찰자들이 이 과정에서 얼마나 중요한 역할을 하는지도 알 수 있다. 관찰자들은 자신이 떠올린 사건의 원인에 의구심을 품고, 그 관점의 상당 부분이 개인적인 동기에서 비롯된 것은 아닌지 생각해보고, 자신이 타인의 신뢰성을 평가하는 방식에 의문을 제기하고, 도덕성의 의미에 관한 전제를 좀 더 진지하게 검토해봐야 한다. 그렇게 하면 우리 각자가 얼마나 쉽게 자신과 비슷한 부류의 사람들을 칭송하고, 자신의 편협한 기준을 충족하지 못하는 사람들을 깎아내리는지 좀 더 명확히 인식할 수 있다. 악인은 종종 올바름에 대한 이기적인 생각에 근거해 자기 자신을 영웅시한다. 그러면 한 치의 죄책감도 없이 다른 사람들을 공격하기가 쉬워지기 때문이다. **그러므로 관찰자들이 신뢰 회복을 위해 보여줄 수 있는 가장 중요한 자세는 바로 겸손과 관용이다.**

인생에서 신뢰가 얼마나 중요한지 묻는다면

신뢰 사회로 가는
네 가지 조건

내가 연구 경력 내내 신뢰 문제를 탐구해온 이유는 이 문제가 쉬워서가 아니라 너무나 어려웠기 때문이다. 서른 살 이전까지 나는 적어도 4년에 한 번씩 이사를 다녔다. 다른 나라로 이주도 했고, 도시와 교외 양쪽에서 모두 거주해봤으며, 다양한 인종과 민족으로 이뤄진 공동체 안에서 노동자, 중산층, 부유층과 어우러져 생활했다. 그것은 인간 본성의 복잡함에 관한 단기 집중 강좌나 다름없었다. 사람들이 자신과 다른 이들을 얼마나 생각 없이 무신경하게 대하는지 깜짝 놀랄 때가 많았다. 기본적인 품위를 보여주는 사람들도 있었지만, 서로에게 충격적일 만큼 잔인함을 드러내는 사람들도 있었다. 하지만 그 격동의 시간 동안 내가 겪은 모든 경험과 상황을 되돌아보고, 연구를 통해 알게 된 내용을 바탕으로 숙고할 때, 가장 중점적으로 다루고 싶은 핵심 교훈은 다음 네 가지로 압축된다.

첫째, 좋은 사람이 되고 싶은 열망

우리 대부분은 좋은 사람이 되고 싶어 한다는 전제부터 시작해야겠다. 존 스타인벡의 소설 《에덴의 동쪽》에는 세 사람의 죽음을 기

억하는 대목이 나온다.[12]

첫 번째는 당대 최고 부자의 죽음이었다. 그는 '사람들의 영혼과 육체를 짓밟아' 악착같이 부를 쌓은 다음, 열심히 봉사 활동을 해서 자신이 잃어버린 사랑을 되찾으려고 애쓰며 여생을 보냈다. 두 번째 사람은 영리한 통찰력으로 사람을 휘두르고, 매수하고, 위협하고, 유혹한 끝에 상당히 높은 권력의 자리에 오른 다음, "자신의 속마음을 미덕이라는 이름으로 위장"했다. 스타인벡은 두 사람의 사망 소식에 사람들이 기뻐하고 후련해했다고 썼다. 세 번째 사람은 과오도 많이 범했지만 세상의 추악한 세력 앞에서도 사람들이 용감하고, 위엄 있고, 선량하게 행동하도록 이끄는 일에 생애를 바쳤다. 그가 죽었을 때는 거리의 모든 사람이 울음을 터뜨렸고 상실감을 느꼈다. 그들의 삶을 돌아보며 스타인벡은 자신이 깨달은 가장 중요한 진실을 이렇게 밝혔다. "나는 한 가지를 확신한다. 인간이란 연약하기 짝이 없는 허울 밑에서 선량해지기를 원하고 사랑받기를 원하는 존재이다. 인간이 저지르는 대부분의 악행은 사랑에 이르려고 택한 지름길이다."

이 책에 소개된 연구 결과는 그의 결론을 뒷받침한다. 1장에서 살펴본 내 실험에 따르면 사람들은 남들이 자신을 윤리적이라고 생각한다는 말을 들으면 대개 그 인식을 악용하려 들기보다 그 인식이 옳았음을 증명하고 싶어 했다.[13] 6장에서 살펴본 다른 연구에 따르면 사람들은 이익을 취할 만큼 부정직하게 행동할 수 있지만 자기 스스로 부정직한 사람이라고 여길 만큼 부정을 저지르지는 않았다.[14] 마찬가지로 같은 장의 또 다른 연구에 의하면 사람들은 장기적으로 착한 행동과 나쁜 행동의 균형을 맞추어 장부를 플러스 상태로 유지하고 도덕적 파산 상태에 이르지 않으려고 노력한다는 사실이 드러났다.[15, 16] **이러한 연구 결과가 시사하는 바는 우리 대부분이 성자가 되려고 애쓰지는 않을지라도, 적어도 거울 속 자기 모습을 당당하게 바라볼 수 있을 만큼 괜찮은 사람이고 싶어 한다는 사실이다.**

이 연구 결과를 보면서 궁극적으로 '괜찮은 사람'이 무엇을 의미하는지, 그러한 자기 인식이 어떻게 다양한 잘못의 빌미가 되는지 짚어볼 필요도 있다. 이를 위해서는 우리가 남보다 자신을 관대하게 생각해 일관성 없거나 위선적인 태도를 보이는 현상에 주목해야 한다. 이것은 상황의 힘을 과소평가하고 타인에게 실제보다 더 큰 통제력이 있다고 생각할 때 발생하는 문제와도 연결된다. 또한 우리 중 누구라도 얼마나 쉽게 나쁜 행동을 하게 될 수 있는지 보여준 5장의 연구에 근거할 때, 도적적인 사람이라면 어떠한 상황에서든 도덕적으로 행동할 것이라고 믿으면서도 도덕성에 관해 긍정적인 정보보다 부정적인 정보에 훨씬 더 무게를 두려는 우리의 성향이 별로 합리적이지 않음을 일깨워준다.

우리 대부분이 좋은 사람이고 싶어 한다는 전제에서 출발한다면 서로가 좋은 사람이 되게끔 도와줌으로써 우리가 직면한 신뢰 문제를 조금이라도 해결할 수 있다. 선의를 지닌 사람조차 마음이 약해져 잘못된 행동을 하도록 유혹하는 상황적 영향을 해소하는 쪽으로 초점을 전환하는 것이다. 이를테면 부정행위를 하기 더 어렵게 만들거나 다른 유혹을 더 멀리 떨어뜨려 놓을 수 있다. 서로 신뢰하는 관계에서 얻을 수 있는 중요한 혜택을 강조함으로써 올바른 행동을 하고 싶은 동기를 끌어올리는 방법도 있다. 또한 무엇이 옳고 무엇이 그른지 모호해서 신뢰 위반이 발생할 수 있는 만큼, 사람들이 이해할 수 있는 방식으로 기대치를 명확히 표현해 이를 충족시킬 가능성을 높여야 한다. 이를테면 작은 글씨로 꼬투리 잡기식 조항을 숨겨놓은 장황한 계약서를 내밀어 혼란을 가중하지 말아야 한다. 우리의 목표는 이러한 사전 조치로 신뢰를 대체하는 것이 아니라, 이것을 기본적인 안전장치로 삼아 모두가 마땅히 받아야 할 신뢰를 키우고 북돋는 것이다.

하지만 연구 결과가 말해주는 무엇보다 중요한 사실은 사람들이 타인에게 보내는 상대적으로 높은 초기 신뢰가 대체로 합리적이라는 것이다. **우리는 서로를 신뢰하는 것이 옳다.** 처음부터 타인의 신뢰를 악용하려는 사람은 드물고, 1장에서 자세히 설명한 바와 같이 서로를 신뢰할 때 얻을 수 있는 혜택은 경험상 압도적

인생에서 신뢰가 얼마나 중요한지 묻는다면

이다. 우리는 다만 그 초기 신뢰가 위협받지 않도록 더 노력해야 하며, 필요한 경우 신뢰를 회복할 방법을 더 사려 깊게 생각해야 한다.

둘째, 진실의 복잡성

스타인벡이 언급한 '지름길'은 선의를 지닌 사람도 나쁜 행동에 빠질 수 있음을 의미한다. 지름길을 선택할 때 문제가 생긴다는 이 시각은 자연스럽게 두 번째 핵심 교훈과 연결된다. **무슨 일이 왜 일어났는지 다양한 방식으로 해석할 수 있다는 것은 그만큼 진실의 복잡성을 고려해야 한다는 뜻이다.** 그러려면 객관적 사실을 모두 확보해야 할 뿐만 아니라, 무슨 일이 왜 일어났는지에 관한 서로 다른 관점을 참작하고, 이 문제에 대한 집단적 이해를 구축하려고 노력해야 한다. 가장 모범적인 진실 위원회들이 원칙적으로 강조해왔듯이, 이야기를 주고받으며 진심으로 경청하는 시간을 가질 필요가 있다.

하지만 아쉽게도 현실은 전혀 그렇지 못하다는 명백한 연구 결과가 있다. 우리는 이 책에서 사람들이 본능적인 직관에 근거해[17] 성급한 판단을 내리는 경향이 있다는 사실을 알게 됐다. 나와 있는 정보의 극히 일부만 가지고[18] 자기 자신과 자기 집단 안의 구성원들을 긍정적인 시선으로 바라보려고 한다.[19] 또한 이런 경향 때문에 정확히 똑같은 사건을 바라보는 방식에 심각한 왜곡이 일어날 수 있고, 신뢰도를 평가하는 방식에 있어 일관성이 크게 떨어지며, 자신과 다른 이들에게 불리한 상황을 만들기도 한다는 것을 알게 됐다.[20, 21] **따라서 우리가 해야 할 가장 중요한 일은 내면의 그 자동 조종장치를 끄고, 나의 신뢰성이 위협받을 때 남들이 해줬으면 하는 것과 똑같은 수준의 사려 깊고 섬세한 배려로 신뢰 위반 상황을 해석하려고 노력하는 것이다.** 살다 보면 어느 시점에든 틀림없이 당신에게도 그런 일이 생길 것이기 때문이다.

신뢰 위반이 일어났을 때 편향된 시선과 생각을 바꾸기 위해서는 제일 먼저 벌어진 일에 관해 사람들이 내린 다양한 원인 추론을 검토해야 한다. 자신과 비슷한 사람들이 하는 이야기, 위반 혐의자뿐만 아니라 제삼자가 하는 이야기를 찾아서 비교해보고 위반의 고의성 여부를 명백히 밝혀줄 모든 상황적 영향과 동기를 들춰내야 한다. 그런 다음 그 의도적인 행위로 짐작되는 위반자의 도덕적 자질에 관해 우리가 품은 가정을 점검해야 한다. 그러려면 우선 각자의 편향된 시각에서 벗어나야 한다. 그리고 모두가 공통으로 지지하는 폭넓은 원칙을 고려하고, 사람들이 상황을 바라보는 시각에 따라 도덕 원칙의 우선순위를 다르게 부여한다는 점을 상기하며, 옳음과 옳음 사이의 선택에 직면했을 때 발생하는 까다로운 트레이드오프 관계를 살펴봐야 한다.

인생에서 신뢰가 얼마나 중요한지 묻는다면

그런 노력을 기울인다고 해서 반드시 자신의 견해를 포기해야 하는 것은 아니다. **우리에게 주어진 정보가 항상 불완전하다는 점을 염두에 두고 더 깊이 알고자 하는 의지가 중요할 뿐이다.** 이런 노력을 통해 자칫 흰색과 검정뿐일 수도 있었던 그림에 회색 음영이 더해지고, 무슨 일이 왜 일어났는지 공동의 이해를 구축하며, 궁극적으로 신뢰 회복을 위해 더 단단한 기반을 마련할 수 있다. 이러한 노력이 완전히 성공을 거두지 못하더라도, 시간을 할애해 다른 사람들의 관점을 귀담아듣고 진실의 복잡성을 고려하려고 매진하면 우리가 억지로 의견을 강요하는 게 아니라, 배려의 마음으로 상황을 바로잡기 위해 최선을 다하고 있음을 보여줄 수 있다.

셋째, 의도의 이면

지금까지 우리는 범죄 원인을 도덕성 부족으로 돌릴 때 발생할 수 있는 문제에 주로 초점을 맞췄다. 하지만 뒤집어서 생각하면 그건 의도가 선하다고 믿을 때 더 쉽게 신뢰를 유지하고 회복할 수 있다는 뜻이 된다. 그렇다고 모두의 도덕적 우선순위가 정확히 똑같아야 하는 것은 아니다. 가끔 기대에 못 미치더라도, (도덕적 우선순위의 차이, 우리를 둘러싼 상황적 압박, 우리가 직면한 까다로운 트레이드오프, 각자의 개인적인 한계에도 불구하고) 타인의 신뢰를 얻기 위해 최선을 다하면 된다.

스타인벡이 이야기한 세 번째 남자의 삶이 바로 그랬다. 그 남자는 많은 과오를 저질렀지만 추악한 세력이 사람들의 두려움을 악용하려고 활개 칠 때, 그의 영향을 받은 사람들은 용감하고, 위엄 있고, 선량하게 행동했다. 이것은 내가 업무 안팎으로 만난 사람들에게서 누차 목격해온 특징이기도 하다. 우리가 우리 자신만을 위해서가 아니라 다른 사람을 위해서도 최선을 다할 때, 상대방이 우리의 실패를 실수, 즉 선뜻 용서할 수 있는 역량 문제로 바라보기가 쉬워진다. 오히려 우리가 마음 써주고 있다는 사실을 알면 상대방은 관계를 유지함으로써 더 큰 이익을 얻는 셈이기 때문에 실패를 실수로 바라보고 싶어 한다.

하지만 의도가 선하더라도 이 점이 다른 사람에게는 명확히 보이지 않을 수 있음을 인식해야 한다. 시간을 들여 경청하고, 서로의 이야기에 나타나는 차이점을 받아들이고, 진실의 복잡성을 인식하는 것이 중요한 이유가 바로 이 때문이다. 특히 자신과 비슷한 사람들에게만 관심을 두는 경우에는 자신이 속한 집단의 관점만 중요하다고 생각해버리기가 쉽다. 그러나 사람들의 해석이 저마다 다른 더 넓은 세상에서 신뢰를 유지하고 싶다면, 그러한 차이를 이해하고 양쪽이 수용할 수 있는 방식으로 통합하기 위해 최선을 다하는 모습을 보여줘야 한다.

　인생에서 신뢰가 얼마나 중요한지 묻는다면

그래야만 우리의 의도가 스스로에게만이 아니라 다른 사람들에게도 선하게 받아들여질 수 있다. 그래야만 우리가 그들의 신뢰를 당연하게 받아들이지 않고, 그 신뢰를 지키기 위해 최선을 다하고 있음을 보여줄 수 있다. 그래야만 사악한 의도를 탓하며 신뢰 회복을 어렵게 만드는 불상사를 피할 수 있다. 그리고 다른 사람들도 우리에게 긍정적인 의도를 전달하기 위해 비슷한 노력을 기울이도록 독려할 수 있다. 그것은 결국, 양측이 상대방의 도덕성을 비난하며 풀기 힘든 갈등으로 치닫게 되는 상황을, 어떻게 하면 선의를 지닌 사람들의 서로 다른 관점과 도덕적 우선순위를 잘 통합해낼 것인가라는 좀 더 감당할 만한 문제로 전환하는 데에 도움이 된다.

넷째, 문을 열고 나가야 할 필요성

이 책은 신뢰 회복이 전적으로 우리에게만 달린 것이 아님을 분명히 밝히고 있다. 이것은 아마도 가장 깨닫기 어려운 교훈이 아닐까 한다. **용서에는 위반자의 협력이나 위반자의 피해 인정이 필요하지 않지만, 신뢰 회복에는 위반자의 역할이 어느 정도 남아 있다.** 이것은 일방적인 행위가 아니다.

1장에서 살펴보았듯이, 금전적 불이익이나 법적 고발 또는 다른 위협적인 제재를 통해 상대방이 우리가 원하는 대로 행동하도록 강요하는 것은 신뢰를 높이는 데에 전혀 도움이 되지 않는다. 위험을 낮춤으로써 상대방을 신뢰하는 것처럼 행동하게 할 뿐이다. 게다가 이런 방법을 쓸 때 따르는 부작용도 있다. 강요하지 않았더라면 신뢰할 만하게 행동했을 리 없다는 생각이 자꾸만 고개를 들기 때문이다. 또한 10장에서 확인한 것처럼 강압을 사용하면 위반의 근본적인 원인과 결과를 무시하고 회복을 저해할 가능성이 큰 일방적인 형태의 화해로 이어질 수 있다. 이 경우, 관련자들이 화해 과정과 구제책에 반발할 수 있으며 향후 위반이 다시 불거지는 기반이 된다.

그렇기에 진정한 화해가 이뤄지려면 무르익은 순간이 올 때까지 기다려야만 한다. 9장에서 살펴본 것처럼, 사람들은 이러한 종류의 과제를 해결하기 위한 건설적 대화에 기꺼이 나설 의지가 없을 때가 많다. 그러다가 양측 모두 다른 일방적인 수단이 막혀 있고, 이로 인해 소모적인 곤경에 처했다고 생각하는 순간이 찾아온다. 그제야 비로소 고통스러운 교착 상태에서 빠져나갈 돌파구처럼 보이는 제안에 더 쉽게 마음을 열고, 경청과 질문을 시작할 용기를 내며, 독단적인 입장에서 빠져나와 공통 기반을 찾고, 차이점을 좁힐 좀 더 실질적인 방법을 탐색하기 시작한다.

하지만 그런 순간이 자주 찾아오지는 않는다. 상대방이 먼저 큰 손실을 겪을 때까지 기다려야 할 수도 있다. 중독자가 바닥을 치고 나서야 재활을 시작할 준비가 되는 것과 매우 비슷하다. 또한 양측이 그러한 노력을 기울일 만큼 신뢰 회복에 충분히 관심이 있어야 한다. 하지만 일이 늘 그렇게 풀리지는 않는다. 게다가 양측이 문제 해결에 나설 준비가 되었을 때조차도 힘든 상황이 닥치면 권력과 힘을 사용해 마음대로 하고 싶은 유혹이 항상 존재한다. 이는 전 세계 곳곳의 심각한 인권 위반 문제를 해결하려고 노력하는 과정에서 여러 차례 벌어진 일이다. 그만큼 우리가 항상 경계해야 할 부분이다. 하지만 양측이 진심으로 이제까지와 다른 경로를 모색하려는 의지를 갖게 되는 순간이야말로 진정한 변화가 일어나는 가장 소중한 기회이기도 하다. 6장에서 만난 홈보이 인더스트리즈의 창립자 그레고리 신부가 언젠가 인터뷰에서 말한 것처럼, **"문을 열고 나가야 한다. 그러지 않으면 그런 일은 일어나지 않는다."**[22]

나가며
함께 신뢰 사회로 가는 현명한 길 모색하기

신뢰에 관한 책을 쓰면서 뜻하지 않게 누린 장점 한 가지는 사례를 끊임없이 얻을 수 있다는 것이었다. 매일 신문을 펼치기만 하면 특이하고, 추잡하고, 끔찍한 내용의 새로운 사건을 무수히 접할 수 있었다. 나는 연구의 핵심 통찰을 가장 잘 보여줄 수 있다고 생각한 사례를 몇 가지만 골라서 이 책에 실었다. 하지만 이 책을 마무리하면서 근래 들어 가장 마음에 걸리는 불신의 징후 두 가지를 간단히 언급하려 한다. 그러지 않는다면 그것은 직무 태만일 것이다.

첫 번째 징후는 내가 아직 이 책의 제안서를 쓰고 있을 무렵에 나타났다. 2021년 1월 6일, 미국 국회의사당에서 일어난 난폭한 폭동으로 다섯 명이 목숨을 잃었다. 그것은 미국에서 선거, 언론, 정치 지도자들에 대한 신뢰가 얼마나 땅에 떨어졌는지 극명하게 드러난 순간이었다. 그 비극은 대중의 인식에 국가에 대한 신뢰가 극도로 나빠졌다는 지울 수 없는 생채기를 남겼다. 그리고 그 암울한 순간은 우리가 미래 세대에게 남길 역사 속 교훈으로 영원히 박제될 것이다.

두 번째 징후는 이 책을 거의 완성할 무렵 나타났고, 지금 이글을 쓰는 순간에도 이어지고 있다. 2022년 2월 24일, 러시아가 우크라이나에 대한 전면적 군사 침공을 개시함으로써 새로운 냉전이라 할 만한 사태가 시작됐다.[1] 2021년 미국에서 일어난 폭동의 여파로 우리의 신뢰 위기는 이미 매우 심각해 보였고, 전쟁은 상황이 언제든 더 나빠질 수 있음을 냉혹하게 일깨워주는 사건이다. 사상자 보고서마다 큰 폭의 차이가 있지만, 유엔인권최고대표사무소는 전쟁 개시 후 불과 2개월 남짓한 기간에 벌써 3,000명이상의 민간인이 사망했다고 밝혔다.[2] 우크라이나인 1,200만명 이상이 집을 떠나 피난길에 오른 것으로 여겨진다.[3] 그리고 2022년 5월 3일까지 우크라이나 대검찰청은 강간, 고문, 즉결 처형을 포함해 자국에서 벌어진 전쟁 범죄 혐의와 관련한 9,300건이상의 사건 수사를 시작했으며, 실제 소송 건수는 그보다 훨씬 많을 것으로 보인다.[4]

두드러진 차이점도 많지만, 두 사건 모두 우리가 위험천만한

신뢰의 과학

절벽 끝에 서 있음을 여실히 보여준다. 법률, 규칙, 규범 체계에 대한 신뢰가 무너지고 힘이 곧 정의로 통하는 정글의 법칙이 득세하기 직전이라는 뜻이다. 두 사건 모두 노골적인 거짓말에서 비롯됐다. 미국의 경우는 2020년 대통령 선거를 도둑맞았다는 근거 없는 주장이었고,[5] 우크라이나의 경우는 (홀로코스트로 친척들을 잃은 유대계 대통령이 민주적으로 당선된 곳임에도) 이른바 '탈나치화'를 꾀하고 '집단학살'을 방지하겠다는 명분이었다.[6] 다른 무엇보다 자신의 이익을 우선시하려는 권위주의적인 사고의 지도자들이 그러한 거짓말을 부추겼다. 그 거짓말이 더욱 참혹한 결과로 이어진 이유는 사회경제적 갈등을 비롯해 나와 다른 사람들에 대한 불신을 바탕으로 오랫동안 끓어오른 분노 때문이었다. 이러한 분노는 프랑스와 헝가리를 비롯한 전 세계의 다른 지역에도 뿌리를 내린 듯하다.[7]

하지만 암흑의 시기에도 희망의 빛이 있다는 사실을 기억해야 한다. 미국 폭동이 일어난 후, 몇몇 하원의원들은 반란을 선동한 대통령을 비난하면서 자신의 당에 맞서는 쪽을 선택했다. 기업들은 평소의 침묵을 깨고 선거 결과를 의심하는 쪽으로 투표한 정치인들에 대해 선거 운동 자금을 철수하겠다고 발표했다. 선거 결과에 이의를 제기한 정치인들을 후원하던 부유층은 자신이 실수했다며 지지를 철회했다. 기술 회사들은 음모론자와 극단주의자들을 선동하려는 전임 대통령의 노력을 억제하기 위해 적극적인 조치에 나섰다.

마찬가지로 우크라이나 전쟁에 반발해 전 세계 30개국 이상이 러시아에 제재와 수출 제한을 가했다.[8] 2022년 5월 5일까지 거의 1,000곳에 달하는 기업이 러시아에서의 사업 운영을 자발적으로 축소하겠다고 공식 발표했다.[9] 유럽의 지도자들은 우크라이나 방어를 위해 무기를 보내기로 외교 정책을 조정하는 등 이 싸움에서 공동 전선을 구축했다.[10] 러시아의 베테랑 외교관 보리스 본다레브Boris Bondarev는 공식 성명에서 우크라이나 침공 때문에 "내 조국이 이토록 부끄러웠던 적이 없었다"라고 말하며, 제네바 주재 유엔 러시아 상설 대표부의 참사관직을 사임했다.[11] 푸틴의 발언을 굳건히 지지하던 중국조차 잔혹한 민간인 학살에 관한 보도와 사진이 공개되자 흔들리는 모습을 보였고, 중국 외교부 대변인 차오 리안Zhao Lijian은 "매우 충격적"임을 시인했다.[12]

물론 그러한 조치 자체만으로는 역부족일 것이다. 이런 문제를 해결하려면 좀 더 근본적이고, 종합적이며, 지속적인 노력이 필요하다. 이해관계에 따라 벌어진 상황을 정당화하거나, 무시하거나, 과소평가하려는 여러 가지 시도도 이미 나타났다. 미국 폭동이 일어난 지 1년이 조금 지난 시점에 공화당은 이것을 '합법적인 정치 담론'이라고 칭했다. 그리고 이 사건을 조사하는 하원 패

신뢰의 과학

널에서 활동 중인 미국 하원 유일의 공화당원인 리즈 체니와 애덤 킨징어 Adam Kinzinger 를 둘 다 불신임하면서 공격의 의미를 축소하고자 했다.[13] 비슷한 맥락으로, 우크라이나의 수도 키이우 외곽의 도시 부차의 거리와 공동묘지에서 수백 명의 민간인 시신이 발견된 후, 2022년 4월 7일 유엔 총회가 러시아를 인권위원회에서 퇴출하기 위한 투표를 진행했을 때, 태국, 브라질, 남아프리카 공화국, 멕시코, 인도네시아, 싱가포르를 비롯한 수십 개 국가가 기권했다.[14]

하지만 기존의 방향을 바꾸지 않음으로써 사회가 부담해야 할 비용이 계속 커질수록, 좀 더 현명한 경로를 모색하는 대열에 합류하는 사람들이 점점 더 늘어날 것이다. 그리고 그들은 신뢰를 회복할 수 있는 더욱 실질적이고 지속적인 방법을 위해 애쓸 것이다. 우리는 너무나 많은 것을 잃은 뒤에야 비로소 무엇이 우리를 하나로 묶어줄 수 있는지 떠올리곤 한다. 우리는 정직과 진실의 중요성, 독재와 억압으로부터의 자유, 인간의 신성함이라는 제1원칙으로 돌아가야 한다. 그 원칙들을 기반으로 부서진 잔해를 살펴보면서 무엇을 복구할 수 있을지 파악하고 망가진 부분을 고치려고 노력해야 할 것이다.

정부, 단체, 기관, 지도자, 그리고 서로에 대한 신뢰 회복의 문제와 마찬가지로 속죄의 과학은 여전히 시작 단계에 머물러 있다.

하지만 이것은 좋은 출발점이고 우리는 이를 탄탄한 기반으로 삼을 수 있다. 신뢰를 회복하는 방법에 관해 지금처럼 진지한 대화가 간절했던 적은 없었다. 하지만 그런 대화에 지금처럼 적극적으로 나설 수 있게 된 적도 없었다. 우리의 이해를 계속해서 키워간다면 결국 어떤 성과를 함께 이루게 될지 누가 알겠는가?

감사의 말

이 책이 세상에 나올 수 있도록 도와준 파크앤드파인Park&Fine 문학·미디어 에이전시의 모든 분께 특별한 감사 인사를 드린다. 앨리슨 맥킨은 초반의 내 문의에 신속하게 답변해주고, 이 주제에 관한 열정을 전달해줬으며, 그것을 얼마나 폭넓게 확장할 수 있는지 탐구하도록 나를 독려하는 한편, 최종 도서 제안서와 관련해 여러 가지 유용한 수정 사항을 짚어줬다. 훌륭한 에이전시 파트너 설레스트 파인은 불과 30분 동안의 대화에서 보여준 중요한 통찰로 내가 이 책의 틀을 짜는 데 도움을 주었다. 제이드리 브래딕스는 제안서의 첫 번째 초안부터 출판사 회의와 그 뒤에 이어진 경매뿐만 아니라 출판 과정 자체의 모든 단계에 이르기까지, 출간 과정 전반에 걸쳐 든든한 지원군이 되어줬다. 판매, 출판, 소매 업무와 관련해 특별한 전문 지식을 빌려준 앤드리아 메이와 이 책의 해외 판권 협상을 위해 성실히 노력해준 애비게일 쿤스에게도 고맙다. 이 이상으로 재능 있고 성실한 팀을 곁에 두고 일한다는 것은 상상하기조차 힘든 일이다.

이 책이 결실을 보기까지 힘써준 플랫아이언 북스^{Flatiron Books} 의 모든 관계자에게도 감사하다. 플랫아이언을 떠나기 전, 이 책에 꼭 필요한 의견 몇 가지를 전해준 기획 편집자 메건 하우저와 메건이 떠난 후 라인 편집을 도와준 리 오글즈비에게 감사를 빼놓을 수 없다. 또한 성실한 태도로 이 책의 법률 검토를 완료해주고 마지막 수정 단계까지 함께 작업하면서 사려 깊고 기분 좋은 협력자가 되어준 로리 프리버에게 특별히 감사를 전하고 싶다.

마지막으로 재능 있는 작가이자 꼬르동 블루에서 수련한 셰프이며, 인테리어 건축가 겸 디자이너로서 세상을 아름다움으로 채우는 일에 평생을 바쳐온 사랑하는 아내 베스 포천에게 누구보다도 깊은 감사를 전한다. 이 책의 첫 문장을 쓸 때부터 나를 격려해주고, 작업 내내 울림판 역할을 톡톡히 해주고, 첫 제안서와 마지막 원고 모두에 대해 솔직한 피드백을 주고, 함께 즐겼어야 할 많은 주말과 저녁 시간을 양보해가며 내가 계속 책을 쓸 수 있도록 배려해준 아내 덕분에 이 여정을 무사히 마칠 수 있었다.

참고 문헌

들어가며

1. L. Ranine and A. Perrin, "Key Findings About Americans' Declining Trust in Government and Each Other," Pew Research Center, July 22, 2019, https://www.pewresearch.org/fact-tank/2019/07/22/key-findings-about-americans-declining-trust-in-government-and-each-other/.

2. J. Perry, "Trust in Public Institutions: Trends and Implications for Economic Security," United Nations Department of Economic and Social Affairs, July 20, 2021, https://www.un.org/development/desa/dspd/2021/07/trust-public-institutions/.

3. R. Axelrod, *The Evolution of Cooperation* (New York: Basic Books, 1984). (《협력의 진화》, 로버트 액설로드 지음, 이경식 옮김, 시스테마, 2024)

4. E. Lutz, "Trump Admits Russia Helped Him Win, Denies It 20 Minutes Later," Vanity Fair, May 30, 2019, https://www.vanityfair.com/news/2019/05/trump-admits-russia-helped-him-win-denies-it-20-minutes-later.

5. J. Nicas, "Brazilian Leader Accused of Crimes Against Humanity in

Pandemic Response," *New York Times*, October 19, 2021, https://www.nytimes.com/2021/10/19/world/americas/bolsonaro-covid-19-brazil.html.

6. "Three MPs and One Peer to Be Charged over Expenses," BBC, February 5, 2010, http://news.bbc.co.uk/2/hi/uknews/politics/8500885.stm.

7. "British MP Resigns After Being Caught Watching Pornography, Twice, in the House of Commons," ABC News, April 30, 2022, https://www.abc.net.au/news/2022-05-01/uk-mp-resigns-over-porn-scandal/101028768.

8. J. Guy, L. McGee, and I. Kottasova, "UK Prime Minister Boris Johnson Resigns After Mutiny in His Party," *CNN World*, July 7, 2022, https://www.cnn.com/2022/07/07/europe/boris-johnson-resignation-intl/index.html.

9. "Fourth Quarter 2021 Social Weather Survey: 69% of Adult Filipinos Say the Problem of Fake News in Media Is Serious," Social Weather Stations, February 25, 2022, https://www.sws.org.ph/swsmain/artcldisppage/?artcsyscode=ART-20220225130129&mc_cid=368bdea2b7&mc_eid=1eeee26a57.

10. Z. Qureshi, "Trends in Income Inequality: Global, Inter-Country, and Within Countries," Brookings, https://www.brookings.edu/wp-content/uploads/2017/12/global-inequality.pdf.

11. E. Ortiz-Ospina and M. Rosner, "Trust," Our World in Data, 2016, https://ourworldindata.org/trust.

12. "Civic and Social Bonds Fortify Communities, but Millions of Americans Lack Connections That Could Bolster Pandemic Recovery," Associated Press – NORC Center for Public Affairs Research, June 2021, https://apnorc.org/wp-content/uploads/2021/06/APNORC_Social_Capital_report_final.pdf.

1장 신뢰의 출발

1. S. Vaknin, *Malignant Self-Love: Narcissism Revisited* (Skopje, Macedonia: Narcissus Publications, 2015).

2. O. E. Williamson, "Calculativeness, Trust, and Economic Organization," *Journal of Law and Economics* 36, no. 1 (1993): 453–486.

3. D. M. Rousseau, S. B. Sitkin, R. S. Burt, and C. Camerer, "Not So Different After All: A Cross-Discipline View of Trust," *Academy of Management Review* 23 (1998): 393–404.

4. J. M. Rangel, P. H. Sparling, C. Crowe, P. M. Griffin, and D. L. Swerdlow, "Epidemiology of *Escherichia coli* O157: H7 Outbreaks, United States, 1982–2002," *Emerging Infectious Diseases* 11, no. 4 (2005): 603–609.

5. P. H. Kim, D. L. Ferrin, C. D. Cooper, and K. T. Dirks, "Removing the Shadow of Suspicion: The Effects of Apology vs. Denial for Repairing Ability-vs. Integrity-Based Trust Violations," *Journal of Applied Psychology* 89, no. 1 (2004): 104–118.

6. M. Vultaggio, "Everyone Lies on Their Resume, Right?," Statista, March 3, 2020, https://www.statista.com/chart/21014/resume-lie-work-jobs/; V. Bolden-Barrett, "More Than a Third of People Admit to Lying on Resumes," HR Dive, January 7, 2020, https://www.hrdive.com/news/more-than-a-third-of-people-admit-to-lying-on-resumes/570565/; J. Liu, "78% of Job Seekers Lie During the Hiring Process—Here's What Happened to 4 of Them," CNBC, February 20, 2020, https://www.cnbc.com/2020/02/19/how-many-job-seekers-lie-on-their-job-application.html.

7. E. Duffin, "Average Number of People Per Family in the United States from 1960 to 2021," Statista, September 30, 2022, https://www.statista.com/statistics/183657/average-size-of-a-family-in-the-us/.

8. D. Cox, "The State of American Friendship: Change, Challenges, and Loss," Survey Center on American Life, June 8, 2021, https://www.americansurveycenter.org/research/the-state-of-american-friendship-change-challenges-and-loss/.

9. M. Granovetter, *Getting a Job: A Study in Contacts and Careers*, 2nd ed. (Chicago: University of Chicago Press, 1995).

10. E. C. Bianchi and J. Brockner, "In the Eyes of the Beholder? The Role of Dispositional Trust in Judgments of Procedural and Interactional Fairness," *Organizational Behavior and Human Decision Processes* 118, no. 1 (2012): 46–59.

11. J. B. Rotter, "Interpersonal Trust, Trustworthiness, and Gullibility," *American Psychologist* 35, no. 1 (1980): 1–7.

12. L. B. Alloy and L. Y. Abramson, "Judgment of Contingency in Depressed and Nondepressed Students: Sadder but Wiser?," *Journal of Experimental Psychology: General* 108, no. 4 (1979): 441–485.

13. S. E. Taylor and J. D. Brown, "Positive Illusions and Well-Being Revisited: Separating Fact from Fiction," *Psychological Bulletin* 116, no. 1 (1994): 21–27.

14. D. Dunning, C. Heath, and J. M. Suls, "Flawed Self-Assessment: Implications for Health, Education, and the Workplace," *Psychological Science in the Public Interest* 5, no. 3 (2004): 69–106.

15. J. K. Butler Jr., "Toward Understanding and Measuring Conditions of Trust: Evolution of a Conditions of Trust Inventory," *Journal of Management* 17, no. 3 (1991): 643–663.

16. D. H. McKnight, L. L. Cummings, and N. L. Chervany, "Initial Trust Formation in New Organizational Relationships," *Academy of Management Review* 23, no. 3 (1998): 473–490.

17. R. E. Nisbett, *Mindware: Tools for Smart Thinking* (New York: Farrar, Straus & Giroux, 2015).

18. P. H. Kim, K. A. Diekmann, and A. E. Tenbrunsel, "Flattery May Get You Somewhere: The Strategic Implications of Providing Positive vs. Negative Feedback About Ability vs. Ethicality in Negotiation," *Organizational Behavior and Human Decision Processes* 90, no. 2 (2003): 225–243.

19. M. L. Slepian and D. R. Ames, "Internalized Impressions: The Link Between Apparent Facial Trustworthiness and Deceptive Behavior Is Mediated by Targets' Expectations of How They Will Be Judged," *Psychological Science* 27, no. 2 (2016): 282–288.

20. Q. Li, G. D. Heyman, J. Mei, and K. Lee, "Judging a Book by Its Cover: Children's Facial Trustworthiness and Peer Relationships," *Child Development* 90, no. 2 (2019): 562–575.

21. E. Ortiz-Ospina and M. Rosner, "Trust," Our World in Data, 2016. https://ourworldindata.org/trust-and-gdp.

2장 신뢰는 언제, 어떻게 깨지는가

1. National Domestic Violence Hotline, https://www.thehotline.org/.

2. J. Kaufman and E. Zigler, "Do Abused Children Become Abusive Parents?," *American Journal of Orthopsychiatry* 57, no. 2 (1987): 186–192.

3. B. E. Bell and E. F. Loftus, "Trivial Persuasion in the Courtroom: The Power of (a Few) Minor Details," *Journal of Personality and Social Psychology* 56, no. 5 (1989): 669–679.

4. A. Tversky and D. Kahneman, "Loss Aversion in Riskless Choice: A Reference-Dependent Model," *Quarterly Journal of Economics* 106, no. 4 (1991): 1039–1061.

5. "The U.S. Public Health Service Syphilis Study at Tuskegee," Centers for Disease Control and Prevention, https://www.cdc.gov/tuskegee/index.html.

6. K. V. Brown, "Understanding Vaccine Hesitancy Among Black Americans," Bloomberg, April 13, 2021, https://www.bloomberg.com/news/articles/2021-04-13/understanding-vaccine-hesitancy-among-black-americans.

7. P. Bacon, "Why a Big Bloc of Americans Is Wary of the COVID-19Vaccine—Even as Experts Hope to See Widespread Immunization," *FiveThirtyEight*, December 11, 2020, https://fivethirtyeight.com/features/many-black-americans-republicans-women-arent-sure-about-taking-a-covid-19-vaccine/.

8. COVID Collaborative, UnidosUS, and NAACP, "Coronavirus Vaccine Hesitancy in Black and Latinx Communities," 2020, https://static1.squarespace.com/static/5f85f5a156091e113f96e4d3/t/5fb72481b1eb2e6cf845457f/1605837977495/VaccineHesitancyBlackLatinxFinal11.19.pdf.

9. "Risk for COVID-19 Infection, Hospitalization, and Death by Race/Ethnicity," Centers for Disease Control and Prevention, June 2, 2022, https://www.cdc.gov/coronavirus/2019-ncov/covid-data/investigations-discovery/hospitalization-death-by-race-ethnicity.html.

10. "COVID-19 Vaccine Efficacy Summary," Institute for Health Metrics and Evaluation, February 18, 2022, http://www.healthdata.org/covid/covid-19-vaccine-efficacy-summary.

11. N. Ndugga, L. Hill, S. Artiga, and S. Haldar, "Latest Data on COVID-19 Vaccinations by Race/Ethnicity," Kaiser Family Foundation, April 7, 2022, https://www.kff.org/coronavirus-covid-19/issue-brief/latest-data-on-covid-19-vaccinations-race-ethnicity/.

12. E. Gawthorp, "The Color of Coronavirus: COVID-19 Deaths by Race and Ethnicity in the U.S.," APM Research Lab, May 10, 2022, https://www.apmresearchlab.org/covid/deaths-by-race.

13. H. Recht and L. Weber, "Black Americans Are Getting Vaccinated at

Lower Rates Than White Americans," Kaiser Family Foundation, January 17, 2021, https://khn.org/news/article/black-americans-are-getting-vaccinated-at-lower-rates-than-white-americans/.

14. O. J. Kim and L. N. Magner, *A History of Medicine* (London: Taylor & Francis, 2018).

15. C. Elliott, "Tuskegee Truth Teller," *American Scholar*, December 4, 2017, https://theamericanscholar.org/tuskegee-truth-teller/.

16. M. Newsome, "We Learned the Wrong Lessons from the Tuskegee 'Experiment,'" *Scientific American*, March 31, 2021, https://www.scientificamerican.com/article/we-learned-the-wrong-lessons-from-the-tuskegee-experiment/.

17. B. van der Kolk, *The Body Keeps the Score: Brain, Mind, and Body in the Healing of Trauma* (New York: Penguin, 2015). (《몸은 기억한다》, 베셀 반 데어 코크 지음, 제효영 옮김, 김현수 감수, 을유문화사, 2020)

18. A. C. Boudewyn and J. H. Liem, "Childhood Sexual Abuse as a Precursor to Depression and Self-Destructive Behavior in Adulthood," *Journal of Traumatic Stress* 8, no. 3 (1995): 445–459.

19. W. B. Swann Jr., *Resilient Identities: Self, Relationships, and the Construction of Social Reality* (New York: Basic Books, 1999).

20. L. Raine, S. Keeter, and A. Perrin, "Trust and Distrust in America," Pew Research Center, July 22, 2019, https://www.pewresearch.org/politics/2019/07/22/trust-and-distrust-in-america/.

21. U. Gneezy and A. Rustichini, "A Fine Is a Price," *Journal of Legal Studies* 29, no. 1 (2000): 1–17.

22. S. L. Murray, "Motivated Cognition in Romantic Relationships," *Psychological Inquiry* 10, no. 1 (1999): 23–34.

23. S. L. Murray and J. G. Holmes, "Seeing Virtues in Faults: Negativity and the Transformation of Interpersonal Narratives in Close Relationships," *Journal of Personality and Social Psychology* 65, no. 4 (1993): 707–722.

24. J. Stromberg, "B. F. Skinner's Pigeon-Guided Rocket," *Smithsonian*, August 18, 2011, https://www.smithsonianmag.com/smithsonian-institution/bf-skinners-pigeon-guided-rocket-53443995/.

25. L. L. Toussaint, E. Worthington, and D. R. Williams, *Forgiveness and Health: Scientific Evidence and Theories Relating Forgiveness to Better Health* (Dordrecht, Netherlands: Springer, 2015).

26. D. Malhotra and J. K. Murnighan, "The Effects of Contracts on Interpersonal," *Administrative Science Quarterly* 47 (2002): 534–559.

3장 사과가 신뢰에 미치는 영향

1. J. Mooney and M. O'Toole, *Black Operations: The Secret War Against the Real IRA* (Dunboyne, Ireland: Maverick House, 2003), 156.

2. A. Mullan, "Mackey Slams Provos as RIRA Vows Resumption of Violence," *Ulster Herald*, February 7, 2008, https://web.archive.org/web/20080213223602/http://www.nwipp-newspapers.com/UH/free/349259728115496.php.

3. J. Latson, "How Poisoned Tylenol Became a Crisis-Management Teaching Model," *Time*, September 29, 2014, https://time.com/3423136/tylenol-deaths-1982/.

4. "Crisis Communication Strategies," University of Oklahoma, https://www.ou.edu/deptcomm/dodjcc/groups/02C2Johnson%20&%20Johnson.htm.

5. R. Donnelly, "Apology a 'Cynical Insult,'" *Irish Times*, August 19, 1998, https://www.irishtimes.com/news/apology-a-cynical-insult-1.184391.

6. R. J. Lewicki, B. Polin, and R. B. Lount Jr., "An Exploration of the Structure of Effective Apologies," *Negotiation and Conflict Management Research* 9, no. 2 (2016): 177–196.

7. Latson, "How Poisoned Tylenol Became a Crisis-Management Teaching Model."

8. J. K. Butler Jr. and R. S. Cantrell, "A Behavioral Decision Theory Approach to Modeling Dyadic Trust in Superiors and Subordinates," *Psychological Reports* 55 (1984): 19–28. P. L. Schindler and C. C. Thomas, "The structure of interpersonal trust in the workplace," *Psychological Reports*, 73 (1993): 563–573.

9. G. D. Reeder and M. B. Brewer, "A Schematic Model of Dispositional Attribution in Interpersonal Perception," *Psychological Review* 86, no. 1 (1979): 61–79.

10. P. H. Kim, D. L. Ferrin, C. D. Cooper, and K. T. Dirks, "Removing the Shadow of Suspicion: The Effects of Apology vs. Denial for Repairing Ability-vs. Integrity-Based Trust Violations," *Journal of Applied Psychology* 89, no. 1 (2004): 104–118.

11. D. H. Harmon, P. H. Kim, and K. J. Mayer, "Breaking the Letter Versus Spirit of the Law: How the Interpretation of Contract Violations Affects Trust and the Management of Relationships," *Strategic Management Journal* 36 (2015): 497–517.

12. M. D. Dubber, *Criminal Law: Model Penal Code* (New York: Foundation Press, 2002).

13. "Theranos, CEO Holmes, and Former President Balwani Charged with Massive Fraud," U.S. Securities and Exchange Commission, March 14, 2018, https://www.sec.gov/news/press-release/2018-41.

14. C. Y. Johnson, "Elizabeth Holmes, Founder of Blood-Testing Company Theranos, Indicted on Wire Fraud Charges," *Washington Post*, June 15, 2018, https://www.washingtonpost.com/business/economy/elizabeth-holmes-founder-of-blood-testing-company-theranos-indicted-on-wire-fraud-federal-authorities-announce/2018/06/15/8779f538-70df-11e8-bd50-b80389a4e569story.html.

15. E. Griffith, "Elizabeth Holmes Found Guilty of Four Charges of Fraud," *New York Times*, January 3, 2022, https://www.nytimes.com/live/2022/01/03/technology/elizabeth-holmes-trial-verdict.

16. E. Griffith, "No. 2 Theranos Executive Found Guilty of 12 Counts of Fraud," *New York Times*, July 7, 2022, https://www.nytimes.com/2022/07/07/technology/ramesh-balwani-theranos-fraud.html.

17. J. Godoy, " 'Failure Is Not a Crime,' Defense Says in Trial of Theranos Founder Holmes," Reuters, September 9, 2021, https://www.reuters.com/business/healthcare-pharmaceuticals/fraud-trial-theranos-founder-elizabth-holmes-set-begin-2021-09-08/.

18. W. Isaacson, *Steve Jobs: The Exclusive Biography* (Boston: Little, Brown, 2011). (《스티브 잡스》, 월터 아이작슨 지음, 안진환 옮김, 민음사, 2015)

19. E. Berger, *Liftoff: Elon Musk and the Desperate Early Days That Launched SpaceX* (New York: William Morrow, 2021). (《리프트 오프》, 에릭 버거 지음, 정현창 옮김, 서성현 감수, 초사흘달, 2022)

20. Scott Kupor (skupor), Twitter, September 2, 2001, 12:23 p.m., https://twitter.com/skupor/status/1433465491603918855.

21. Godoy, " 'Failure Is Not a Crime.' "

4장 우리가 거짓말을 참을 수 없는 이유

1. "Central Park Five: The True Story Behind *When They See Us*," BBC, June 12, 2019, https://www.bbc.com/news/newsbeat-48609693.

2. A. Wilkinson, "A Changing America Finally Demands That the Central Park Five Prosecutors Face Consequences," *Vox*, July 8, 2019, https://www.vox.com/the-highlight/2019/6/27/18715785/linda-fairstein-central-park-five-when-they-see-us-netflix.

3. L. Fairstein, "Netflix's False Story of the Central Park Five," *Wall Street Journal*, June 10, 2019, https://www.wsj.com/articles/netflixs-false-story-of-the-central-park-five-11560207823.

4. "*When They See Us*: History vs. Hollywood," *History vs Hollywood*, 2019, https://www.historyvshollywood.com/reelfaces/when-they-see-us/.

5. E. Harris and J. Jacobs, "Linda Fairstein, Once Cheered, Faces Storm After 'When They See Us,'" *New York Times*, June 6, 2019, https://www.nytimes.com/2019/06/06/arts/television/linda-fairstein-when-they-see-us.html.

6. C. Dwyer, "Linda Fairstein, Former 'Central Park 5' Prosecutor, Dropped by Her Publisher," NPR, June 7, 2019, https://www.npr.org/2019/06/07/730764565/linda-fairstein-former-central-park-5-prosecutor-dropped-by-her-publisher.

7. Wilkinson, "A Changing America."

8. J. Stempel, "Netflix Must Face Ex-Prosecutor's Defamation Lawsuit over Central Park Five Series," Reuters, August 10, 2021, https://www.reuters.com/lifestyle/netflix-must-face-ex-prosecutors-defamation-lawsuit-over-central-park-five-case-2021-08-09/.

9. Ibid.

10. "Backlash Against D&G Intensifies as Apology Fails to Appease Anger," *Global Times*, November 28, 2018, https://www.globaltimes.cn/page/201811/1129445.shtml.

11. "Dolce&Gabbana Apologizes," YouTube video, 1:25, posted by Dolce & Gabbana, November 23, 2018, https://www.youtube.com/watch?v=7Ih62lTKicg.

12. "Backlash Against D&G Intensifies."

13. M. C. Hills, "Three Years After Ad Controversy, D&G Is Still Struggling to Win Back China," CNN, June 17, 2021, https://www.cnn.com/style/article/dolce-gabbana-karen-mok-china/index.html.

14. A. Shahani, "In Apology, Zuckerberg Promises to Protect Facebook Community," NPR, March 22, 2018, https://www.npr.org/2018/03/22/595967403/in-apology-zuckerberg-promises-to-protect-facebook-community.

15. R. Mac and S. Frenkel, "No More Apologies: Inside Facebook's Push to Defend Its Image," *New York Times*, September 21, 2021, https://www.nytimes.com/2021/09/21/technology/zuckerberg-facebook-project-amplify.html?referringSource=articleShare.

16. J. Horowitz, "The Facebook Files," *Wall Street Journal*, https://www.wsj.com/articles/the-facebook-files-11631713039.

17. N. Clegg, "What the Wall Street Journal Got Wrong," Meta, September 18, 2021, https://about.fb.com/news/2021/09/what-the-wall-street-journal-got-wrong/.

18. B. Carey, "Denial Makes the World Go Round," *New York Times*, November 20, 2007, https://www.nytimes.com/2007/11/20/health/research/20deni.html.

19. "Ask Amy: How Do I Make Someone Apologize?," NPR, *Talk of the Nation*, October 28, 2010, https://www.npr.org/templates/story/story.php?storyId=130890844.

20. B. Engel, "Why We Need to Apologize," *Psychology Today*, June 12, 2020, https://www.psychologytoday.com/us/blog/the-compassion-chronicles/202006/why-we-need-apologize.

21. P. H. Kim, D. L. Ferrin, C. D. Cooper, and K. T. Dirks, "Removing the Shadow of Suspicion: The Effects of Apology vs. Denial for Repairing Ability-vs. Integrity-Based Trust Violations," *Journal of Applied Psychology* 89, no. 1 (2004): 104–118.

22. M. Mays, "Complex Behavioral Trauma, Part 3: Emotional and Psychological Trauma," PartnerHope, https://partnerhope.com/complex-betrayal-trauma-part-3-emotional-and-psychological-

trauma/.

23. E. E. Levine and M. E. Schweitzer, "Prosocial Lies: When Deception Breeds Trust," *Organizational Behavior and Human Decision Process* 126 (2015): 88–106.

24. P. H. Kim, K. T. Dirks, C. D. Cooper, and D. L. Ferrin, "When More Blame Is Better Than Less: The Implications of Internal vs. External Attributions for the Repair of Trust After a Competence-vs. Integrity-Based Trust Violation," *Organizational Behavior and Human Decision Processes* 99 (2006): 49–65.

25. D. L. Ferrin, P. H. Kim, C. D. Cooper, and K. T. Dirks, "Silence Speaks Volumes: The Effectiveness of Reticence in Comparison to Apology and Denial for Responding to Integrity-and Competence-Based Trust Violations," *Journal of Applied Psychology* 92, no. 4 (2007): 893–908.

26. D. L. Roth, *Crazy from the Heat* (London: Ebury, 2000).

27. I. Shatz, "The Brown M&M's Principle: How Small Details Can Help Discover Big Issues," Effectivology, https://effectiviology.com/brown-mms/.

28. J. Zeveloff, "There's a Brilliant Reason Why Van Halen Asked for a Bowl of M&Ms with All the Brown Candies Removed Before Every Show," *Insider*, September 6, 2016, https://www.insider.com/van-halen-brown-m-ms-contract-2016-9.

29. D. H. Harmon, P. H. Kim, and K. J. Mayer, "Breaking the Letter Versus Spirit of the Law: How the Interpretation of Contract Violations Affects Trust and the Management of Relationships," *Strategic Management Journal* 36 (2015): 497–517.

5장 보여주고 싶은 것과 보고 싶은 것이 다를 때

1. "Top 10 Apologies," *Time*, http://content.time.com/time/specials/

packages/article/0,28804,1913028_1913030_1913103,00.html.

2. "Schwarzenegger Apologizes for Behavior Toward Women," CNN, October 3, 2003, https://www.cnn.com/2003/ALLPOLITICS/10/03/schwarzenegger.women/index.html.

3. S. Vedantam, "Apologies Accepted? It Depends on the Offense," *Washington Post*, September 25, 2006, https://www.washingtonpost.com/wp-dyn/content/article/2006/09/24/AR2006092400765.html.

4. O. Darcy, "Fox News Says It 'Mistakenly' Cropped Trump out of Photo Featuring Jeffrey Epstein and Ghislaine Maxwell," CNN Business, July 6, 2020, https://www.cnn.com/2020/07/06/media/fox-news-trump-crop-epstein-maxwell/index.html.

5. D. Folkenflik, "You Literally Can't Believe the Facts Tucker Carlson Tells You. So Say Fox's Lawyers," NPR, September 29, 2020, https://www.npr.org/2020/09/29/917747123/you-literally-cant-believe-the-facts-tucker-carlson-tells-you-so-say-fox-s-lawye.

6. M. C. Hills, "Three Years After Ad Controversy, D&G Is Still Struggling to Win Back China," CNN, June 17, 2021, https://www.cnn.com/style/article/dolce-gabbana-karen-mok-china/index.html.

7. "Backlash Against D&G Intensifies as Apology Fails to Appease Anger," *Global Times*, November 28, 2018, https://www.globaltimes.cn/page/201811/1129445.shtml.

8. D. Campbell, "Schwarzenegger Admits Behaving Badly After Groping Claims," *Guardian*, October 3, 2003, https://www.theguardian.com/world/2003/oct/03/usa.filmnews.

9. G. Cohn, C. Hall, and R. Welkos, "Women Say Schwarzenegger Groped, Humiliated Them," *Los Angeles Times*, October 2, 2003, https://www.latimes.com/local/la-me-archive-schwarzenegger-women-story.html.

10. "Maria Shriver Defends Husband Schwarzenegger," CNN, October 3, 2003, https://www.cnn.com/2003/ALLPOLITICS/10/03/shriver/.

11. Y. Yu, Y. Yang, and F. Jing, "The Role of the Third Party in Trust Repair Process," *Journal of Business Research* 78 (2017): 233–241.

12. "Gray Davis Recall, Governor of California (2003)," Ballotpedia, https://ballotpedia.org/GrayDavisrecall,_Governor_of_California_(2003).

13. P. H. Kim, R. L. Pinkley, and A. R. Fragale, "Power Dynamics in Negotiation," *Academy of Management Review* 30, no. 4 (2005): 799–822.

14. "Total Recall: California's Political Circus," CNN Audio, https://www.cnn.com/audio/podcasts/total-recall?episodeguid=6d9a75c5-8f38-4b53-9b57-adb100efb55b.

15. J. West, "Melania Trump Breaks Silence about Her Husband's Sexual Assault Boast," *Mother Jones*, October 8, 2016, https://www.motherjones.com/politics/2016/10/melania-trump-reaction-trump-tape-boast-grope/.

16. T. Liddy, "Donald Trump Says 'I Was Wrong' After Groping Comments, Takes Aim at Bill Clinton," ABC News, October 8, 2016, https://abcnews.go.com/US/donald-trump-wrong-groping-comments/story?id=42660651.

17. B. Witz, "A Cog in the College Admissions Scandal Speaks Out," *New York Times*, September 27, 2021, https://www.nytimes.com/2021/09/27/sports/stanford-varsity-blues-college-admission.html.

18. Ibid.

19. J. Coleman, "Surviving Betrayal," *Greater Good Magazine*, September 1, 2008, https://greatergood.berkeley.edu/article/item/survivingbetrayal.

20. B. Brown, *Daring Greatly: How the Courage to Be Vulnerable Transforms the Way We Live, Love, Parent, and Lead* (New York: Avery, 2012). (《마음가면》, 브레네 브라운 지음, 안진이 옮김, 웅진지식하우스, 2023)

21. S. Milgram, "Behavioral Study of Obedience," *Journal of Abnormal and Social Psychology* 67, no. 4 (1963): 371–378.

22. J. M. Darley and C. D. Batson, " 'From Jerusalem to Jericho': A Study of Situational and Dispositional Variables in Helping Behavior," *Journal of Personality and Social Psychology* 27, no. 1 (1973): 100–108.

23. L. Ross, "The Intuitive Scientist and His Shortcomings," in *Advances in Experimental Social Psychology*, vol. 10, ed. L. Berkowitz (Cambridge, MA: Academic Press, 1977), 174–220.

24. Mark Zuckerberg, Facebook, October 6, 2021, https://www.facebook.com/zuck/posts/10113961365418581.

25. A. Mak, "What Mark Zuckerberg Knew and When He Knew It," *Slate*, October 6, 2021, https://slate.com/technology/2021/10/facebook-scandal-zuckerberg-what-he-knew.html.

26. J. Horowitz, "The Facebook Files," *Wall Street Journal*, https://www.wsj.com/articles/the-facebook-files-11631713039.

27. D. L. Ferrin, P. H. Kim, C. D. Cooper, and K. T. Dirks, "Silence Speaks Volumes: The Effectiveness of Reticence in Comparison to Apology and Denial for Responding to Integrity-and Competence-Based Trust Violations," *Journal of Applied Psychology* 92, no. 4 (2007): 893–908.

28. C. O'Kane, "South Korean Broadcaster Apologizes After Using Stereotypical and Offensive Images to Represent Countries During Olympics Opening Ceremony," CBS News, July 26, 2021, https://www.cbsnews.com/news/olympics-mbc-korean-broadcast-company-apologize-offensive-images/.

29. O'Kane, "South Korean Broadcaster Apologizes."

30. S.-J. Lee, "[Newsmaker] MBC Apologizes for Tokyo Olympics Opening Ceremony Broadcast Fiasco," *Korea Herald*, July 25, 2021, http://www.koreaherald.com/view.php?ud=20210725000165.

31. H.-R. Lee, "MBC Given Slap on the Wrist for Discriminatory

Olympics Broadcasts," *Korea Times*, September 10, 2021, https://www.koreatimes.co.kr/www/sports/2021/09/663315367.html.

32. P. H. Kim, A. Mislin, E. Tuncel, R. Fehr, A. Cheshin, and G. A. Van Kleef, "Power as an Emotional Liability: Implications for Perceived Authenticity and Trust After a Transgression," *Journal of Experimental Psychology: General* 146, no. 10 (2017): 1379–1401.

33. "Backlash Against D&G Intensifies as Apology Fails to Appease Anger."

34. B. Springsteen, *Born to Run* (New York: Simon & Schuster, 2016).

6장 신뢰 회복을 위한 좋은 행동과 나쁜 행동의 딜레마

1. Homeboy Industries, https://homeboyindustries.org/.

2. "Criminal Justice Facts," Sentencing Project, https://www.sentencingproject.org/criminal-justice-facts/#:~:text=The%20United%20States%20is%20the,over%20the%20last%2040%20years.

3. P. H. Kim and D. H. Harmon, "Justifying One's Transgressions: How Rationalizations Based on Equity, Equality, and Need Affect Trust After Its Violation," *Journal of Experimental Psychology: Applied* 20, no. 4 (2014): 365–379.

4. I. Kant, "The Science of Right," trans. W. Hastie, in *Great Books of the Western World*, ed. R. Hutchins (Edinburgh: T&T Clark, 1952), 397–446.

5. J. Bentham, "Principles of Penal Law," in *The Works of Jeremy Bentham*, ed. J. Bowring (Edinburgh: W. Tait, 1962), 396.

6. C. L. Ten, "Crime and Punishment," in *A Companion to Ethics*, ed. P. Singer (Oxford: Blackwell Publishers, 1993).

7. K. M. Carlsmith, "The Roles of Retribution and Utility in Determining Punishment," *Journal of Experimental Social Psychology* 42 (2006): 437–451.

8. K. M. Carlsmith and J. M. Darley, "Psychological Aspects of Retributive Justice," in *Advances in Experimental Social Psychology*, vol. 40, ed. M. P. Zanna (Cambridge, MA: Elsevier Academic Press, 2008), 193–236.

9. D. Kahneman, *Thinking, Fast and Slow* (New York: Farrar, Straus & Giroux, 2011). (《생각에 관한 생각》, 대니얼 카너먼 지음, 이창신 옮김, 김영사, 2018)

10. J. D. Greene, L. E. Nystrom, A. D. Engell, J. M. Darley, and J. D. Cohen, "The Neural Bases of Cognitive Conflict and Control in Moral Judgement," Neuron 44 (2004): 389–400.

11. J. D. Greene, R. B. Summerville, L. E. Nystrom, J. M. Darley, and J. D. Cohen, "An fMRI Investigation of Emotional Engagement in Moral Judgment," *Science* 293 (2001): 2105–2108.

12. Carlsmith and Darley, "Psychological Aspects of Retributive Justice."

13. "Crime Survivors Speak," Alliance for Safety and Justice, https://allianceforsafetyandjustice.org/crimesurvivorsspeak/.

14. "Public Opinion on Sentencing and Corrections Policy in America," Public Opinion Strategies and the Mellman Group, March 2012, https://www.pewtrusts.org/-/media/assets/2012/03/30/pewnationalsurveyresearchpaper_final.pdf.

15. A. Eglash, "Creative Restitution: Its Roots in Psychiatry, Religion and Law," *British Journal of Delinquency* 10, no. 2 (1959): 114–119.

16. P. Keating and S. Assael, "The USA Needs a Reckoning. Does 'Truth and Reconciliation' Actually Work?," *Mother Jones*, March 5, 2021, https://www.motherjones.com/politics/2021/03/greensboro-massacre-does-truth-and-reconciliation-actually-work/.

17. J. Latimer, C. Dowden, and D. Muise, "The Effectiveness of Restorative Justice Practices: A Meta-Analysis," *Prison Journal* 85, no. 2 (2005): 127–144.

18. L. Stack, "Light Sentence for Brock Turner in Stanford Rape

Case Draws Outrage," *New York Times*, June 6, 2016, https://www.nytimes.com/2016/06/07/us/outrage-in-stanford-rape-case-over-dueling-statements-of-victim-and-attackers-father.html.

19. M. Astor, "California Voters Remove Judge Aaron Persky, Who Gave a 6-Month Sentence for Sexual Assault," *New York Times*, June 6, 2018, https://www.nytimes.com/2018/06/06/us/politics/judge-persky-brock-turner-recall.html.

20. M. Nisan, "Moral Balance: A Model of How People Arrive at Moral Decisions," in *The Moral Domain: Essays in the Ongoing Discussion Between Philosophy and the Social Sciences*, ed. T. E. Wren (Cambridge, MA: MIT Press, 1990), 283–314.

21. F. LeCraw, D. Montanera, J. Jackson, J. Keys, D. Hetzler, and T. Mroz, "Changes in Liability Claims, Costs, and Resolution Times Following the Introduction of a Communication-and-Resolution Program in Tennessee," *Journal of Patient Safety and Risk Management* 23, no. 1 (2018): 13–18, https://journals.sagepub.com/doi/full/10.1177/1356262217751808.

22. T. Fredricks, "Efficacy of a Physician's Words of Empathy: An Overview of State Apology Laws," *Journal of the American Osteopathic Association* 112, no. 7 (2012): 405–406, https://jaoa.org/article.aspx?articleid=2094307.

23. T. Molloy, "Weiner Resigns in Humiliation: 'Bye-Bye, Pervert!,'" *Wrap*, June 16, 2011, https://www.thewrap.com/weiner-resigns-congressman-out-online-sex-scandal-28292/.

24. K. T. Dirks, P. H. Kim, D. L. Ferrin, and C. D. Cooper, "Understanding the Effects of Substantive Responses on Trust Following a Transgression," *Organizational Behavior and Human Decision Processes* 114 (2011): 87–103.

25. E. Wong, "Under Fire for Perks, Chief Quits American Airlines," *New*

York Times, April 25, 2003, https://www.nytimes.com/2003/04/25/
business/under-fire-for-perks-chief-quits-american-airlines.html.

26. B. Monin and D. T. Miller, "Moral Credentials and the Expression of
Prejudice," *Journal of Personality and Social Psychology* 81, no. 1 (2001):
33−43.

27. N. Mažar, O. Amir, and D. Ariely, "The Dishonesty of Honest People: A
Theory of Self-Concept Maintenance," *Journal of Marketing Research* 45,
no. 6 (2008): 633−644.

28. P. H. Kim, J. Han, A. A. Mislin, and E. Tuncel, "The Retrospective
Imputation of Nefarious Intent," *Academy of Management Proceedings* 1
(2019): 16137.

29. W. Isaacson, Steve Jobs (New York: Simon & Schuster, 2011). (《스티브
잡스》, 월터 아이작슨 지음, 안진환 옮김, 민음사, 2015)

30. A. Tapalaga, "Steve Jobs' Dark Past," *Medium*, October 3, 2020,
https://medium.com/history-of-yesterday/steve-jobss-dark-past-
55a98044f3b4.

31. R. Reynolds, "Why Couples Fail After an Affair: Part 2—Not Getting It,"
Affair Recovery, https://www.affairrecovery.com/newsletter/founder/
infidelity-unfaithful-spouse-needs-to-show-empathy.

32. B. Stevenson, *Just Mercy: A Story of Justice and Redemption* (London: One
World, 2014).

7장 리더와 신뢰의 상관관계

1. P. Radden Keefe, "The Sackler Family's Plan to Keep Its Billions," *New
Yorker*, October 4, 2020, https://www.newyorker.com/news/news-
desk/the-sackler-familys-plan-to-keep-its-billions.

2. M. Holcombe and M. Schuman, "Multiple States Say the Opioid Crisis
Cost American Economy over $2 Trillion," CNN, August 18, 2020,

https://www.cnn.com/2020/08/18/us/opioid-crisis-cost-united-state-2-trillion-dollars/index.html.

3. D. Knauth and T. Hals, "Purdue Pharma Judge Overrules DOJ to Approve $6 Bln Opioid Settlement," Reuters, March 9, 2022, https://www.reuters.com/legal/transactional/purdue-seeks-approval-6-billion-opioid-settlement-over-state-doj-objections-2022-03-09/.

4. E. Crankshaw, *Maria Theresa* (New York: Viking, 1970).

5. L. Morrow, "A Reckoning with Martin Luther King," *Wall Street Journal*, June 17, 2019, https://www.wsj.com/articles/a-reckoning-with-martin-luther-king-11560813491.

6. P. H. Kim, R. L. Pinkley, and A. R. Fragale, "Power Dynamics in Negotiation," *Academy of Management Review* 30, no. 4 (2005): 799–822.

7. P. H. Kim and A. R. Fragale, "Choosing the Path to Bargaining Power: An Empirical Comparison of BATNAs and Contributions in Negotiation," *Journal of Applied Psychology* 90, no. 2 (2005): 373–381.

8. M. Jurkowitz and A. Mitchell, "An Oasis of Bipartisanship: Republicans and Democrats Distrust Social Media Sites for Political and Election News," Pew Research Center, January 29, 2020, https://www.pewresearch.org/journalism/2020/01/29/an-oasis-of-bipartisanship-republicans-and-democrats-distrust-social-media-sites-for-political-and-election-news/.

9. B. Auxier and M. Anderson, "Social Media Use in 2021," Pew Research Center, April 7, 2021, https://www.pewresearch.org/internet/2021/04/07/social-media-use-in-2021/.

10. B. Hart, "Two MLK Scholars Discuss Explosive, Disputed FBI Files on the Civil-Rights Icon," *New York*, June 30, 2019, https://nymag.com/intelligencer/2019/06/martin-luther-king-fbi-files.html.

11. J. R. Meindl, S. B. Ehrlich, and J. M. Dukerich, "The Romance of

Leadership," *Administrative Science Quarterly* 30 (1985): 78–102.

12. J. R. Overbeck, L. Z. Tiedens, and S. Brion, "The Powerful Want To, the Powerless Have To: Perceived Constraint Moderates Causal Attributions," *European Journal of Social Psychology* 36 (2006): 479–496.

13. C. Friedersdorf, "The Fight Against Words That Sound Like, but Are Not, Slurs," *Atlantic*, September 21, 2020, https://www.theatlantic.com/ideas/archive/2020/09/fight-against-words-sound-like-are-not-slurs/616404/.

14. P. H. Kim, A. Mislin, E. Tuncel, R. Fehr, A. Cheshin, and G. A. Van Kleef, "Power as an Emotional Liability: Implications for Perceived Authenticity and Trust After a Transgression," *Journal of Experimental Psychology: General* 146, no. 10 (2017): 1379–1401.

15. P. Reilly, "No Laughter Among Thieves: Authenticity and the Enforcement of Community Norms in Stand-Up Comedy," *American Sociological Review* 83, no. 5 (2018): 933–958.

16. D. McAdams, "The Mind of Donald Trump," *Atlantic*, June 2016, https://www.theatlantic.com/magazine/archive/2016/06/the-mind-of-donald-trump/480771/.

17. E. Lutz, "Trump Admits Russia Helped Him Win, Denies It 20 Minutes Later," *Vanity Fair*, May 30, 2019, https://www.vanityfair.com/news/2019/05/trump-admits-russia-helped-him-win-denies-it-20-minutes-later.

18. J. M. George, "Emotions and Leadership: The Role of Emotional Intelligence," *Human Relations* 53, no. 8 (2000): 1027–1055.

19. M. W. Kraus, S. Chen, and D. Keltner, "The Power to Be Me: Power Elevates Self-Concept Consistency and Authenticity," *Journal of Experimental Social Psychology* 47 (2011): 974–980.

20. R. Ransby, "A Black Feminist's Response to Attacks on Martin Luther King Jr.'s Legacy," *New York Times*, June 3, 2019, https://

www.nytimes.com/2019/06/03/opinion/martin-luther-king-fbi.html.

21. M. V. Thompson, *The Only Unavoidable Subject of Regret: George Washington, Slavery, and the Enslaved Community at Mount Vernon* (Charlottesville: University of Virginia Press, 2019).

22. "America's Gandhi: Rev. Martin Luther King Jr.," *Time*, January 3, 1964, http://content.time.com/time/subscriber/article/0,33009,940759-3,00.html.

23. R. D. Abernathy, *And the Walls Came Tumbling Down: An Autobiography* (New York: Harper & Row, 1989).

24. W. K. Krueger, *Northwest Angle* (New York: Atria Books, 2011).

8장 다른 집단의 사람을 믿는다는 것

1. J. Heim, "Recounting a Day of Rage, Hate, Violence and Death," *Washington Post*, August 12, 2017, https://www.washingtonpost.com/graphics/2017/local/charlottesville-timeline/.

2. "Social Judgment Theory Experiment," Explorable, June 10, 2010, https://explorable.com/social-judgment-theory-experiment.

3. "Group Perception: Hastorf and Cantril," Age of the Sage, https://www.age-of-the-sage.org/psychology/social/hastorfcantrilsawgame.html.

4. N. Hajari, *Midnight's Furies: The Deadly Legacy of India's Partition* (New York: Penguin, 2016).

5. W. Dalrymple, "The Great Divide," *New Yorker*, June 22, 2015, https://www.newyorker.com/magazine/2015/06/29/the-great-divide-books-dalrymple.

6. A. Muldoon, *Empire, Politics and the Creation of the 1935 India Act: Last Act of the Raj* (London: Ashgate, 2013).

7. F. Robinson, "The British Empire and Muslim identity in South Asia," *Transactions of the Royal Historical Society* 8 (1998): 271–289.

8. A. J. Christopher, "'Divide and Rule': The Impress of British Separation Policies," *Area* 20, no. 3 (1988): 233–240.

9. P. D. Joshi, N. J. Fast, and P. H. Kim, "The Curse of Loyalty: Cultural Interdependence and Support for Pro-Organizational Corruption," paper presented at the virtual Annual Meeting of the Academy of Management, August 7–11, 2020.

10. "Police Union Head Says Race Didn't Play a Role in Breonna Taylor Shooting, Believes Investigation Was 'Thorough,'" CBS News, October 29, 2020, https://www.cbsnews.com/news/breonna-taylor-police-union-ryan-nichols/.

11. A. Forliti, "Prosecutors: Officer Was on Floyd's Neck for About 9 Minutes," AP News, March 4, 2021, https://apnews.com/article/trials-derek-chauvin-minneapolis-racial-injustice-060f6e9e8b7079505a1b09 6a68311c2b.

12. M. Nesterak, "'I Didn't See Race in George Floyd.' Police Union Speaks for First Time Since Killing," *Minnesota Reformer*, June 23, 2020, https://minnesotareformer.com/2020/06/23/i-didnt-see-race-in-george-floyd-police-union-speaks-for-first-time-since-killing/.

13. J. Campbell and J. Jones, "Four Weeks After George Floyd's Death, an Embattled Police Union Finally Speaks Out," CNN, June 23, 2020, https://www.cnn.com/2020/06/23/us/minneapolis-police-union-intvu/index.html.

14. B. Park and M. Rothbart, "Perception of Out-Group Similarity and Level of Social Categorization," *Journal of Personality and Social Psychology* 42, no. 6 (1982): 1051–1068.

15. J. McGahan, "How USC Became the Most Scandal-Plagued Campus in America," *Los Angeles Magazine*, April 24, 2019, https://www.lamag.com/

citythinkblog/usc-scandals-cover/.

16. Los Angeles Times Investigative Team, "An Overdose, a Young Companion, Drug-Fueled Parties: The Secret Life of a USC Med School Dean," *Los Angeles Times*, July 17, 2017, https://www.latimes.com/local/california/la-me-usc-doctor-20170717-htmlstory.html.

17. D. Rapaport, "What We Know About Each School Implicated in the FBI's College Basketball Investigation," *Sports Illustrated*, November 17, 2017, https://www.si.com/college/2017/11/17/what-we-know-about-each-school-fbi-investigation.

18. H. Ryan, M. Hamilton, and P. Pringle, "A USC Doctor Was Accused of Bad Behavior with Young Women for Years. The University Let Him Continue Treating Students," *Los Angeles Times*, May 16, 2018, https://www.latimes.com/local/california/la-me-usc-doctor-misconduct-complaints-20180515-story.html.

19. McGahan, "How USC Became the Most Scandal-Plagued Campus."

20. C. Weber, "USC Ex-Dean, LA Politician Charged with Bribery Scheme," AP News, October 13, 2021, https://apnews.com/article/university-of-southern-california-los-angeles-california-scholarships-education-0533487b999544cbf79ecf0da535c5a2.

21. A. Gross, "As a USC Professor, I Can't Stay Quiet About the Administration's Toxic Culture," *Los Angeles Times*, November 3, 2021, https://www.latimes.com/opinion/story/2021-11-03/uscs-administrative-culture-is-still-rotten-from-the-top-we-faculty-wont-keep-quiet.

22. "Commitment to Change," University of Southern California, https://change.usc.edu/.

23. "We Are SC," University of Southern California, https://we-are.usc.edu/.

24. M. Forsythe and W. Bogdanich, "McKinsey Settles for Nearly $600 Million over Role in Opioid Crisis," *New York Times*, February 3, 2021,

참고 문헌

https://www.nytimes.com/2021/02/03/business/mckinsey-opioids-settlement.html.

25. I. MacDougall, "How McKinsey Helped the Trump Administration Carry Out Its Immigration Policies," *New York Times*, December 9, 2019, https://www.nytimes.com/2019/12/03/us/mckinsey-ICE-immigration.html.

26. S. Hwang and R. Silverman, "McKinsey's Close Relationship with Enron Raises Question of Consultancy's Liability," *Wall Street Journal*, January 17, 2002, https://www.wsj.com/articles/SB1011226439418112600/.

27. P. H. Kim, S. S. Wiltermuth, and D. T. Newman, "A Theory of Ethical Accounting and Its Implications for Hypocrisy in Organizations," *Academy of Management Review* 48, no. 1 (2021): 172–191.

28. C. R. Sustein and R. Hastie, *Wiser: Getting Beyond Groupthink to Make Groups Smarter* (Boston: Harvard Business Review Press, 2014). (《와이저》, 캐스 R. 선스타인, 리드 헤이스티 지음, 이시은 옮김, 위즈덤하우스, 2015)

29. G. Aisch, J. Huang, and C. Kang, "Dissecting the #PizzaGate Conspiracy Theories," *New York Times*, December 10, 2016, https://www.nytimes.com/interactive/2016/12/10/business/media/pizzagate.html.

30. P. H. Kim, C. D. Cooper, K. T. Dirks, and D. L. Ferrin, "Repairing Trust with Individuals vs. Groups," *Organizational Behavior and Human Decision Processes* 120, no. 1 (2013): 1–14.

31. E. McMorris-Santoro and Y. Pomrenze, "A Small-Town Mom Wanted to Help Her Community, and Then the Community Took Aim at Her Child," CNN, November 29, 2021, https://www.cnn.com/2021/11/28/us/minnesota-school-board-transgender-hate/index.html.

32. K. Waits, "Building Community, Together," *Hastings Journal*, August

11, 2021, https://www.thepaperboy.news/2021/08/11/building-community-together-20210811154958/?destination=hastings-journal.

33. "Drowning of a Witch," National Archives, https://www.nationalarchives.gov.uk/education/resources/early-modern-witch-trials/drowning-of-a-witch/.

34. D. H. Gruenfeld, M. Thomas-Hunt, and P. H. Kim, "Divergent Thinking, Accountability, and Integrative Complexity: Public Versus Private Reactions to Majority and Minority Status," *Journal of Experimental Social Psychology* 34 (1998): 202–226.

35. P. H. Kim, "When What You Know Can Hurt You: A Study of Experiential Effects on Group Discussion and Performance," *Organizational Behavior and Human Decision Processes* 69, no. 2 (1997): 165–177.

9장 신뢰 권장하는 사회

1. H. French, "The Pretenders," *New York Times Magazine*, December 3, 2000, https://archive.nytimes.com/www.nytimes.com/library/magazine/home/20001203mag-french.html.

2. Associated Press, "Debt and Suicide: Japan's Culture of Shame," *Deseret News*, March 7, 2003, https://www.deseret.com/2003/3/7/19708183/debt-and-suicide-japan-s-culture-of-shame.

3. V. Giang and A. Horowitz, "19 Successful People Who Have Been Fired," *Business Insider*, October 19, 2013, https://www.businessinsider.com/people-who-were-fired-before-they-became-rich-and-famous-2013-10?op=1#madonna-lost-her-job-at-dunkin-donuts-for-squirting-jelly-filling-all-over-customers-8.

4. E. Trex, "7 Wildly Successful People Who Survived Bankruptcy," *Mental Floss*, November 5, 2015, https://www.mentalfloss.com/

article/20169/7-wildly-successful-people-who-survived-bankruptcy.

5. D. Kelly, "The Untold Truth of Hershey," *Mashed*, October 18, 2021, https://www.mashed.com/112889/untold-truth-hershey/.

6. N. Martin, "The Role of History and Culture in Developing Bankruptcy and Insolvency Systems: The Perils of Legal Transplantation," *Boston College International and Comparative Law Review* 28, no. 2 (2005), https://www.bc.edu/content/dam/files/schools/law/lawreviews/journals/bciclr/281/01TXT.htm.

7. Y. Kin, "Western Japan Mayor Under Fire for Personal Bankruptcy Filing," *Mainichi*, August 7, 2020, https://mainichi.jp/english/articles/20200807/p2a/00m/0na/028000c.

8. S. Liu, M. W. Morris, T. Talhelm, and Q. Yang, "Ingroup Vigilance in Collectivistic Culture," *Proceedings of the National Academy of Sciences* 116, no. 29 (2019): 14538–14546, https://doi.org/10.1073/pnas.1817588116.

9. M. Gelfand, *Rule Makers, Rule Breakers: How Tight and Loose Cultures Wire Our World* (New York: Simon & Schuster, 2018).

10. T. Menon, M. W. Morris, C.-Y. Chiu, and Y.-Y. Hong, "Culture and the Construal of Agency: Attribution to Individual Versus Group Dispositions," *Journal of Personality and Social Psychology* 76, no. 5 (1999): 701–717, https://doi.org/10.1037/0022-3514.76.5.701.

11. I. Choi, R. Dalal, C. Kim-Prieto, and H. Park, "Culture and Judgement of Causal Relevance," *Journal of Personality and Social Psychology* 84, no. 1 (2003): 46–59, https://doi.org/10.1037/0022-3514.84.1.46.

12. E. Flitter, "The Price of Wells Fargo's Fake Account Scandal Grows by $3 Billion," *New York Times*, February 21, 2020, https://www.nytimes.com/2020/02/21/business/wells-fargo-settlement.html.

13. T. Yamagishi and M. Yamagishi, "Trust and Commitment in the United States and Japan," *Motivation and Emotion* 18, no. 2 (1994): 129–166.

신뢰의 과학

14. C. Haberman, "The Apology in Japan: Mea Culpa Spoken Here," *New York Times*, October 4, 1986, https://www.nytimes.com/1986/10/04/world/the-apology-in-japan-mea-culpa-spoken-here.html.

15. W. W. Maddux, P. H. Kim, T. Okumura, and J. Brett, "Cultural Differences in the Function and Meaning of Apology," *International Negotiation* 16 (2011): 405–425.

16. J. Graham, B. A. Nosek, J. Haidt, R. Iyer, S. Koleva, and P. H. Ditto, "Mapping the Moral Domain," *Journal of Personality and Social Psychology* 101, no. 2 (2011): 366–385.

17. J. Graham, J. Haidt, and B. A. Nosek, "Liberals and Conservatives Rely on Different Sets of Moral Foundations," *Journal of Personality and Social Psychology* 96, no. 5 (2009): 1029–1046.

18. D. L. Sayers, *Gaudy Night* (New York: Harper & Row, 1986).

19. P. Buchanan, "Culture War Speech. Address to the Republican National Convention," Voices of Democracy, August 17, 1992, https://voicesofdemocracy.umd.edu/Buchanan-culture-war-speech-speech-text/.

20. J. D. Hunter, *Culture Wars: The Struggle to Define America* (New York: Basic Books, 1991).

21. J. Haidt, "The Emotional Dog and Its Rational Tail: A Social Intuitionist Approach to Moral Judgment," *Psychological Review* 108, no. 4 (2001): 814–834.

22. P. E. Tetlock, "Thinking the Unthinkable: Sacred Values and Taboo Cognitions," *Trends in Cognitive Sciences* 7, no. 7 (2003): 320–324.

23. Associated Press, "Cheney at Odds with Bush on Gay Marriage," NBC News, August 25, 2004, https://www.nbcnews.com/id/wbna5817720.

24. J. Hohmann and K. Glueck, "Dick Cheney Takes Liz's Side," *Politico*, November 18, 2013, https://www.politico.com/story/2013/11/dick-cheney-liz-cheney-gay-marriage-099999.

25. L. Stahl, "Liz Cheney on Being a Republican While Opposing Donald Trump," *60 Minutes*, September 26, 2021, https://www.cbsnews.com/news/liz-cheney-donald-trump-wyoming-60-minutes-2021-09-26/.

26. I. W. Zartman, "The Timing of Peace Initiatives: Hurting Stalemates and Ripe Moments," *Global Review of Ethnopolitics* 1, no. 1 (2001): 8–18.

10장 사회적 트라우마를 치유하는 법

1. "The Nine Lives of Rwanda Genocide Survivor Albertine," France 24, January 27, 2021, https://www.france24.com/en/live-news/20210127-the-nine-lives-of-rwanda-genocide-survivor-albertine.

2. "Rwanda Genocide: 100 Days of Slaughter," BBC, April 4, 2019, https://www.bbc.com/news/world-africa-26875506.

3. T. Bamford, "The Nuremberg Trial and Its Legacy," National WWII Museum, November 17, 2020, https://www.nationalww2museum.org/war/articles/the-nuremberg-trial-and-its-legacy.

4. Ibid.

5. N. Frei, *Adenauer's Germany and the Nazi Past*, trans. J. Gold (New York: Columbia University Press, 2002).

6. J. W. Scott, *On the Judgment of History* (New York: Columbia University Press, 2002).

7. Bamford, "The Nuremberg Trial and Its Legacy."

8. Scott, *On the Judgment of History.*

9. Frei, *Adenauer's Germany and the Nazi Past.*

10. Scott, *On the Judgment of History.*

11. "Report of the Chilean National Commission on Truth and Reconciliation," United States Institute of Peace, posted by the USIP Library on October 4, 2002, https://www.usip.org/sites/default/files/

resources/collections/truthcommissions/Chile90-Report/Chile90-
Report.pdf.

12. "Truth and Reconciliation Commission," Department of Justice and
Constitutional Development, https://www.justice.gov.za/trc/.

13. D. W. Shriver Jr., "Truth Commissions and Judicial Trials:
Complementary or Antagonistic Servants of Public Justice?," *Journal of
Law and Religion* 16, no. 1 (2001): 1–33.

14. National University of Rwanda—Centre for Geographic Information
System and Remote Sensing, "Justice Compromised: The Legacy of
Rwanda's Community-Based Gacaca Courts," Human Rights Watch,
May 31, 2011, https://www.hrw.org/report/2011/05/31/justice-
compromised/legacy-rwandas-community-based-gacaca-courts#.

15. "The ICTR in Brief," United Nations International Residual Mechanism
for Criminal Tribunals, https://unictr.irmct.org/en/tribunal.

16. National University of Rwanda, "Justice Compromised."

17. "What Is Transitional Justice?," International Center for Transitional
Justice, https://www.ictj.org/about/transitional-justice.

18. T. Ryback, "Evidence of Evil," *New Yorker*, November 7, 1993, https://
www.newyorker.com/magazine/1993/11/15/evidence-of-evil.

19. G. York, "At Least 1,200 Are Also Missing or Murdered in South Africa,"
Globe and Mail, April 1, 2016, https://www.theglobeandmail.com/
news/world/south-african-families-seek-closure-for-loved-ones-
abducted-during-apartheid/article29504241/.

20. "Rwanda," International Commission on Missing Persons, https://
www.icmp.int/the-missing/where-are-the-missing/rwanda/.

21. *Truth and Reconciliation Commission of South Africa Report: Volume One*,
Department of Justice and Constitutional Development, October 29,
1988, https://www.justice.gov.za/trc/report/finalreport/Volume%20
1.pdf.

22. A. Krog, *Country of My Skull: Guilt, Sorrow, and the Limits of Forgiveness in the New South Africa* (New York: Crown, 1999).

23. Shriver, "Truth Commissions and Judicial Trials."

24. "Treaty of Versailles," Holocaust Encyclopedia, https://encyclopedia.ushmm.org/content/en/article/treaty-of-versailles.

25. M. J. Osiel, *Obeying Orders: Atrocity, Military Discipline, and the Law of War* (Piscataway, NJ: Transaction Publishers, 1999).

26. S. Daley, "Apartheid Torturer Testifies, as Evil Shows Its Banal Face," *New York Times*, November 9, 1997, https://www.nytimes.com/1997/11/09/world/apartheid-torturer-testifies-as-evil-shows-its-banal-face.html.

27. Shriver, "Truth Commissions and Judicial Trials."

28. K. S. Pope and L. S. Brown, *Recovered Memories of Abuse: Assessment, Therapy, Forensics* (Washington, DC: American Psychological Association, 1996).

29. B. A. van der Kolk and R. Fisler, "Dissociation and the Fragmentary Nature of Memories: Overview and Exploratory Study," *Journal of Traumatic Stress* 8 (1995): 505–525.

30. B. van der Kolk, *The Body Keeps the Score: Brain, Mind, and Body in the Healing of Trauma* (New York: Penguin, 2015). (《몸은 기억한다》, 베셀 반 데어 콜크 지음, 제효영 옮김, 김현수 감수, 을유문화사, 2020)

31. *Truth and Reconciliation Commission of South Africa Report: Volume One.*

32. M. Fulbrook, *Reckonings: Legacies of Nazi Persecution and the Quest for Justice* (New York: Oxford University Press, 2018).

33. *Monitoring and Research Report on the Gacaca: Testimonies and Evidence in the Gacaca Courts* (London: Penal Reform International, 2008), https://cdn.penalreform.org/wp-content/uploads/2013/05/Gacaca-Report-11-testimony-and-evidence-1.pdf.

34. "The Rwandan Patriotic Front," Human Rights Watch, https://

신뢰의 과학

www.hrw.org/legacy/reports/1999/rwanda/Geno15-8-03.htm.

35. J. Rever, *In Praise of Blood: The Crimes of the Rwandan Patriotic Front* (Toronto: Random House Canada, 2018).

36. Z. Moloo, "The Crimes of the Rwandan Patriotic Front," Africa Is a Country, April 10, 2019, https://africasacountry.com/2019/04/the-crimes-of-the-rwandan-patriotic-front.

37. A. Chakravarty, *Investing in Authoritarian Rule: Punishment and Patronage in Rwanda's Gacaca Courts for Genocide Crimes* (New York: Cambridge University Press, 2015).

38. *Monitoring and Research Report on the Gacaca.*

39. A. Boraine, *A Country Unmasked: Inside South Africa's Truth and Reconciliation Commission* (New York: Oxford University Press, 2001).

40. Krog, *Country of My Skull.*

41. G. York, "Apartheid's Victims Bring the Crimes of South Africa's Past into Court at Last," *Globe and Mail*, April 16, 2019, https://www.theglobeandmail.com/world/article-apartheids-victims-bring-the-crimes-of-south-africas-past-into-court/.

42. Scott, *On the Judgment of History.*

43. Ibid.

44. *Truth and Reconciliation Commission of South Africa Report: Volume Five*, Department of Justice and Constitutional Development, https://www.justice.gov.za/trc/report/finalreport/Volume5.pdf.

45. "Tutu: 'Unfinished Business' of the TRC's Healing," *Mail & Guardian*, April 24, 2014, https://mg.co.za/article/2014-04-24-unfinished-business-of-the-trc-healing/.

46. P. Keating and S. Assael, "The USA Needs a Reckoning. Does 'Truth and Reconciliation' Actually Work?," *Mother Jones*, March 5, 2021, https://www.motherjones.com/politics/2021/03/greensboro-massacre-does-truth-and-reconciliation-actually-work/.

47. N. Milne, "The Tale of Two Slums in South Africa as Residents Seek to Upgrade Lives," Reuters, December 14, 2016, https://www.reuters.com/article/us-safrica-slums-upgrading/the-tale-of-two-slums-in-south-africa-as-residents-seek-to-upgrade-lives-idUSKBN1431PO.

48. Scott, *On the Judgment of History*.

49. "Tutu: 'Unfinished Business.'"

50. Frei, *Adenauer's Germany and the Nazi Past*.

51. National University of Rwanda, "Justice Compromised."

52. Boraine, *A Country Unmasked*.

53. "Tutu: 'Unfinished business.'"

54. Keating and Assael, "The USA Needs a Reckoning."

55. Ibid.

56. Ibid.

57. J. L. Gibson, "On Legitimacy Theory and the Effectiveness of Truth Commissions," *Law and Contemporary Problems* 72, no. 2 (2009): 123–141.

58. E. Kiss, "Moral Ambition Within and Beyond Political Constraints: Reflections on Restorative Justice," in *Truth v. Justice*, ed. R. I. Rotberg and D. Thompson (Princeton, NJ: Princeton University Press, 2010), 68–98.

59. M. Ignatieff, "Articles of Faith," NiZA, http://archive.niza.nl/uk/publications/001/ignatieff.htm.

60. Scott, *On the Judgment of History*.

61. Keating and Assael, "The USA Needs a Reckoning."

11장 인생에서 신뢰가 얼마나 중요한지 묻는다면

1. "Reports of Officers," *Journal of the American Medical Association* 162, no. 8 (1956): 748–819, https://doi.org/10.1001/

jama.1956.02970250048013.

2. J. Poushter and N. Kent, "The Global Divide on Homosexuality Persists," Pew Research Center, June 25, 2020, https://www.pewresearch.org/global/2020/06/25/global-divide-on-homosexuality-persists/.

3. P. Kambam and C. Thompson, "The Development of Decision-Making Capabilities in Children and Adolescents: Psychological and Neurological Perspectives and Their Implications for Juvenile Defendants," *Behavioral Sciences and the Law* 27 (2009): 173–190.

4. P. H. Kim, S. S. Wiltermuth, and D. Newman, "A Theory of Ethical Accounting and Its Implications for Hypocrisy in Organizations," *Academy of Management Review* 46, no. 1 (2021): 172–191.

5. P. H. Kim and D. J. Harmon, "Justifying One's Transgressions: How Rationalizations Based on Equity, Equality, and Need Affect Trust After Its Violation," *Journal of Experimental Psychology: Applied* 20, no. 4 (2014): 365–379.

6. S. N. Durlauf and D. S. Nagin, "Imprisonment and Crime: Can Both Be Reduced?," *Criminology & Public Policy* 10, no. 1 (2011): 13–54, https://doi.org/10.1111/j.1745-9133.2010.00680.x.

7. J. Mathews II and F. Curiel, "Criminal Justice Debt Problems," *American Bar Association: Human Rights Magazine* 44, no. 3 (2019), https://www.americanbar.org/groups/crsj/publications/humanrightsmagazinehome/economic-justice/criminal-justice-debt-problems/.

8. A. AbuDagga, S. Wolfe, M. Carome, A. Phatdouang, and E. Fuller Torrey, *Individuals with Serious Mental Illnesses in County Jails: A Survey of Jail Staff's Perspectives*, Public Citizen's Health Research Group and the Treatment Advocacy Center, July 14, 2016, https://www.treatmentadvocacycenter.org/storage/documents/jail-survey-report-2016.pdf.

9. "Section IV: Global Comparisons," Prison Policy Initiative, *The Prison Index: Taking the Pulse of the Crime Control Industry*, https://www.prisonpolicy.org/prisonindex/us_southafrica.html.

10. "Recidivism and Reentry," Bureau of Justice Statistics, https://www.bjs.gov/content/reentry/recidivism.cfm.

11. E. James, "Interview: 'Prison Is Not for Punishment in Sweden. We Get People into Better Shape,'" *Guardian*, November 26, 2014, https://www.theguardian.com/society/2014/nov/26/prison-sweden-not-punishment-nils-oberg.

12. J. Steinbeck, *East of Eden* (New York: Penguin, 2002). (《에덴의 동쪽》, 존 스타인벡 지음, 정회성 옮김, 민음사, 2008)

13. P. H. Kim, K. A. Diekmann, and A. E. Tenbrunsel, "Flattery May Get You Somewhere: The Strategic Implications of Providing Positive vs. Negative Feedback About Ability vs. Ethicality in Negotiation," *Organizational Behavior and Human Decision Processes* 90, no. 2 (2003): 225–243.

14. N. Mažar, O. Amir, and D. Ariely, "The Dishonesty of Honest People: A Theory of Self-Concept Maintenance," *Journal of Marketing Research* 45, no. 6 (2008): 633–644.

15. B. Monin and D. T. Miller, "Moral Credentials and the Expression of Prejudice," *Journal of Personality and Social Psychology* 81, no. 1 (2001): 33–43.

16. P. H. Kim, A. J. Han, A. A. Mislin, and E. Tuncel, "The Retrospective Imputation of Nefarious Intent," *Academy of Management Proceedings* 1 (2019): 16137.

17. D. L. Ferrin, P. H. Kim, C. D. Cooper, and K. T. Dirks, "Silence Speaks Volumes: The Effectiveness of Reticence in Comparison to Apology and Denial for Responding to Integrity-and Competence-Based Trust Violations," *Journal of Applied Psychology* 92, no. 4 (2007): 893–908.

18. Kim, Wiltermuth, and Newman, "A Theory of Ethical Accounting."

19. S. L. Murray and J. G. Holmes, "Seeing Virtues in Faults: Negativity and the Transformation of Interpersonal Narratives in Close Relationships," *Journal of Personality and Social Psychology* 65, no. 4 (1993): 707–722.

20. P. H. Kim, D. L. Ferrin, C. D. Cooper, and K. T. Dirks, "Removing the Shadow of Suspicion: The Effects of Apology vs. Denial for Repairing Ability-vs. Integrity-Based Trust Violations," *Journal of Applied Psychology* 89, no. 1 (2004): 104–118.

21. J. Graham, J. Haidt, and B. A. Nosek, "Liberals and Conservatives Rely on Different Sets of Moral Foundations," *Journal of Personality and Social Psychology* 96, no. 5 (2009): 1029–1046.

22. "The Power of Extravagant Tenderness with Father Gregory Boyle," *Impact Podcast with John Shegerian*, December 22, 2021, https://impactpodcast.com/episode/2021/12/the-power-of-extravagant-tenderness-with-father-gregory-boyle/.

나가며

1. E. Wong, "Bond Between China and Russia Alarms U.S. and Europe amid Ukraine Crisis," *New York Times*, February 20, 2022, https://www.nytimes.com/2022/02/20/us/politics/russia-china-ukraine-biden.html.

2. "Ukraine: Civilian Casualty Update," United Nations Office of the High Commissioner for Human Rights, May 2, 2022, https://www.ohchr.org/en/news/2022/05/ukraine-civilian-casualty-update-2-may-2022.

3. "How Many Ukrainians Have Fled Their Homes and Where Have They Gone?," BBC, June 6, 2022, https://www.bbc.com/news/world-60555472.

4. F. Ordonez, "The Complex Effort to Hold Vladimir Putin Accountable for War Crimes," NPR, May 3, 2022, https://www.n

pr.org/2022/05/03/1096094936/Ukraine-russia-war-crimes-investigations.

5. "Exhaustive Fact Check Finds Little Evidence of Voter Fraud, but 2020's 'Big Lie' Lives On," *PBS NewsHour*, December 17, 2021, https://www.pbs.org/newshour/show/exhaustive-fact-check-finds-little-evidence-of-voter-fraud-but-2020s-big-lie-lives-on.

6. R. Treisman, "Putin's Claim of Fighting Against Ukraine 'Neo-Nazis' Distorts History, Scholars Say," NPR, March 1, 2022, https://www.npr.org/2022/03/01/1083677765/putin-denazify-ukraine-russia-history.

7. S. Collinson, "Trump-Style Populism Rises in US and Europe as Putin Assaults World Order," CNN, April 12, 2022, https://www.cnn.com/2022/04/12/politics/rise-of-extremism-us-and-europe/index.html.

8. "Fact Sheet: United States, European Union, and G7 to Announce Further Economic Costs on Russia," White House, March 11, 2022, https://www.whitehouse.gov/briefing-room/statements-releases/2022/03/11/fact-sheet-united-states-european-union-and-g7-to-announce-further-economic-costs-on-russia/.

9. "Almost 1,000 Companies Have Curtailed Operations in Russia—but Some Remain," Yale School of Management, Chief Executive Leadership Institute, June 12, 2022, https://som.yale.edu/story/2022/almost-1000-companies-have-curtailed-operations-russia-some-remain.

10. D. De Luce, "A New Cold War Without Rules: U.S. Braces for a Long-Term Confrontation with Russia," NBC News, March 6, 2022, https://www.nbcnews.com/news/investigations/new-cold-war-rules-us-braces-long-term-confrontation-russia-rcna18554.

11. A. Roth, " 'Warmongering, Lies and Hatred': Russian Diplomat in Geneva Resigns over Ukraine Invasion," *Guardian*, May 23, 2022, https://www.theguardian.com/world/2022/may/23/warmongering-

신뢰의 과학

lies-and-hatred-russian-diplomat-in-geneva-resigns-over-ukraine-invasion?CMP=othb-aplnewsd-1.

12. B. Klein, "This Isn't a New Cold War. It's Worse," *Barron's*, April 7, 2022, https://www.barrons.com/articles/this-isnt-a-new-cold-war-its-worse-51649359292.

13. M. Pengelly, "Republican Party Calls January 6 Attach 'Legitimate Political Discourse,'" Guardian, February 4, 2022, https://www.theguardian.com/us-news/2022/feb/04/republicans-capitol-attack-legitimate-political-discourse-cheney-kinzinger-pence.

14. H. Beech, A. L. Dahir, and O. Lopez, "With Us or with Them? In a New Cold War, How About Neither," *New York Times*, April 24, 2022, https://www.nytimes.com/2022/04/24/world/asia/cold-war-ukraine.html.

옮긴이 강유리

성균관대학교 영어영문학과를 졸업하고 외국계 기업 인사부서에서 근무하던 중 번역의
세계에 발을 들였다. 현재 펍헙번역그룹에서 좋은 책을 발굴하고 우리말로 옮기는 일에
매진하고 있다. 옮긴 책으로는《아이는 무엇으로 자라는가》,《픽사, 위대한 도약》,《미움
받는 식물들》,《딸아, 너는 생각보다 강하단다》,《스타벅스 웨이》,《탁월한 생각은 어떻게
만들어지는가》,《나는 퇴근 후 사장이 된다》,《크리에이터의 생각법》등 다수가 있다.

신뢰의 과학

첫판 1쇄 펴낸날 2024년 6월 24일

지은이 피터 H. 킴
옮긴이 강유리
발행인 김혜경
편집인 김수진
책임편집 문해림
편집기획 김교석 조한나 유승연 김유진 곽세라 전하연 박혜인 조정현
디자인 한승연 성윤정
경영지원국 안정숙
마케팅 문창운 백윤진 박희원
회계 임옥희 양여진 김주연

펴낸곳 (주)도서출판 푸른숲
출판등록 2003년 12월 17일 제2003-000032호
주소 서울특별시 마포구 토정로 35-1 2층, 우편번호 04083
전화 02)6392-7871, 2(마케팅부), 02)6392-7873(편집부)
팩스 02)6392-7875
홈페이지 www.prunsoop.co.kr
페이스북 www.facebook.com/simsimpress   **인스타그램** @simsimbooks

ⓒ 푸른숲, 2024
ISBN 979-11-7254-005-0(03180)

심심은 (주)도서출판 푸른숲의 인문·심리 브랜드입니다.

* 잘못된 책은 구입하신 서점에서 바꾸어 드립니다.
* 본서의 반품 기한은 2029년 6월 30일까지입니다.